Armin Assinger und Robert Seeger präsentieren

GOLD

Österreichs größte Ski-Stars

Mitarbeit: Peter Frauneder

UEBERREUTER

Autorenbiographien

Armin Assinger

Geboren 1964 in Graz. Von 1982 bis 1996 Gendarmeriebeamter, von 1984 bis 1995 diverse ÖSV-Kader, seit 1995/96 Co-Kommentator im ORF bei zahlreichen Sportveranstaltungen. Seit 2002 moderiert er auch die »Millionenshow«.

Peter Frauneder

Geboren 1967 in Wien. Seit 1993 arbeitet er bei Österreichs größter Tageszeitung, der »Kronen Zeitung«. Seine Spezialgebiete sind Ski- und Motorsport.

Robert Seeger

Geboren 1941 in Graz. 1964 arbeitete er im Filmarchiv der UNO in New York, seine Karriere im ORF-Landesstudio Steiermark begann Prof. Seeger 1965; von 1973 bis 1991 war er dort Sportchef und seit Herbst 1991 ist er Chefkommentator Sport des ORF. Als Kommentator Teilnahme an 8 Olympischen Sommerspielen, 8 Olympischen Winterspielen und 12 alpinen Ski-Weltmeisterschaften. Bisher knapp 1000 Live-Übertragungen von Skirennen. Auszeichnungen: Großes Goldenes Ehrenzeichen des Landes Steiermark, Romy und den Sport-Oscar.

ISBN 3-8000-7041-3

Covergestaltung: verlagsbüro wien/Kurt Hamtil
Coverfoto und alle Fotos im Innenteil: Pressebildagentur VOTAVA, Wien

Druck: Ueberreuter Print & Digimedia, Korneuburg
7 6 5 4 3 2 1

Ueberreuter im Internet: www.ueberreuter.at

Dezember 2004

Vorwort

Armin Assinger
Robert Seeger

»GOLD« ist die unendliche Geschichte österreichischer Ski-Erfolge. Gold steht für Goldmedaillen und erste Plätze unserer Ski-Stars »einst und heute«. 25 Goldmedaillen bei Olympischen Spielen, 60-mal Gold bei Weltmeisterschaften, 81 Erfolge bei Junioren-Weltmeisterschaften, unglaubliche 591 Weltcupsiege, fast 200 zusätzliche Silber- und Bronzemedaillen bei großen Titelkämpfen. Dazu 17 Gesamtweltcupsiege und 25 Erfolge im Nationencup. Mit den Erfolgen aus der Zeit vor dem Weltcup ergibt dies mehr als 1000 Triumphe für Rot-Weiß-Rot.

Und eben diesen Erfolgen ist »GOLD« gewidmet. Mit Anekdoten, persönlichen Betrachtungen, Bildern und Daten. »GOLD« ist ein Buch für alle, die sich für den Ski-Sport interessieren. Ein Lesebuch, ein Bilderbuch, ein Informationsbuch. Wir haben über ein Jahr recherchiert, in alten Archiven geblättert und viele persönliche Gespräche geführt. Herausgekommen ist dabei das wohl umfassendste Buch über den österreichischen Skisport.

An dieser Stelle wollen wir ganz besonders Peter Frauneder danken, der zum Teil unglaubliche Geschichten aus dem Leben unserer Ski-Stars herausgefunden hat, die sogar für uns oft neu waren.

Ein besonderes Dankeschön aber gilt den Haupt-Darstellern in diesem Buch, denn ohne deren Leistungen wäre Österreich nicht die Ski-Nation Nummer 1, Ski nicht TV-Sport mit den besten Quoten und es gäbe kaum Anlass zu einem derartigen Buch.

Dafür euch allen Dankeschön!

Armin Assinger/Robert Seeger

Vorwort
Hermann Maier

Einmal, ich war vielleicht zehn oder elf Jahre alt, bin ich neben dem Toni Sailer mit dem Lift raufgefahren. Auf dem Kitzsteinhorn, rein zufällig. Plötzlich fragt er mich: »Und, wer ist dein großes Idol?« Ich hab ihn gar nicht erkannt und sag drauf: »Mein Vater und meine Mutter.« Als ich ein paar Sekunden später den Toni-Sailer-Schriftzug auf den Skiern gesehen hab, bin ich richtig erschrocken.

Aber es hat schon gestimmt. Meine ganz großen Idole waren wirklich die Eltern. Speziell mein Vater. Seine Skischulrennen sind auch die ersten, an die ich mich so richtig erinnern kann. Dad war meistens schlechter ausgerüstet als alle anderen. Die haben einen echten Rennanzug gehabt, er ist mit dem Jetpullover gefahren. Schneller war er trotzdem fast immer. Mir ist's mit der Ausrüstung lange ganz ähnlich gegangen. Der alte, zerschlissene US-Spinnenanzug, mit dem ich früher von FIS-Rennen zu FIS-Rennen getingelt bin, hängt noch immer in meinem Fanshop.

Was mir an meinen Eltern aber immer ganz besonders imponiert hat: Dass sie mir und meinem Bruder all das ermöglicht haben, obwohl sie nicht wirklich viel verdient haben. Deswegen hab ich als Kind auch nur wenige Rennen gesehen, denn unsere Fernseher waren immer alt und oft kaputt. Wir sind auch nur selten zu einem Lift gefahren. Meistens waren wir auf einem Feld vor dem Haus und haben uns selbst einen Lauf gesteckt. Jeder hat sich dann einen Namen gegeben. Von einem echten Rennläufer. Fast immer wollt jeder der Franz Klammer sein. Aber an seine großen Erfolge, speziell die Olympiaabfahrt 1976, an die kann ich mich noch nicht erinnern. Auch an die Goldenen von Annemarie Moser-Pröll und Leonhard Stock nicht so richtig. Erst später hab ich begonnen, vor dem Fernseher mitzufiebern. Alberto Tomba, Rudi Nierlich, Hans Enn – das waren die Ersten, die ich ganz bewusst miterlebt hab.

Aber natürlich weiß ich, wie viele Ski-Helden es in Österreich schon davor gegeben hat. Sailer, Schranz, Pröll, Klammer und unzählige andere. Dass ich in diesem skiverrückten Land mit so viel Vergangenheit auf dem Cover dieses Buches und gleich im ersten Kapitel vorkomme, bedeutet mir gerade deshalb wirklich etwas. Irgendwie macht es mich auch stolz. Aber bei allen Vorbildern und Idolen, die es im österreichischen Skisport gibt, bleibt trotzdem eines wichtig: Dass man sich nie zufrieden gibt, dass man vor allem immer auf sich selbst schaut.

Mein größter Sieg ist zweifellos, dass ich nach dem schweren Motorradunfall überhaupt wieder Rennen fahren kann. Das ist zugleich mein allerschönstes Geschenk, für das ich sehr dankbar bin.

Hermann Maier

CARRERA
asics
TRIA
TEAM
reusch
LEKI

Ein Hotelzimmer in Nagano. Auf der Matratze, die fast die gesamte Raumbreite ausfüllt, liegt ein Sportler. Schmerzverzerrtes Gesicht, Prellungen und blaue Flecken am ganzen Körper. Dieses Bild hatte Alpinchef Hans Pum vor sich, als er die Tür öffnete. Was sich in den nächsten Minuten abspielte, hat er nie offiziell erzählt. Trotzdem ist es Teil österreichischer Sportgeschichte. Hermann Maier hatte in der Olympiaabfahrt einen Sturz gebaut, den normale Menschen nicht ohne schwerste Verletzungen überstehen. Jetzt ging es um die Aufstellung für den Super-G: Kann Maier starten? »Wennst fahren willst, musst zumindest aufstehen und ein bissl herumgehen«, suchte Pum nach einer Antwort. Hermann sagte kein Wort. Aber auf jedem Millimeter seines Gesichtes wurden die Schmerzen sichtbar, als er sich aufrichtete und durch den Raum ging. Der Rest ist erst recht Sportgeschichte. Masseur Jan Greisinger arbeitete mit ihm von diesen Minuten an Tag und Nacht. Maier wurde wirklich fit, Doppelolympiasieger und zum unbesiegbaren Herminator geadelt.

Das alles ist ein paar Jahre her. Aber es beschreibt vielleicht am allerbesten das, was das wohl größte Phänomen des rotweiß-roten Sports ausmacht. Und Maiers Trainer Andi Evers nickt: »Der Hermann gewinnt seine Rennen vor allem im Kopf.« Mit dieser ungeheuren Energie, die er aus seinem Glauben an sich selbst schöpft. Wie damals in Nagano. Die Muskelkraft kommt noch dazu. Skifahrerische Perfektion sowieso. Thomas Sykora hat schon 1996, als Maier noch kaum wer kannte, gestaunt: »Ich hab die Speedgruppe beim Freifahren beobachtet und mir gedacht: Bumm, wer fährt da so Ski? Es war ein gewisser Maier.« Evers fasst zusammen: »Wenn es ein Genie auf Skiern gibt, dann ist es der Hermann.«
Genialität, die Maier das Tor zu einer Karriere öffnete, die man selbst in Hollywood als Kitsch bezeichnen würde. Bei Hermann ist der Übergang zwischen Realität und Traum längst fließend. Er hat Grenzen des Skisports ebenso neu definiert wie die des menschlichen Körpers: Entdeckt als Vorläufer, nach dem Jahrhundert-Sturz zweifacher Olympiasieger, der Motorradunfall, der ihn fast sein rechtes Bein gekostet hätte, samt dem wundersamen Comeback mit dem Triumph in Kitzbühel. Dabei hatten manche Ärzte ein Renncomeback für alle Zeiten ausgeschlossen. Und der Schweizer OlympiasiegerBernhard Russi meinte: »Wenn er je wieder gewinnt, müssen die anderen ihre Ski verbrennen.« Maier hat sogar wieder den Gesamtweltcup gewonnen, bekam dafür im Mai 2004 bei der Ehrung der Weltsportler den Laureus-Award für das Comeback des Jahres. Alles in allem eine Geschichte, die mehrere Bücher füllen könnte.
Was aber nur wenige kennen, ist der Mensch Maier. Keine unantastbare Rennmaschine. Sondern einer, der gefühlvoller ist, sich mehr Gedanken macht, als viele glauben. Den nicht nur sportliche Triumphe bewegen, der sich unter die Leute mischt. Wie einst als Maurer und Skilehrer. »Der ist der normalste Mensch, den ich kenne«, beschreibt ihn eine Bekannte. Und eine unbekannte Schönheit, die ihn bei einer Gala beobachtete, staunte: »Ich war schon mit einigen weg, die sich als Stars

Hermann Maier
Grenzenlos grandios

13

Geboren: 7. Dezember 1971 in Flachau/Salzburg | Homepage: www.hm1.com

World Sports Award 2000: Hermann Maier erhält mit Renate Götschl in London den Preis für den besten Wintersportler 2000. Siegerehrung 1999: 2 Goldmedaillen in Vail

Statistik ➤ S. 144/145

gefühlt haben. Die haben sich alle abgeschottet. Der ist wirklich ein Star. Und er braucht keinen, der ihn abschirmt. Er geht auf die Menschen zu – beeindruckend.« Wie die ganze Karriere.
Kein Wunder, dass sich viele heute noch rühmen, Maier entdeckt zu haben. Wie es wirklich war, weiß Herren-Cheftrainer Toni Giger. »Entdeckt hat den keiner, der hat sich selbst gemacht«, schickt er voraus. Was sehr wohl passiert ist: Dass irgendwann ein Trainer des Salzburger Skiverbandes, Grasser hieß er, mit einem Maier-Video vor Gigers Tür stand: »Den musst dir anschauen!« Giger erkundigte sich nach Maier und bekam zu hören: »Der is nix, der ist schon viel zu alt.« Die Antwort: »Wenn einer schnell ist, kann er für uns gar nicht zu alt sein – wir probieren es.« Es war eine der bedeutendsten Entscheidungen der österreichischen Sportgeschichte. Vor allem aber die richtigste.

»Und ich sah es damals in Nagano/Hakuba kommen: Viel zu direkt fuhr der Hermann da auf diese erste starke Rechtskurve zu! Andere streiften beim Ausholen fast das Netz, aber er pfiff bestimmt 5 Meter enger als alle anderen Richtung Kante und Tor. Dazu der Rückenwind und damit die Geschwindigkeit wohl 10 km/h höher als im Training. Dann der Abflug: ›Hermann … Hermann … mein Gott!‹ Dann sitzt er da, benommen zwar, aber nur kurz. Und winkt. Er winkt! Er ist okay!«

Armin Assinger

»Wissen Sie noch, mit welchem Gesichtsausdruck Annemarie in Lake Placid in die Olympiabfahrt von 1980 ging? Mit einem Lächeln! Sie strotzte vor Selbstvertrauen und war entschlossen, die Goldene, die ihr acht Jahre zuvor Marie-Therese Nadig in Sapporo wegschnappte, endlich zu holen. Dann mit Volldampf hinaus aus dem Starthaus, volle Attacke! Und sie schaffte es! Im Olymp des Skisports gibt es nur Platz für ganz wenige – sie hat ihren!«

Armin **Assinger**

Sie ist liebend gern in ihrer Jagdhütte im Lammertal. Oft sitzt sie schon im Morgengrauen auf dem Hochstand. Oder sie steht in ihrem »Café Weltcup« in Kleinarl und backt Mehlspeisen für die Gäste: »Am Montag ist Ruhetag, sonst arbeit ich. Ein Wiener Konditormeister hat mir das mit den Mehlspeisen beigebracht. Malakofftorte, Topfenstrudel und Kardinalschnitte sind meine Spezialitäten.« Klingt alles recht bescheiden, wenn man weiß: Die Dame, die das immer wieder über sich erzählt, ist die größte und erfolgreichste Sportlerin, die das kleine Land Österreich je hervorgebracht hat. Bescheiden fühlte sich Annemarie Moser-Pröll auch, als sie am 19. Februar 1999 in der Wiener Staatsoper stand. Dort wurde sie als Wintersportlerin des Jahrhunderts ausgezeichnet und gefeiert. Neben anderen Größen des Weltsports wie Box-Legende Muhammad Ali, Fußball-Künstler Pele oder Basketball-»Airline« Michael Jordan. »Ich bin mir so winzig vorgekommen. Nicht, weil die körperlich größer sind als ich, sondern vor lauter Ehrfurcht und Respekt.« Ehrfurcht und Respekt, die ihr selbst aber genauso gebühren. Am 17. Jänner 1970, damals nicht einmal noch 17 Jahre alt, gewann sie mit dem Riesentorlauf von Marburg ihr allererstes Weltcuprennen. Welche Sieg-Lawine damit losgetreten werden sollte, ahnte damals noch kein Mensch. »Du fährst ja wie die Pröll!« Das war nur ein paar Jahre später ein geflügelter Satz für Tausende Hobbyläufer. Weil die Salzburgerin zum Inbegriff des modernen Skisports wurde. Und sie zelebrierte ihn in einer Perfektion, die bis heute unerreicht blieb: Mit einer völlig neuen technischen Dimension, mit angeborenem Kämpferherz und mit ebenso unbändigem Selbstvertrauen wie Siegeswillen. All das bestätigen unzählige Experten, die die große Pröll-Ära hautnah miterlebten, heute noch. Aber es werden auch zahllose Anekdoten über die »Annemarie abseits der Piste« erzählt: Dass sie oft unmittelbar vor dem Start noch mit Zigarette in eine ruhige Ecke »flüchtete«. Dass sie der Weg aus der letzten Bar, die noch offen hatte, manchmal mehr oder weniger direkt auf die Rennstrecke führte. Oder dass sie sich in ihrem Porsche ebenso über Geschwindigkeitsgrenzen hinauswagte wie auf der Piste. Aber egal, ob Wahrheit oder nur etwas übertriebene Legende: Annemarie Moser-Pröll ist und bleibt die Größte aller Zeiten. Sie holte fünf Mal Gold bei Weltmeisterschaften, gewann sechs Mal den Gesamtweltcup und feierte 62 Einzelsiege, wobei sie in ein und demselben Jahr in allen drei klassischen Disziplinen (Abfahrt, Riesentorlauf und Slalom) gewonnen hat. In der Gesamtheit alles bis heute unerreicht. Und die kleinen Skandale und Skandälchen, die man sich über sie erzählte, machten die Rennmaschine Moser-Pröll nur noch sympathischer und beliebter. Einfach menschlicher. Wie ihr kurzfristiger Rücktritt im Jahr 1975. Weil sie ihren schwer kranken Vater pflegen wollte, verzichtete sie 1976 sogar auf die Olympischen Spiele vor heimischem Publikum in Innsbruck. Obwohl sie vier Jahre zuvor als hohe Favoritin an Gold vorbeigefahren war. 1980 holte sie aber in Lake Placid die Goldene aller Goldenen, die ihr schon so lange zuvor zugestanden wäre, nach. Erst damit war der Kreis der einzigartigen Karriere der Annemarie Moser-Pröll geschlossen. Und manche sind sogar heute noch überzeugt: »Sie war damals so unglaublich stark und überlegen, dass sie sogar bei den Herren ganz vorne mitgefahren wäre …«

Moser-Pröll mit ihren 6 Weltcup-Trophäen.
Mit Pele, Dawn Fraser und Alain Prost erhält Moser-Pröll 1999 den World Sports Award in der Wiener Staatsoper.
1980: Angelobung des Olympiateams für Lake Placid (v. l. n. r.: Bundespräsident Rudolf Kirchschläger, Trainer Lois Pumberger, Cornelia Pröll, Regina Sackl, Annemarie Moser-Pröll und Prof. Udo Albl)

Statistik ➤ S. 146

Annemarie Moser-Pröll
Die Größte aller Zeiten

15

Geboren: 27. März 1953 in Kleinarl/Salzburg | www.kleinarl.info/sommer_annemarie.htm

16 Die Antwort ist verblüffend, wenn nicht sogar sensationell. Welcher Moment ihm zuallererst einfällt, wenn er an die Olympischen Spiele 1956 denkt, wollten wir von Toni Sailer wissen. Und der Mann, der sich in Cortina mit drei Goldenen seinen ewigen Platz in der Sportgeschichte (und zwar nicht nur in der österreichischen) sicherte, sagt, ohne lang zu zögern: »Die Siegerehrung des Damen-Riesentorlaufs …« Ein Hörfehler – oder? Aber Sailer selbst räumt sofort jedes Missverständnis aus. »Es ist wirklich so. Seit meinem zwölften Lebensjahr hab ich von Olympia geträumt. Aber die Bilder hab ich immer nur in der Wochenschau gesehen, Fernsehen haben wir ja damals keines gehabt. Und dann war ich erstmals live dabei. Hab erlebt, wie die Sportlerinnen aufs Podest gestiegen sind, wie die Hymne gespielt wurde. So bewegend, dass ich diese Siegerehrung nie im Leben vergessen werde.« Seine eigenen natürlich auch nicht. »Wer jetzt glaubt, dass man nach der ersten schon abgebrüht ist, täuscht sich gewaltig. Mit jedem Mal ist mir das noch mehr unter die Haut gegangen.«

Dreimal stand er, wie ohnehin heute noch fast jedes Kind weiß, in Cortina ganz oben. Toni Sailer: Ski-Genie, Mädchenschwarm, Held einer ganzen Nation. Kurz und bündig: der erste österreichische Superstar.

Der aber nur zwei Jahre nach Cortina vom aktiven Sport zurücktrat. »Eigentlich wollt ich ja schon 1956 aufhören«, verrät er heute, »weil Gold, mein großes Lebensziel, hatte ich schon. Aber ich hab mir dann irgendwann gedacht: Wennst wirklich gleich zurücktrittst, sagens vielleicht einmal, der Sailer, der hat nur Glück gehabt. Deswegen wollt ichs allen beweisen.« Auch das ist eindrucksvoll gelungen. Bei der WM 58 in Bad Gastein gewann er zwei Goldene und eine Silberne. Danach war wirklich Schluss. »Viele erzählen heute, die FIS hätt mich nicht mehr starten lassen. Alles Schmarrn. Ich hätt sowieso aufgehört. Aber es stimmt schon: Es ging auch bei mir um den Amateurparagraphen, weil ich mit Sailer-Tex, einem Stoff, schon recht viel verdient hab. Bei FIS-Rennen hätt ich aber starten dürfen. Nur bei Olympia 1960 in Squaw Valley wär das nicht so sicher gewesen. Aber wie gesagt: Es ist für mich so und so vorbei gewesen.«

Die Schlussklappe für Toni Sailer, den Skifahrer. Aber keineswegs die Schlussklappe für Toni Sailer, den umjubelten Star. Was haben etwa Filme wie »Kauf dir einen bunten Luftballon«, »Da wo die Berge sind« oder »Samson und der Schatz der Inkas« gemeinsam? Richtig: In allen war Toni Sailer zu bewundern. »Alleine 21 Hauptrollen hab ich gespielt, Nebenrollen und Fernsehfilme gar nicht mitgerechnet.«

Aber auch auf den Pisten war er weiter erfolgreich. Als Alpinchef des österreichischen Ski-Verbandes, damals Technischer Direktor gennant, führte er das rot-weiß-rote Team von 1972 bis 1976 zu zahllosen Erfolgen, darunter natürlich der Olympiasieg von Franz Klammer. Seit nunmehr über 20 Jahren ist er Rennleiter der Hahnenkamm-Rennen in Kitzbühel und im Exekutiv-Komitee der FIS sitzt Sailer, am 17. November 2005 70 Jahre alt, ebenfalls immer noch. Nur eine Herausforderung hat er lieber Herausforderung sein lassen: die Politik. Er hätte für das Amt des Kitzbüheler Bürgermeisters kandidieren sollen, sagte aber nach drei Wochen ab.

»Der Ort hat rund 170 Vereine, die alle eine Generalversammlung haben. Dazu kommen noch unzählige Geburtstage und andere Feierlichkeiten, bei denen man anwesend sein sollt. Ich bin draufgekommen, dass das alles irrsinnig viel Zeit in Anspruch nehmen würde. Soviel, dass für die Dinge, die mir als Bürgermeister wirklich am Herzen gelegen wären, sicher viel zu wenig Zeit bleibt …«

Bei der WM 1954 in Bad Gastein: Anderl Molterer, Toni Sailer, Christian Pravda und Ernst Hinterseer.
Bundespräsident Theodor Körner überreicht Sailer das Große Ehrenzeichen.
Jubel bei der Ankunft in Wien nach dem Sieg bei der Olympiade in Cortina 1956 (l. o.)

Statistik ➤ S. 145

Toni Sailer
Der erste Superstar

Geboren: 17. November 1935 in Kitzbühel/Tirol

17

»Weihnachten 1968: der erste Fernseher im Hause Assinger und zum ersten Mal sehe ich Toni Sailer. Nicht Ski fahren, nein, singen! Am Fujijama blüht kein Edelweiß …‹ Dann sah ich ihn wieder als Rennleiter beim Hahnenkammrennen: Stolz schwelgte der Blick von der Hausbergkante in das Ziel hinunter. Ja, das wird wieder ein tolles Rennen auf seinem Baby, der Streif! Später treffen wir uns wieder beim ›American Ski-Classic‹ in Vail 2001, feiern seinen Sieg bei den Legends. Natürlich mit ›Am Fujijama blüht kein Edelweiß …‹«

Armin Assinger

Cortina 2003, die Damenklassiker auf der Tofana. Renate Götschl ist wieder ganz oben. Sie gewinnt einen Super-G und eine Abfahrt, feiert damit ihre ersten Erfolge seit dem Horror-Sturz in Lenzerheide mit der schweren Knieverletzung knapp ein Jahr davor und gleichzeitig ein ganz besonderes Jubiläum: ihren 25. Erfolg im Weltcup. Als sie ein Reporter darauf anspricht, dass ihr somit nur mehr einer auf die große Schweizerin Michaela Figini fehle, beginnen ihre Augen zu glänzen: »Wirklich wahr? Das macht mich schon irrsinnig stolz. Sie war immer mein großes Vorbild. Ich hab sogar in der Schule einen Aufsatz über sie geschrieben. Die Lehrerin hat mich ganz entgeistert angeschaut und gefragt: Was, bitte, soll dieses F-I-G-I-N-I bedeuten?«
Östereichs zweiterfolgreichste Läuferin der Weltcupgeschichte hinter Moser-Pröll war die Steirerin schon damals, mittlerweile hat sie auch die magische 30er-Siegmarke längst übertroffen. Sie konnte das Versprechen, das sie so zeitig abgegeben hatte, mehr als nur einhalten: 1993, damals nicht einmal noch 18, gewann Götschl mit dem Slalom von Hafjell ihr allererstes Weltcuprennen. Es wird vermutlich ihr letzter Triumph im Slalom bleiben, dafür ist sie in den Speed-Disziplinen längst eine Klasse für sich.
Was aber macht Renate Götschl oft so unschlagbar? Herbert Mandl, der einen Großteil ihrer Rennen als Cheftrainer von Österreichs Skidamen erlebte, auf »Ursachenforschung«: »Ich hab selten, auch unter den Männern nicht, so ultimative Rennfahrer wie sie gesehen. Wenn sie an den Start geht, ruft sie mit einem Schlag all ihr Potenzial und Können ab, kann so fast immer 100 Prozent ihrer Leistung bringen. Beeindruckend! Zumindest vom Renninstinkt her, der sie so brutal stark macht, kann man sie durchaus mit Hermann Maier vergleichen.« Renate G., die perfekte »Rennmaschine«.
Und die schwere Verletzung im Jahr 2002, knapp nach den Olympischen Spielen, hat sie auch als Mensch reifen lassen. Mit ihrem Spezialtrainer Walter Hlebayna kämpfte sie beinhart ums Comeback und kam wie verwandelt in den Weltcup zurück: Aus dem oft in sich gekehrten, manchmal sogar etwas arrogant wirkenden Mädchen, dem oft nicht mehr als ein kurzes »Schau ma moi« zu entlocken war, ist eine selbstbewusste, erwachsene junge Frau geworden, die plötzlich auch etwas zu sagen hat. Ein Eindruck, den Mandl sofort bestätigt: »Auch für mich war diese persönliche Wandlung beeindruckend, fast sogar merkwürdig: Aber wahrscheinlich hat

»Lenzerheide 2002: einmal kurz nicht aufgepasst, es zieht ihr den Ski weg, Sturz! Knie kaputt! Aber was für ein Comeback! Ein Jahr später wirkt Renate stärker denn je. Ihr Motto? Augen zu und durch, ohne Rücksicht auf Verluste! Frisch, saftig, steirisch eben, weil Steirerblut kein Himbeersaft ist!«

Armin Assinger

Renate Götschl
Die perfekte »Rennmaschine«

19

Geboren: 6. August 1975 in Obdach/Steiermark | www.goetschl.at

Goldene Teekanne für die beliebteste Skisportlerin der Saison 1999/2000 (zwischen Hermann Maier und Andi Widhölzl).
Sieg beim Super-G in Altenmarkt 2000 vor Tanja Schneider und Regina Häusl.

Statistik ➤ S. 147

ihr die Verletzung gezeigt, dass doch nicht alles von alleine geht – da beginnt man dann zu überlegen und anders zu denken.« Seine Zukunftsprognose muss für ihre Gegnerinnen jedenfalls fast wie eine Drohung klingen: »Sie hat durchaus noch Möglichkeiten, sich weiter zu steigern.« Dann wird Götschl recht bald wieder Ski-Geschichte schreiben: Wenn sie auch noch einen Riesentorlauf gewinnen sollte, wäre sie erst die dritte Läuferin im Weltcup nach Petra Kronberger und Pernilla Wiberg, die in allen vier Disziplinen Triumphe gefeiert hat. Dass Götschl schon einige Zeit verstärkt Riesentorlauf trainiert, ist längst kein Geheimnis mehr …

Anreise zu den Überseerennen in den USA mit einem Abstecher nach New York. Vier Tage im Big Apple: die Rangers im Madison Square Garden, Little Italy, Musical und natürlich das Empire State Building. »Where are you from – woher kommt ihr?«, fragt der Liftboy irgendwann zwischen 14. und 43. Stockwerk. »Austria, Österreich – wir sind auf dem Weg zu Skirennen.« Eine kurzes Stirnrunzeln, dann ein allwissendes Lächeln: »Oh yes, skiing – Franz Klammer!« Fast 30 Jahre nach seiner legendären Goldfahrt in Innsbruck ist Klammer auch in den USA, wo Ski bekanntlich alles andere als Nationalsport ist, immer noch ein Star. Selbst Thomas Gottschalk, der immerhin in Florida lebt, hat erkannt: »Der Franz ist in Amerika tausendmal bekannter als ich!« Ein Kaiser für die Ewigkeit.
Daheim in Österreich sowieso. Weil es Klammer geschafft hat, sich selbst zur Marke zu machen. Der Ausflug in die Modebranche mit der »Klammer Line« war der einzige Misserfolg in seiner zweiten Karriere. Er war in Tourenwagenrennen fast genauso schnell wie auf Skiern, er hat bei Profirennen in den USA für die perfekte Show gesorgt, er hat die Klammer-Foundation, die in Not geratene Sportler unterstützt, ins Leben gerufen. Und er ist immer noch everybodys Darling. Wie damals. Vor allem wie an diesem 5. Februar 1976.
Die Bilder werden immer in Erinnerung bleiben. Die Startnummer 15, der knallgelbe Rennanzug, der verwegene Teufelsritt, bei dem es schon nach wenigen Metern schien, als ob sich alle Träume in Luft ausgelöst hätten. Toni Sailer, damals rot-weiß-roter Ski-Boss, stöhnte durchs Funkgerät: »Der Olympiasieg ist beim Teufel.« Aber Klammer, dieser Teufelskerl, steckte auch den Fehler im oberen Teil weg. Wie den Druck einer ganzen Nation, der zentnerschwer auf seinen Schultern lastete. Schlimmer als je zuvor und je danach auf einem österreichischen Sportler. Die Straßen im ganzen Land waren an diesem Donnerstag ab halb ein Uhr Mittag leer gefegt. Fast jeder saß irgendwo vor einem Fernsehgerät, obwohl die damals noch keineswegs Selbstverständlichkeit waren. Und Klammer verließ sich wie immer auf sein Gefühl: Er lehnte die nagelneuen Fischer-Lochski, die sie ihm als Wunderwaffe verkaufen wollten, ab. Er ließ den goldenen Olympiaanzug im Kasten und fuhr lieber mit seinem alten gelben. Er flüchtete am Vorabend des Jahrhundertrennens streng geheim aus der Olympischen Stadt, ging mit einem Freund gemütlich auf ein Bier. Und er fuhr im Rennen im unteren Teil auf der ultraschweren, pickelharten Rumpelpiste eine Linie, an die sich kein anderer herangewagt hätte. Es war wahrschein-

Olympiade in Innsbruck 1976: die legendäre Abfahrt und die Siegerehrung mit Bernhard Russi und Herbert Plank.
Am Wiener Opernball 2002 mit Ehefrau Eva und Werner Grissmann.

Statistik ➤ S. 148

Franz Klammer
Kaiser für die Ewigkeit

Geboren: 3. Dezember 1953 in Mooswald/Kärnten | www.franzklammerfoundation.com

lich die legendärste Fahrt auf zwei Skiern, die es je gegeben hat und je geben wird. Selbst Stephan Eberharter, sonst alles andere als ein Statistik-Freak, wird die Siegerzeit sein ganzes Leben im Kopf haben. »1:45,73«, antwortet er wie aus der Pistole geschossen, wenn man ihn danach fragt. »Im Ziel hab ich mich einmal vorsichtig umgeschaut, ob die Leute jubeln«, erinnert sich Klammer selbst. Dann riss er die Hände in die Höhe, umgeben von einem Begeisterungsorkan, der auch in den nächsten Wochen nicht enden wollte. Er hat die Olympischen Spiele in Innsbruck schon am ersten Tag gerettet.
Aber die Karriere des Strahlemannes Franz Klammer war auch von Rückschlägen gepflastert. Der schwere Sturz seines Bruders Klaus, der seither querschnittgelähmt ist. Oder die Zeit, als er von Spitzenplätzen oder gar Siegen weit entfernt war und alle über die Klammer-Krise rätselten. Aber all das hat ihn nur noch beliebter gemacht. Bis heute.

»An diesem heimlichen Staatsfeiertag des Jahres 1976, als Franz seine Bestimmung auf dem Patscherkofel erfüllte, fuhr ich als 12-Jähriger die ÖSV-Schülermeisterschaft im Slalom in Mittersill. Zwischen den Durchgängen sahen wir den gelben Blitz hinunterstechen, fieberten mit, drückten ihm die Daumen, bis sie weiß waren, jubelten und freuten uns mit Franz Klammer. Und noch heute bekomme ich, wie viele andere auch, eine Gänsehaut, wenn ich seine Siegesfahrt sehe! Und feuchte Augen – weil es das Größte ist, das einem Rennläufer widerfahren kann: Olympiasieger in der Abfahrt zu werden – und das noch in der Heimat!«

Armin Assinger

Knapp nach Weihnachten 1992 klingelte bei Hans Adrowitzer, Sportjournalist der »Salzburger Nachrichten«, das Telefon. »Willst net mit uns Essen gehen«, sagte Petra Kronberger am anderen Ende der Leitung. Ein völlig überraschender Anruf, eine wahrscheinlich noch überraschendere Einladung. Adrowitzer zog sich sofort um und saß wenig später mit Kronberger, damals der Superstar des alpinen Skisports schlechthin, und ihrem Freund Thomas in Salzburg/Bergheim im Restaurant Gmachl. Gemütliches Abendessen, ein paar Gläser Wein, eine vergnügte Plauderei. Bis Kronberger zu fortgeschrittener Stunde plötzlich fragte: »Du, was hältst davon, wenn ich aufhör?« Adrowitzer, verblüfft bis erschrocken, aber dennoch schlagfertig: »Na sicher, Petra: Du hast eh schon alles gewonnen. Fährst halt noch die WM in Morioka und dann machst Schluss.« Aber Kronberger schüttelte den Kopf: »Nein, du verstehst mich nicht. Ich hör JETZT auf. Gleich, sofort.« Adrowitzer, wie von der Tarantel gestochen. Ein kurzer, verzweifelter Blick auf die Uhr, aber es war schon zu spät für die morgige Zeitung. Nach Mitternacht sind, vor allem zur Weihnachtszeit, in der Redaktion längst alle Maschinen abgeschaltet ... Die Exklusiv-Story konnte er nie exklusiv schreiben. Schon am nächsten Tag wurde die Sensation hochoffiziell. Mit nur 23 Jahren beendete Petra Kronberger ihre Karriere. Mitten in der Saison. Eine Nachricht, die viele wie ein Blitz aus heiterem Himmel traf. Selbst ihre Eltern. »Sie wissen doch, wie das ist. Irgendwann machen die Kinder halt, was sie wollen. Da werden wir doch nicht mehr gefragt«, muss Mutter Waltraud heute noch darüber schmunzeln, wie überrascht sogar sie vom Rücktritt wurde.

Über die Gründe wurde lange gerätselt. »Ich bin nicht mehr die Petra, die ich vor zwei Jahren war«, sagte die natürliche Salzburgerin, die dreimal in Serie zu Österreichs Sportlerin des Jahres gewählt wurde, und fachte damit die Diskussionen nur zusätzlich an. Waren es die bislang enttäuschenden Leistungen in der Saison 92/93? War es eine plötzliche Angst vor Verletzungen? Oder war es vor allem die noch junge Beziehung zu ihrem Freund Thomas, die ihr das Tor zu völlig neuen Sehnsüchten geöffnet hat? Wahrscheinlich von allem etwas.

Fest steht: Petra Kronberger hat ihren so überraschenden Rücktritt, mit dem sie auch Zigmillionen auf der Straße liegen ließ, nie bereut. Er war sogar endgültiger, als man damals glauben wollte: Sie, die seinerzeit auf allen Pisten der Welt die unumstrittene Königin war, hat seit jenen Dezember-Tagen nie mehr ein Rennen live miterlebt. Ihr Schlussstrich unter den Skisport als Ganzes war unwiderruflich. Wie angekündigt hat Petra die Matura nachgemacht und das Leben mit ihrem Thomas genossen: Schon acht Jahre waren die beiden ein glückliches Paar gewesen, bevor die Hochzeitsglocken läuteten. Fast unbemerkt von der Öffentlichkeit. Die auch keine Notiz

»Viele fragen sich, was wohl aus ihr geworden ist? Kein TV-Job, keine Zeitungskolumne, keine Werbung. Das braucht sie alles nicht. Geht jetzt genauso ihren Weg wie zu rennaktiven Zeiten. Welche Macht vom positiven Denken à la Dr. Joseph Murphy ausgeht, hat sie uns jahrelang vorexerziert.«

Armin Assinger

Petra Kronberger
Grüße aus Hamburg

23

Geboren: 21. Februar 1969 in Pfarrwerfen/Salzburg

Auf dem Weg zur Goldmedaille bei der Olympiade 1992 in Meribel.
Sieg beim Super-G in Altenmarkt 1990 vor Siegrid Wolf und Anita Wachter.

Statistik ➤ S. 149

nahm, als die Ehe nach nur drei Jahren wieder geschieden wurde.
Mittlerweile hat Kronberger Österreich überhaupt verlassen. Ihre Wohnung in Salzburg hat sie noch, aber den Großteil des Jahres lebt sie in Hamburg, wo sie mit einem deutschen Polizisten liiert ist. Sie hat ihr Germanistik- und Kunstgeschichte-Studium so gut wie abgeschlossen und schreibt an ihrer Diplomarbeit. Womit sie zumindest für sich selbst einen ihrer Rücktrittsgründe bestätigt hat: »Es gibt halt noch was anderes im Leben als Ski fahren …«

Im Büro von Michael Kuhn, früher Sportchef und heute Chefredakteur der »Kronen Zeitung«, hängt es: schwarzer Rahmen, der grüne Untergrund schon ausgebleicht, der Stoff etwas zerschlissen. Aber die Aufschrift ist noch deutlich sichtbar: Aroma-Kaffee! Auf den ersten Blick eine Fußballdress aus vergangenen Tagen, in Wahrheit ein Stück rot-weiß-roter Sportgeschichte. Weil Karl Schranz dieses Leibchen in einem Hobbyspiel getragen hatte, hat ihn das Internationale Olympische Komitee – allen voran der störrische, alte Präsident Avery Brundage – von den Spielen 1972 in Sapporo ausgeschlossen. Die schwerste Stunde in der erfolgreichen Karriere des Tirolers, in der ihm nur eines verwehrt blieb: Olympisches Gold. Aber wahrscheinlich wurde die anfangs so schwer erscheinende Niederlage letztlich sogar zu seinem allergrößten Sieg: Sie machte ihn zum Volkshelden, zum sportlichen Märtyrer und zum Wegbereiter der modernen Olympischen Spiele.

Vielleicht nannte Schranz seine Biografie deswegen »Mein Olympiasieg«. Darin schildert er die heute fast unvorstellbaren Ereignisse vom 8. Februar 1972. Als er, der Verdammte, von Japan heimkehrte und eine Massenhysterie auslöste, die Sport-Österreich bis dahin nicht gekannt hatte. Rund 200.000 Menschen sorgten dafür, dass die Fahrt vom Flughafen in die Wiener Innenstadt zu einem einzigartigen Triumphzug wurde. »1809 Andreas Hofer – 1972 Karl Schranz«, das Straßenschild »Schubertring« mit den Worten »Karl-Schranz-Ring« überklebt, »Österreich grüßt den größten Sportler aller Zeiten« oder »Karl der Große« – überall waren in den Straßen der Hauptstadt solche und ähnliche Transparente zu sehen. Und als er dann auf dem Ballhausplatz im Bundeskanzleramt, gefolgt von Bruno Kreisky, den Balkon betrat, wurde auch Schranz, der harte Sportsmann, von den Emotionen völlig überwältigt.

Alle seine Erfolge zu beschreiben, würde den Umfang dieses Buchs sprengen. Sein bewegendster war sicher in diesen Stunden, weit abseits des Renngeschehens. Was hat aber den Sportler Karl Schranz so einzigartig und erfolgreich gemacht? Neben der beeindruckenden skifahrerischen Klasse vor allem die Tatsache, dass er der erste wahre Profi war. Viele, die noch gegen ihn gefahren sind, erzählen immer wieder die Geschichte: »Wenn's geschneit und gestürmt hat, ist der Karl, damals für alle die Leitfigur, in der Früh gekommen und hat gesagt: ›Bei dem Wetter brauch ma net trainieren, des hot kann Sinn.‹ Wir sind dann den ganzen Tag im Hotel gesessen, haben Karten gespielt – und sind oft erst viel später draufgekommen, dass der Schranz, der alte Fuchs, den ganzen Tag am Berg trainieren war.« Wenn ihn einer vor acht in der Früh für ein Interview suchte, fand er meistens auch schon einen verschwitzten Schranz: »Ich bin seit fünf wach, hab schon trainiert.« Und am Abend stand er oft bis Mitternacht im Skikeller, um die bestmögliche Präparierung seiner Ski herauszufinden und zu überwachen. Eine Konsequenz, die sich Schranz auch nach der Karriere bewahrt hat. Ohne die Beharrlichkeit und Sturheit hätte er seinen großen Traum im zweiten »sportlichen Leben« nie erfüllt: Mit der unvergesslichen WM in seinem Heimatort St. Anton 2001 hat er sich noch fast 30 Jahre nach seiner Karriere ein Denkmal gesetzt. Im Skiweltcup ist Hotelbesitzer Schranz heute der große »Sir«: Der, den alle kennen. Der, den jeder um die Meinung fragt. Da kann er auch sanft lächelnd hinnehmen, was ihm seine Freunde oft stichelnd am Stammtisch an den Kopf werfen: »Nur daheim bei Gattin Evelyn und den drei Töchtern hat der Karl nichts zu reden …«

Wien 1962: Ankunft nach dem Abfahrtssieg bei der WM in Chomonix.
Grenoble 1968: Slalom-Sieg (vor der Disqualifikation).
Wien 1972: Mit Fred Sinowatz und Bruno Kreisky nach seinem Ausschluss von der Olympiade in Sapporo

Statistik ➤ S. 152

Karl Schranz
»Sir« Karl der Große

25

Geboren: 18. November 1938 in St. Anton/Tirol

»Der einsame Wolf vom Arlberg! Der Inbegriff eines ehrgeizigen, zielgerichteten Rennläufers, der dem Erfolg alles unterordnet. Er hinterließ uns die ›Schranz-Hocke‹, dieses kurz vor der Ziellinie durchzuführende, plötzliche Absenken des Gesäßes, wobei man fast den Schnee zwischen den Skiern berührt und so diese eine wertvolle Hundertstel, die den Sieg bedeuten kann, herausholt. Sogar in Wengen, nach einer Laufzeit von 3 Minuten, ließ es sich Karl nicht nehmen, auf diese Art der Konkurrenz zu zeigen, wie groß seine Kraftreserven noch sind.«

Armin Assinger

Wenn ihre Kinder, seit dem Frühjahr 2004 sind es schon zwei, einmal alt genug sind, werden sie ihnen sicher bald die Geschichte vom 10. Februar 1993 erzählen. Die könnte zwar aus einer Hollywood-Seifenoper stammen – fast schon zu kitschig, um wahr zu sein –, aber dann und wann schreibt eben auch der Sport Märchen. Völlig reale …
Anita Wachter, bei der WM 1993 in Morioka eine der großen Favoritinnen im Damen-Riesentorlauf, war beim Einfahren nervös und aufgekratzt wie sonst nicht einmal knapp vor dem Start. Weil das Rennen für ihren Verlobten Rainer Salzgeber schon begonnen hatte. »Ich hab mir extra alles so eingeteilt, dass ich nicht zuschaun muss«, erinnert sie sich, »aber dann haben sie den Start verschoben und ich hab erst recht alles im Fernsehen gesehen.« Das Ende war dennoch wie im Märchen: Zuerst fuhr Rainer im Riesentorlauf auf Platz zwei hinter dem jungen Norweger Kjetil-Andre Aamodt, der eine Klasse für sich war, wenige Stunden später stand auch seine Anita als Zweite auf dem Podest. Arm in Arm kreuzten sie am Abend im Österreicher-Haus auf. Verliebt und restlos glücklich.

Eine silberne »Hoch-Zeit« in Japan. »Wenn ich ganz ehrlich bin«, sagte Anita, »freut mich die Medaille vom Rainer sogar mehr als meine eigene.« Auch weil Salzgeber damals schon einen recht steinigen Weg hinter sich hatte: Er litt an Toxoplasmose, eine heimtückische Bakterien-Virus-Erkrankung, und war vor Morioka schon fast so weit, alles hinzuschmeißen. Danach machte er sogar noch acht Jahre weiter, ehe im »Seuchen-Jahr« 2001 mit den schweren Verletzungen von Hermann Maier, Hannes Trinkl oder Mario Matt ein Kreuzbandriss beim Riesentorlauf-Training in Loveland/Colorado seine Karriere endgültig beendete.

Wenige Monate davor hatte seine Anita während der Heim-WM in St. Anton ihren Rücktritt erklärt. Unter Tränen. Zu viele schöne Erinnerungen gehörten damit für sie endgültig der Vergangenheit an: Olympiagold in der Kombination 1993 in Calgary, das sieben weitere Medaillen bei Großereignissen überstrahlte. Oder die Triumphe in Sölden 1993, auf dem Semmering 1998 und in Lienz 1999 vor heimischen Fans. Und natürlich auch ihre anderen 15 Siege, die sie hinter Annemarie Moser-Pröll und Renate Götschl zur dritterfolgreichsten österreichischen Läuferin der

Sieg beim Riesentorlauf am Semmering vor Alexandra Meissnitzer und Andrine Flemmen.
Rainer Salzgeber 1999 (l.), Anita Wachter 1993 (r.)

Statistik ➤ S. 150

Anita Wachter und Rainer Salzgeber

Silberne »Hoch-Zeit« in Japan

Geboren: 12. Februar 1967 (Wachter) bzw. 26. April 1967 (Salzgeber), beide in Schruns/Vorarlberg | www.montafon.com/Anita-Wachter/

Weltcupgeschichte machten. Sie war jahrelang die Grand-Dame im rot-weiß-roten Team. Der »Pisten-Floh«, der trotz des Leichtgewichts oft mit so großem Kämpferherz erstaunte. Aber auch abseits der Piste war Anita immer wieder für Überraschungen gut. Etwa, als sie von einer Saison auf die andere plötzlich nicht mehr in ihrem ureigenen Vorarlberger Dialekt, sondern in perfektem Hochdeutsch ihre Interviews gab. »Sonst versteht mich ja ein Großteil von Österreich nicht gscheit«, erklärte sie schmunzelnd.
Heute ist Wachter im Weltcupzirkus nur mehr selten zu sehen. 2004 tauchte sie überraschend in St. Anton auf, wo sie drei Jahre zuvor zurückgetreten war. Das kleine Bäuchlein, das ihre zweites Baby »ankündigte«, war schon unübersehbar. »Mir geht's total gut, ich genieß mein Leben als Mama so richtig.« Kaum zu glauben, aber wahr: Dass sie nur mehr drei-, viermal pro Jahr auf Skiern steht. »Aber viel mehr geht sich derzeit nicht aus.« Doch es wird vermutlich wieder mehr werden. Dann, wenn ihre Kinder erstmals am Start stehen. Denn wer weiß, vielleicht steigen sie ja in die Fußstapfen ihrer Eltern …

»Wirkte irgendwie filigran, fast zart, besaß aber die Kraft, auch das Lauberhorn zu bestehen. Zeigte Härte, Größe und besaß die Fähigkeit, punktgenau in Form zu sein. Alemannische Präzision eben. Anita war die Bank, auf die Wetter gerne setzen, war immer für einen Spitzenplatz gut, in jeder Disziplin. Nie sah ich sie schlecht gelaunt oder missmutig.«

Armin Assinger

Nach dem Auftritt bei »Wetten, dass …« saß Stephan Eberharter Ende Februar 2004 mit seinem Freund und PR-Betreuer Robert Brunner gemütlich bei einem Bier an der Bar eines Hotels. Er erzählte vom Treffen mit Supermodel Claudia Schiffer, die er nach der Show beim Autogramm-Marathon glatt ausgestochen hatte. Und irgendwann über seine Karriere. »Glaub mir«, sagte er, »außer der Abfahrts-Kristallkugel, die ich heuer unbedingt gewinnen will, hab ich mir die ganzen Jahre über nie ein Ziel gesetzt. Nicht ein einziges.« Weil der Sportler Eberharter rasch gemerkt hat, wie schnell sich Ziele und Träume in Luft auflösen können.

1991 stieg er wie ein Komet in den Skihimmel auf. Der 21-Jährige wurde bei der Heim-WM in Saalbach Doppel-Weltmeister. War mit einem Schlag Nationalheld. Der freundliche Bursche, der mit der Zieharmonika fast genauso gut umgehen kann wie mit den Skiern. Aber fast ebenso rasch wie der plötzliche Ruhm kam der tiefe Fall. Der Shooting-Star, von Verletzungen zurückgeworfen, fand sich bald im sportlichen Nichts wieder. Bis er nicht einmal mehr einem ÖSV-Kader angehörte. Ohne Betreuer, ohne Rennanzug, ohne jegliche Unterstützung. Nur Jan Greisinger, heute Teammasseur und einer der besten Freunde Eberharters, hat mit ihm trainiert. Die Geschichten von damals kann man heute fast nicht glauben. Wie sich die beiden Torstangen ausborgen mussten, wie sie auf dem Hintertuxer-Gletscher um jeden Zentimeter Piste raufen mussten. »Wir sind irgendwo zwischen Bulgaren und Russen herumgegurkt«, erinnert sich Greisinger. Der Eberharter war einfach nicht mehr vorhanden: nicht für die Öffentlichkeit, nicht für die Betreuer, nicht für den Verband. Nur Alpinchef Hans Pum hat ihm noch eine Chance gegeben. Eine einzige bei zwei FIS-Rennen. Steff hat sie eindrucksvoll genützt. Und vielleicht holte er sich ausgerechnet in der für ihn so bitteren Zeit die entscheidende psychische Kraft, die ihn zum Superstar machen sollte. Vielleicht war er aber auch deshalb am Anfang seiner großartigen Erfolge oft so verschlossen. Stephan wusste: »Wennst weg bist, hast auch keine Freunde mehr.« Deshalb pfiff er auf jede Show. Bei seinem Riesentorlauf-Olympiasieg in Salt Lake 2002 hatte Brunner Eberharters Zieharmonika mit im Ziel. Als Glücksbringer. »Nimm sie und spiel damit«, baten ihn nach dem Rennen einige. Aber er schüttelte den Kopf: »Ich bin Skifahrer, kein Musiker.« Die so show-verliebten Amerikaner hätten einen im Ziel Zieharmonika spielenden Olympiasieger wohl bis ins Endlose vermarktet. Steff ließ vielleicht Millionen liegen. Aber er hat sein Gesicht gewahrt. »Der Olympiasieg ist sicher mein größter Erfolg. Weil daran erinnern sich die Leute ewig«, sagt er heute. Auch die magischen 26 Siege des Franz Klammer

Abfahrtssieg in Kitzbühel 2002

Statistik ➤ S. 151

Stephan Eberharter
Die Krönung des Königs

Geboren: 24. März 1969 in Stumm/Tirol | www.steff.at

hat er mittlerweile übertroffen. Von Rennen zu Rennen, von Erfolg zu Erfolg ist er lockerer geworden. Auch nach außen hin, als Mensch. Und unbezwingbarer. Man fühlt bei jedem Wort förmlich sein unendliches Selbstvertrauen, seine Zuversicht. »Vielleicht sogar 80 bis 90 Prozent spielen sich im Kopf ab. Und wennst schon als Bub gewonnen hast, ist das Selbstbewusstsein wirklich fast unerschütterlich.« 2003, zwölf Jahre nach den ersten WM-Titeln, wurde er nochmals Super-G-Weltmeister, zweimal gewann er die große Kugel für den Gesamtweltcup, dreimal in Serie die kleine in der Abfahrt. Die wahrscheinlich allergrößte Leistung seiner Karriere, gleichsam die endgültige Krönung des Abfahrtskönigs Steff, zauberte er aber 2004 in den Schnee der Streif. »Die Fahrt ist sogar mir nahe gegangen«, sagt Hannes Trinkl über die Eberharter-Show beim Hahnenkamm-Klassiker, als er die gesamte Weltklasse mit über einer Sekunde Vorsprung in Grund und Boden fuhr. Und alte, hartgesottene Trainer-Füchse staunten: »Ich hätt nie gedacht, dass sich hier je einer so im Grenzbereich bewegen kann.« Die Fahrt ist bereits jetzt Kult und fraglos eine der größten Skidemonstrationen der Geschichte. Wie die gesamte Karriere des Stephan Eberharter.

»Weltmeister 1991 im Super-G. Er bleibt es auch nach Morioka 1993 (wetterbedingte Absage) und erst recht nach Sierra Nevada 1995 (verschoben auf 1996). Der am längsten amtierende Weltmeister. Und schlägt zurück in St. Moritz 2003! Welche Karriere! Welche Hartnäckigkeit, welche Sturheit steckt doch in diesem Mann. Für viele die beste Fahrt ›ever‹ im Jänner 2004 in Kitzbühel. So viel Siegeswillen, so viel Mut, so viel Risiko! Steff pur!«

Armin Assinger

Sie saß in der Straßenbahn statt auf dem Skilift. Sah Häuserschluchten statt Berggipfel. Michaela Dorfmeister: die einzige Ski-Queen aus Wien. Und wirklich eine Königin: Sie holte 1998 bei Olympia in Nagano Silber im Super-G, gewann ein Jahr später bei der WM in Vail zwei Medaillen und ist heute dank ihrer Goldfahrten in St. Anton und St. Moritz auch zweifache Weltmeisterin. Ebenso wie Gesamtweltcup-Triumphatorin. Und die Schuhe, die sie damals auf dem Weg zur großen Kristallkugel getragen hatte, hätte man eigentlich weit eher in einem Restaurant der Hauptstadt als im Ziel eines Weltcuprennens vermutet …

… etwas ungeschickt trippelte Michaela 2002 in Flachau zum Podest. Bei Schnee und Eis waren die weißen Stöckelschuhe auch keineswegs das ideale Schuhwerk. Hintergrund der »Verkleidung«: Manfred Kimmel, PR-Mann des ÖSV, hatte ihr keine anderen mit in den Zielraum gebracht. »Weil sie in ihrem Sack immer so viel drinnen hat, dass man ihn kaum schleppen kann«, lacht er heute noch über den Gag. Auch über den mit dem Tankstutzen. Den hat sie bei einem ihrer legendären Empfänge daheim in Neusiedl/Pernitz bekommen. Weil sie ihm, hilfsbereit wie immer, einmal auf dem Weg nach Val-d'Isère bei minus 20 Grad nur mit T-Shirt bekleidet das Auto auftankte – und danach die tief eingefrorenen Finger minutenlang nicht bewegen konnte.

Jetzt wird mancher fragen: Was heißt daheim in Neusiedl/Pernitz, wenn sie doch aus Wien kommen soll? Auflösung: Als Michaela vier Jahre alt war, zog die Familie Dorfmeister aufs Land. Der »Startschuss« zur Skikarriere. Stundenlang rutschte sie auf den ersten Brettln vor dem Haus herum. Und nachdem sie in einem ihrer ersten Rennen über fünf Sekunden auf Schüler der Ski-Hauptschule Lilienfeld verloren hatte, sagte sie zu den Eltern: »Ich möchte auch so schnell fahren können wie die!« Mittlerweile sind die Empfänge nach der Saison längst Tradition. Weil Michaela, die nach wie vor beim ÖAMTC in der Marketing- und PR-Abteilung angestellt ist, jedes Jahr Anlass zum Feiern gibt. Oft kommen bis zu 3000 Leute, das Gemeindeamt von Neusiedl ist längst zu klein geworden, deshalb muss jedes Jahr ein riesiges Zelt aufgebaut werden. Ebenso legendär wie die Feste ist der Dorfmeister-Fanklub: Fast bei jedem Rennen – und sei es auch noch so weit entfernt – ist eine Abordnung aus Neusiedl dabei. Meistens angeführt von Michaelas Eltern.

Dann muss die Oma daheim auf die

»Ihre Hocke ist einfach perfekt: tief geduckt, ideale Eiform, Hände vor dem Gesicht und die Ellbogen genau vor den Knien. Aerodynamisch optimal. Sucht immer den schnellsten Weg ins Ziel!«

Armin Assinger

Haustiere der Tierfreundin Dorfmeister aufpassen: Anfangs hatte sie Ratten, mittlerweile sind es Meerschweinchen. Ihre Glücksbringer waren zumeist wirkliche Erfolgsgaranten. Nur auf einen Titel hat die Niederösterreicherin ungewöhnlich lange warten müssen: Auf den der österreichischen Sportlerin des Jahres. Ganz konnte sie ihren Ärger darüber nie verbergen. Vor allem 2001 nicht, als sie als Abfahrtskönigin der Heim-WM in St. Anton nur Platz zwei hinter der Leichtathletin Steffi Graf belegte. Seit 2003 hat sie aber auch diese, längst überfällige Trophäe daheim stehen.

Michaela Dorfmeister ist Sportlerin des Jahres 2003 (mit Werner Schlager)

Statistik ➤ S. 149

Michaela Dorfmeister
Ski-Queen aus Wien

31

Geboren: 25. März 1973 in Wien | www.m-dorfmeister.at

Eigentlich ist Hans Pum längst ein Fall fürs »Guiness-Buch der Rekorde«. Im März 2004 ging seine 27. Saison als Trainer des österreichischen Skiverbandes zu Ende. Er hat zahlreiche Sternstunden und noch mehr Triumphe hautnah miterlebt, konnte allein in seiner Zeit als Alpinchef über weit mehr als 200 Erfolge jubeln. Unzählige Helden, hunderte Siegerbilder. Trotzdem hängt in seinem Büro in Innsbruck nur ein einziger Sieger als Foto auf der Wand: Rudi Nierlich.

In den Morgenstunden des 18. Mai 1991 ging das Leben des oberösterreichischen Landsmannes von Pum auf tragische Art und Weise zu Ende. Viel zu früh. Mit einem Audi 100 V6 kam Nierlich in seiner Heimatgemeinde St. Wolfgang von der Straße ab. So heftig und brutal, dass der Wagen wie ein Geschoß in den 1. Stock eines Gasthauses krachte. Als die ersten Helfer eintrafen, war der dreifache Weltmeister bereits tot.

Genick gebrochen.

Pum hat das Skigenie Nierlich fast während der gesamten Karriere verfolgt. Zuerst als Bub, später als Junior. Bereits damals war er unvergleichlich. »Bei der Junioren-WM 1984 hat er mit vier Sekunden Vorsprung gewonnen«, erinnert sich Pum. Er ließ von Nierlich sogar ein Video für die Trainerausbildung anfertigen. Zu Studienzwecken. Weil der Oberösterreicher von der Technik her seiner Zeit um Lichtjahre voraus war. »Eines der größten Talente, das es im Skisport je gegeben hat«, erzählt Pum weiter, »auf dem heutigen Material wäre er wahrscheinlich erst recht unschlagbar.« So einzigartig wie der Gefühls-Rennläufer Nierlich, der Weltmeister, war auch Rudi, der Mensch.

Ein lustiger, aufgeschlossener Bursche im privaten Kreis. Aber so kannten ihn nur sehr wenige. In der Öffentlichkeit war er zurückhaltend, fast scheu. Nach seinem ersten Sieg in Schladming 1988 bat er Pum: »Bitte hilf mir und geh mit zu den Journalisten.« Und als er in Vail Doppel-Weltmeister wurde, aber kaum ein Wort Englisch sprach, flehte er den damaligen Atomic-PR-Mann Manfred Kimmel an: »Geh, sag ihnen doch einfach das, was sie hören wollen«. Kimmel überlegte kurz, dann teilte er der US-Presse mit: »Rudi meint, er gewinnt hier nur, weil er sich so wohl fühlt. Er liebt dieses Land und die Leute.« Am nächsten Tag waren die US-Medien voll mit Nierlich-Geschichten. Mit einem Schlag war er auch in Amerika ein Star.

»Wenn's laft, dann laft's,« pflegte der ruhige Oberösterreicher Nierlich zu sagen. Ruhig, ja das war er, aber auf der Piste verwandelte er sich in einen anderen Menschen. Er hatte den Killerinstinkt und war mit einer Reaktion ausgestattet, die einer Klapperschlange zur Tugend gereicht hätte. Siehe Saalbach 1991, 2. Durchgang RSL. Und er stürzte nicht – sondern gewann. Er erfand wahrscheinlich das Carven.«

Armin Assinger

WM in Vail 1989: Der Doppelweltmeister bei der Ankunft in Wien.
WM in Saalbach 1991: Mit Urs Kaelin und Johann Wallner

Statistik ➤ S. 153

Rudi Nierlich
»Wenn's laft, dann laft's«

Geboren: 20. Februar 1966 in St. Wolfgang/Oberösterreich
Gestorben: 18. Mai 1991 in St. Wolfgang/Oberösterreich

Aber Rudi war nicht nur ein Genie auf der Skipiste. »Er hatte für alles, was er angegriffen hat, mehr Gefühl als alle anderen«, erzählen seine damaligen Trainer einstimmig. Ein begnadetes Sporttalent. Als Rudi zum ersten Mal auf einer Driving Range stand und abschlug, wollten die Golftrainer einfach nicht glauben, dass er davor nie einen Schläger in der Hand gehabt hatte. Und Seiltanzen zählte sowieso zu einem seiner ganz großen Erfolgsgeheimnisse. »Rudi, wie lange kannst du da oben herumgehen. Fünf Schritte, oder sogar zehn?«, wollte Heinz Prüller einmal wisssen. Die Antwort, ganz typisch für Nierlich: »So lange, bis ich wieder runtersteig.«
Auch mit diesem unglaublichen Gleichgewichtssinn sind viele seiner Triumphe zu erklären. Etwa die Goldene in Saalbach: Weil eine Plombe am Rennanzug fehlte, drohte nach Lauf eins die Disqualifikation. Nierlich wechselte ihn, lag bei seinem Fast-Sturz im zweiten mit dem Hosenboden schon im Schnee – und gewann trotzdem. So, als ob nichts gewesen wäre, erklärte er danach mit entwaffender Logik: »Wenn's laft, dann laft's.«
Auch dieser Satz ist längst Legende.

Die Pfarrkirche von Garmisch ist gerammelt voll an diesem 29. Jänner 2004. Hannes Trinkl steht in der ersten Reihe, neben ihm das komplett versammelte österreichische Trainerteam. Viele mit Tränen in den Augen. »Damals wollt ich den Hut draufhaun. So hat der Sport doch keinen Sinn, hab ich zu mir selbst gesagt«, denkt der Oberösterreicher an den Tag zurück, der ganz Österreich tief erschüttert hat.
Wenige Stunden zuvor ist er an der Unglücksstelle vorbeigefahren. Auf den Tag genau zehn Jahre nach dem tödlichen Sturz der Ulli Maier. Wie seine Teamkollegen auch. »Ich hab gerade einen Kreuzbandriss gehabt und alles im Fernsehen gesehen. Es war so tragisch, dass uns allen die Worte gefehlt haben«, sagte Stephan Eberharter im Ziel. Und Hermann Maier nickte mit ernstem Blick: »Ich war damals in Flachau noch als Skilehrer im Einsatz. Das darf doch einfach nicht war sein, haben wir alle gehofft, als die Nachricht kam.« Und Benni Raich, damals nur wenige Meter von Maier entfernt schon bei einem FIS-Rennen im Einsatz, setzt fort: »Wir haben den Sturz gesehen und nur mehr gebetet, dass es nicht zu schlimm ist.«
Der 29. Jänner 1994 ist einer dieser Tage, von dem fast jeder weiß, was er an ihm gemacht hat. Wie der 1. August 1976, als zuerst die Reichsbrücke einstürzte und dann Niki Lauda am Nürburgring verunglückte. Wie der 1. Mai 1994, als Ayrton Senna in Imola starb. Oder wie der 11. September 2001 mit dem Terror in New York.
Die Tragödie um Ulli Maier ist eine der größten in der österreichischen Sportgeschichte. Ein Skimärchen kann doch nicht so ein brutales, ungerechtes Ende haben! Als die Salzburgerin 1989 bei der WM in Vail Gold gewann, hat ihre wunderschöne Geschichte so richtig begonnen: Erst nach dem Rennen erzählte sie den staunenden Journalisten, dass sie schwanger sei. Mit dem Baby im Bauch zu WM-Gold, eine rührende, herzzerreißende Story. Die sogar noch gekrönt werden sollte: Zwei Jahre später verteidigte Maier in Saalbach ihren Titel – vor den Augen ihrer kleinen Melanie.
Umso niederschmetternder war die Todesnachricht für alle. Das Märchen wurde von einer Minute auf die andere zur Grusel-Geschichte, die keiner wahrhaben wollte. Und die Worte von Dr. Günther Hoffmann, dem Chef der Klinik in Murnau nahe Garmisch, fuhren

»Als wir in Garmisch ein paar Tage nach ihrem Unfall unser Rennen fahren sollten und bei der Besichtigung zur besagten Stelle kamen, schämte sich kein einziger seiner Tränen. Viele Gebete gingen da gen Himmel, ein letztes ›Auf Wiedersehen!‹«

Armin Assinger

Ulli Maier
In den Herzen lebt sie weiter

Geboren: 22. Oktober 1967 in Rauris/Salzburg
Gestorben: 29. Jänner 1994 in Murnau/Deutschland

29. Jänner 1994 in Garmisch-Partenkirchen: Nach dem Unfall mit 105 km/h.
Mit Tochter Melanie bei der WM 1991 in Saalbach.

Statistik ➤ S. 153

allen in Mark und Bein: »Ulli Maier hatte keine Chance zum Überleben. Es handelte sich um eine Abtrennung der Halswirbelsäule vom Kopf, das Rückenmark war durchtrennt, die beiden Arterien, die das Gehirn versorgen, zerfetzt. Nirgendwo auf der Welt kann man da noch helfen.« An einer völlig harmlosen Stelle hatte es der Rennläuferin die Ski verschnitten, mit dem Kopf war sie gegen eine nur mit Plastik abgesicherte Zwischenzeitnahme geprallt. Schuldzuweisungen gab es danach viele. Maiers Verlobter Hubert Schweighofer klagte die FIS, das Verfahren endete in einem Vergleich: 600.000 Schweizer Franken wurden Tochter Melanie überwiesen. Aber für sie hätte alles Geld der Welt den Verlust der Mama nicht wieder gutmachen können.

Heute ist Melanie ein Teenager. Sie will auch einmal Sportlerin werden. Nicht Skifahrerin, sondern Springreiterin. In ihrem Herzen wird Ulli immer weiterleben. Wie in vielen anderen auch.

Er war ein Liebling der Medienvertreter. Ein PR-Profi der allerersten Stunde. »Pressesprecher« in der heutigen Form hat es damals noch keine gegeben. »Aber er stand trotzdem immer zur Verfügung«, erinnert sich Karl Pointner, als Reporter der »Kronen Zeitung« rekordverdächtige 34 Saisonen im Weltcupeinsatz. Geradezu nahe liegend, dass Patrick Ortlieb der »Absprung« vom Sportler zum Politiker fast direkt und vor allem bravourös gelang. Von Ende 1999, nur wenige Monate nach dem Ende seiner Karriere, bis 2002 war der Hoteliersohn aus Lech Nationalratsabgeordneter der FPÖ. Vom Podest ins Parlament.

Aber der oft so abgebrüht wirkende Rhetoriker hat Reportern wie Pointner, im Skizirkus als Charly berühmt, auch auf der Piste eine Premiere geschenkt. In den ersten 35 Saisonen seit Einführung des Weltcups konnten sie keinen zweifachen österreichischen Abfahrtschampion feiern. Nicht Schranz, nicht Klammer, nicht Maier. Nur Patrick Ortlieb. Dass er auf zwei völlig unterschiedlichen Strecken – einer Kurvenorgie und einer Autobahn – triumphiert hat, macht einen Brief aus dem Jahre 1985 erst recht zum Fall fürs Kuriositäten-Kabinett. »Aufgrund Ihrer sportlichen Leistungen sehen wir uns außerstande, Sie in einem ÖSV-Kader aufzunehmen«, hatte Ski-Präsident Arnold Koller den damals 18-jährigen Ortlieb wissen lassen. Zum Glück blieb es kein Nein für immer …

Aber mit seinem ersten Triumph, gleichzeitig seinem größten, hat er selbst seine Trainer überrascht. »Ich weiß noch«, erzählt Pointner, »wie uns Chefcoach Werner Margreiter immer wieder eingetrichtert hat: Wenn der Ortlieb einmal gewinnt, dann auf einer Gleitabfahrt.« Aber die »Face de Bellevard«, die hässliche Fratze von Val-d'Isère, war wahrscheinlich sogar die kurvenreichste Olympia-Abfahrt aller Zeiten. Ortlieb hat trotzdem gewonnen. Am goldenen Eröffnungstag der Spiele von 1992, an dem das kleine Österreich insgesamt über fünf Medaillen jubeln durfte, darunter eine weitere Goldene durch Ernst Vettori. Vier Jahre später war Ortlieb bei den Gleit-Festspielen in der Sierra Nevada wieder am Tag X zur Stelle. Wahrscheinlich waren es seine Abgebrühtheit und Coolness, die ihn zum Top-Spezialisten für Großereignisse machten.

Schon nach Olympiagold war bei ihm von Rührung und dem berühmten Ganslhaut-Feeling bei der Siegerehrung nicht viel zu sehen gewesen. Sogar Fragen nach dem Gefühl beim Abspielen der Nationalhymne beantwortete er ganz sachlich und nüchtern: »Die vielen Scheinwerfer haben mich geblendet …« Dass es fast die französische Hymne gewesen wäre, daran dachte damals kaum jemand. Nicht, weil Franck Piccard mit nur fünf Hundertstel Rückstand Zweiter wurde. Aber weil Patrick fast 18 Jahre lang waschechter Franzose war: Sein Vater Guy hatte bei einem Urlaub in Vorarlberg Mama Ortlieb kennen gelernt. Und selbst bei seinem Olympiasieg hatte der Sohn noch einen französischen Personalausweis auf dem Zimmer liegen.

Somit konnte Fußball-Superstar Jean-Pierre Papin fast einem Landsmann gratulieren. In der Sierra Nevada kam dann sogar Spaniens Kronprinz Felipe zur Ortlieb-Feier. Aber das Vorarlberger Kraftbündel, dessen Karriere 1999 mit einem schweren Sturz in Kitzbühel zu Ende ging, war eigentlich nie ein Fall für Adabeis. Und so beantwortete er auch das Skandal-Gewitter nach den Gerüchten über seinen Tiefgaragen-Abstecher mit einer schönen Fremden auf die einzig richtige Art und Weise: »Ich hab euch immer gesagt, dass mich die Klatschspalten nicht interessieren …«

Patrick Ortlieb
Vom Podest ins Parlament

Geboren: 20. Mai 1967 in Lech/Vorarlberg

Patrick Ortlieb tritt 1999 für die FPÖ bei der Nationalratswahl an (mit Thomas Prinzhorn und Theresia Ziegler).
Abfahrt 1994 in Kitzbühel: Sieg vor Marc Girardelli und William Besse.

Statistik ➤ S. 154

*»Faxe war einer meiner Lieblingsgegner: gleiche Statur, gleicher Ehrgeiz, besseres Gleitvermögen. Dafür konnte ich besser kicken. Ich orientierte mich an ihm und er sich an mir. Er brachte sich auf den Punkt genau in Form, siehe Kitzbühel, Olympia oder Weltmeisterschaft.
P.S.: Kennen Sie ›Wicki und die starken Männer«*

Armin Assinger

Wie oft hat man sie im Zielraum stehen gesehen: kopfschüttelnd, ratlos, fast schon verzweifelt nach Gründen und Erklärungen suchend. »Die Hundertstel laufen ständig gegen mich. Warum kann denn ich nicht einmal Glück haben?« Freilich: Sie war immer vorne dabei, auf Schlagdistanz zum Sieg. Nur ganz geklappt hat es eben lange nicht. Bis zu diesem 4. Jänner 2004: Im Super-G von Megève stand Alexandra Meissnitzer endlich wieder ganz oben. Dort, wo sie früher Stammgast war. Genau 1759 Tage – oder fast fünf Jahre! – nach ihrem bislang letzten Sieg beim Weltcupfinale 1999 im schwedischen Are und nach einem Kampf ums Comeback, der die strahlende Meissi oft an den Rand der Verzweiflung gebracht hatte, war sie endlich wieder die große Triumphatorin. »Entschuldigung, aber jetzt bin i a bissl daneben«, konnte sie es in den ersten Minuten gar nicht glauben.« Zu lange hatte sie vergeblich auf dieses Gefühl warten müssen …

Es war im November 1999. Meissnitzer, im Zivilberuf Gendarmeriebeamtin, hatte die Saison ihres Lebens hinter sich: Zweimal Gold bei der WM in Vail, im Weltcup die Kristallkugeln für Gesamt-, Slalom- und Super-G-Wertung abgeräumt, dazu noch mit acht Siegen den Rekord der Petra Kronberger eingestellt – sie schwebte auf einer sportlichen Wolke sieben, die Frau Inspektor aus Abtenau. Aber dieser 23. November sollte mit einem Schlag alles ändern: Sturz beim Super-G-Training in Lake Louise, im linken Knie alles kaputt, was nur kaputt sein kann. Erstmals hatte sie eine Schattenseite des Sportlerlebens kennen gelernt. Aber die richtig niederschmetternden sollten erst kommen.

176 Tage nach dem Sturz stand sie auf dem Kaunertaler-Gletscher zwar schon wieder auf Skiern. Doch der Kampf ums Comeback wurde schwerer als jeder Sieg. Vor allem unbarmherziger, quälender: Immer wieder Rückschläge, immer

Alexandra Meissnitzer beim Empfang der Olympia-Medaillengewinner am Wiener Ballhausplatz 1998

Statistik ➤ S. 153

Alexandra Meissnitzer
1759 Tage danach ...

Geboren: 18. Juni 1973 in Abtenau/Salzburg | www.meissnitzer.com

wieder neue Eingriffe im Knie. »Ich weiß, dass ich schon so viel Glück gehabt hab – aber langsam …«
Langsam könnte das wieder vorbei sein, wollte sie da sagen. Das mit den unerträglichen Schmerzen, mit den ständigen Behandlungen. Sie fuhr zigmal extra in die Schweiz, um sich dort einer ganz speziellen Therapie zu unterziehen, selbst ein paar Wochen vor ihrem Comeback-Sieg sagte sie noch: »An die Schmerzen hab ich mich schon gewöhnt, die werden immer da sein. Ich hab gelernt, mit ihnen zu leben.« Wie mit den Injektionen und dem Voltaren 100, der Schmerztablette, die in den letzten Jahren ihr ständiger Begleiter wurde. Umso mehr hat ihr Ski-Österreich den Comeback-Triumph, an dem sie schon davor so oft knapp dran gewesen war wie etwa mit Silber in der WM-Abfahrt von St. Moritz, gegönnt. Dass sie in Megève genau das gleiche Siegerbild – mit Renate Götschl auf Platz zwei und Michaela Dorfmeister auf Rang drei – anführte wie rund fünf Jahre zuvor bei der Weltmeisterschaft in Vail, machte ihr ganz persönliches Märchen nur noch schöner.
Gesiegt hat sie wieder, manche Hobbys lässt sie seit der schweren Verletzung lieber bleiben. Bei den Fußballmatches des Damenteams sitzt Fußballfan Meissi, die sogar Ehrenmitglied des SV Salzburg ist, etwa lieber auf der Bank. »Denn das wär fürs Knie immer noch viel zu riskant …«

»Die Frau Revierinspektor der Gendarmerie besticht durch riesengroßen Ehrgeiz. Und Kampfgeist. Gab auch nach ihrer Knieverletzung niemals klein bei, sondern akzeptierte schlussendlich ständige Schmerzen und kehrte so auf die Siegerstraße zurück. Arbeitet nicht fahrlässig, sondern vorsätzlich! Weitermachen!«

Armin Assinger

Der übliche Osterstress im Gendarmerieposten Hallein: Sachverhalts-Aufnahme mit Zweifinger-Technik hinter dem Computer-Schirm, von der Ecke weht der Dunst von frischem Kaffee herüber, pausenlos klingelt eines der – wie viele sind es eigentlich? – Telefone. Business as usual, wie in unzähligen anderen Posten in Österreich in der Karwoche auch. Was Hallein so außergewöhnlich macht: Dass mittendrin in dieser ganz alltäglichen Betriebsamkeit ein regierender Olympiasieger sitzt. Gleiche Uniform wie die Kollegen, gleicher 24-Stunden-Dienst. »Von 7 Uhr Früh bis 7 Uhr Früh,« lächelt Fritz Strobl, Revierinspektor im Zivilberuf, »aber ich geb's ehrlich zu: Oft bin ich wirklich nicht da.« Dafür lädt er seine Kollegen jedes Jahr an einem Nachmittag zu einer gemütlichen Salzburger-Jause ein. »Die müssen ja oft genug für mich Dienst schieben …«

Wie während der Olympischen Spiele 2002, als die ganz große Stunde des Fritz Strobl schlug. Sein Freund Stephan Eberharter war damals der haushohe Abfahrtsfavorit: Gemeinsam wohnten die beiden in Eden, rund eine halbe Autostunde von der Strecke in Snowbasin entfernt, im Appartement 111 – passend für große Champions. Und Strobl wurde der ganz große, der olympische Abfahrtskönig. Wie es Eberharter wenige Tage davor nach seinem knappen Sieg vor dem Zimmerkollegen in St. Moritz angekündigt hatte: »Dafür gewinnst du bei Olympia.«

Der oft so zurückhaltend und bescheiden wirkende Kärntner, der noch einen Tag vor seiner Goldfahrt lieber Journalisten fotografierte, als selbst »Modell« zu stehen, war der große Held: Wie schon so oft auf Abfahrtspisten, vor allem bei seinen zwei Triumphen auf der Kitzbüheler Streif. Die Katze hat wieder »zugebissen«. Katze? Weil ihm wegen seines so sanft und schleichend wirkenden Fahrstils, der ihn unvergleichlich macht, längst alle »The Cat« nennen. »Den Spitznamen haben mir der Robert Seeger und der Armin Assinger gegeben« erzählt er und stellt, wie schon damals im Februar 2002, fest, »mich kann auch ein Olympiasieg nicht ändern, ich bin und bleib ganz einfach der Friedl.« Ein Star, der keiner sein will. Aber die

»Mit seinem eleganten und weichen Fahrstil verzaubert Friedl seine Fans. Ihn bringt nur selten was aus der Ruhe, höchstens … na was denn, da war doch etwas? Fritz ist auch auf dem Rad nur schwer zu biegen, besonders dann, wenn er wieder sein Pokerface aufsetzt. Dann ist er unberechenbar und es ist nicht ersichtlich, ob er sich, und wenn ja, wie viel er sich plagt. Hatte schon mit 18 Jahren, was viele vergessen haben, eine ausgesprochen schwere Knieverletzung, von der er sich nur schwer erholte.«

Armin Assinger

strahlen oft heller als alle anderen … Wobei sich heute kaum mehr einer daran erinnert, dass auch Strobls Weg zum Sporthelden keineswegs hürdenlos war. Auf einem kleinen Hügel daheim in Gerlamoos hat er Ski fahren gelernt. »Wir sind noch durch Haselnuss-Stecken und Bambus-Stangen gefahren«, erinnert sich Strobl, der mit seiner Bettina selbst zwei Söhne hat. Aber auch er war lange nicht im österreichischen Skiverband, fuhr »nur« im Landeskader und kam von dort direkt in den Weltcup. »Obwohl meine Trainer im Landeskader ursprünglich gar nicht wollten, dass ich Abfahrer werde.«
Er ist einer geworden – und was für einer: Kaum einer, der mit mehr Gefühl fährt. Und sein Servicemann Horst Gschwandtner, den sie »Goldfinger« nennen, weiß wie viele andere: »Wenn der Friedl einmal eine halbwegs fehlerfreie Fahrt runterbringt, ist er fast unschlagbar.«
Aber oft »lädt« sein Fahrstil geradezu zu Fehlern ein. Auch deshalb hat er zwei Jahre nach seinem Olympiasieg noch immer auf den nächsten gewartet. Vor allem aber, weil die Hundertstel oft gegen ihn liefen: In Garmisch, Kvitfjell und Sestriere etwa, wo er jeweils Zweiter wurde, fehlten ihm innerhalb weniger Wochen nur insgesamt 23 zu drei Siegen. Mit einem Tritt in den Hintern – natürlich in aller Freundschaft – bedankte er sich bei Stephan Eberharter, der ihn zweimal um einen Wimpernschlag besiegt hatte. Aber auch für Steff stand fest: Es ist nur eine Frage der Zeit, bis auch für Strobl wieder die ganz große Stunde schlägt.

Olympiade in Salt Lake City 2002: Fritz Strobl mit Goldmedaille.
Sieg bei der Abfahrt in Kitzbühel 2000 (r. u.)

Statistik ➤ S. 154

Fritz Strobl
Der »Biss« der Katze

41

Geboren: 24. August 1972 in Gerlamoos/Kärnten

Es waren die wilden Sechziger. Eine Musikgruppe, die sich »The Beatles« nannte, verdrehte der Damenwelt mit ihren Pilzköpfen den Kopf, die Hippies schockierten das Establishment, die USA flogen auf den Mond, das Farbfernsehen sorgte für ein neues Wunder der Technik – und Österreichs Abfahrerinnen für ein goldenes Zeitalter: Im ganzen Jahrzehnt war unser Team bei Großereignissen ungeschlagen und holte insgesamt vier Goldene. Für den letzten Akt und somit die Krönung des rot-weiß-roten Siegeszuges sorgten zwei junge Damen bei den Olympischen Spielen in Grenoble – ausgerechnet im »Jagdrevier« unseres Ski-Erzrivalen Frankreich. Dort, wo Jean-Claude Killy drei Goldene für die Grand Nation gewann.
In der Damen-Abfahrt blieben die Siegesfanfaren der Hausherren aber stumm. Isabelle Mir musste sich mit Rang zwei begnügen. Geschlagen von Olga Pall, einer Österreicherin, die mit ihrer Schlagfertigkeit alle erstaunte. »Ich war im Training gleich schlecht wie meine Freundin Christl Haas – oben am Start hab ich gehört, dass sie führt und mir gedacht: Das kann ich auch. Da haben dann nicht einmal die Fehler was gemacht. – Vorbereitet hab ich mich auf das Rennen vor allem an der Zapfsäule: Mein Vater hat daheim eine Tankstelle, da helf ich immer wieder mit«, diktierte die hübsche 21-Jährige den verblüfften Journalisten in ihre Notizblöcke. Aber Pall erstaunte auch mit ihren Trainingsmethoden. Im Sommer sah man sie immer wieder auf dem Rennrad trainieren – eine Pionierin in Sachen Ergometer-Einheiten, die für die Stars von heute längst Selbstverständlichkeit sind. Noch immer ist die Physiotherapeutin Pall oft im Weltcup zu Gast, lange übte sie auch offizielle Funktionen, etwa als Vizepräsidentin des Österreichischen Skiverbandes, aus.

Olga Pall in Grenoble 1968 (l. o.), Christl Haas in Innsbruck 1964 (l. u.).
Olga Pall und Christl Haas nach der Abfahrt in Grenoble 1968.

Statistik ➤ S. 154

Olga Pall, Christl Haas
Frau Tankwart und ihre Gold-Freundin

Geboren: 3. Dezember 1947 in Göstling/Niederösterreich (Pall)
bzw. 19. September 1943 in Kitzbühel/Tirol (Haas)
Gestorben: 9. Juli 2001 in Antalya/Türkei (Haas)

Ihre Freundin Christl Haas hat man nach ihrer Karriere dagegen so gut wie nie im Weltcup angetroffen. Und dann war dieser tödliche Unfall in der Türkei: Bei einem Badeurlaub in Antalya schwamm sie mit der Luftmatratze ins offene Meer hinaus, die damals 57-Jährige stürzte ins Wasser und tauchte nicht mehr auf. Ein mysteriöser Unfall, dessen Umstände nie restlos geklärt wurden. Und eine der vielen Tragödien, die den österreichischen Skisport erschütterten. Christl Haas war eine der ganz großen Abfahrerinnen ihrer Zeit. Die Allergrößte sogar. 1962 wurde sie in Chamonix Weltmeisterin, zwei Jahre später beim Heimrennen in Innsbruck Olympiasiegerin. Und vier Jahre danach holte sie als Dritte die nächste Medaille. Aber unmittelbar nach dem Rennen gab sie mit 25 Jahren ihren Rücktritt vom aktiven Sport bekannt: »Das ist unwiderruflich meine letzte Saison, ich habe genug.« Genug hatte sie auch von ihrem Heimatort. Groß geworden ist Haas im so genannten Posthaus nahe der Hahnenkamm-Bergstation in Kitzbühel. Aber noch Ende der Sechzigerjahre verließ sie ihre Heimat und zog ins benachbarte St. Johann. Wütend und enttäuscht, weil sie im Gegensatz zu ihren männlichen Kollegen wie Toni Sailer, Ernst Hinterseer oder Anderl Molterer von der Gemeinde keinen Grund als Dankeschön für ihre Erfolge bekommen hat. In St. Johann führte sie ein ruhiges, zurückgezogenes Leben, abseits von allem Rummel. Nur mit Kitzbühel hat sie nie Frieden geschlossen.

Kurse gehören immer noch zum täglichen Leben des Thomas Stangassinger. Aber längst nicht mehr die im Schnee. Längst nicht mehr der Flaggenwald, durch den er sich so lange erfolgreich gekämpft hatte. Heute sind es die Kurse von Aktien, Anleihen und Optionen, die den Salzburger beschäftigen. In den ersten vier Jahren nach seiner Karriere wurde »Stani«, wie er im Skizirkus meist genannt wurde, zum absoluten Börsen-Experten: »Ich hab nach meinem Rücktritt in verschiedenen Bereichen gearbeitet: Ein bisschen für unser Skigebiet, für die Olympiabewerbung von Salzburg und wo weiter. Aber seit einiger Zeit ist das mit den Aktien ein echter Schwerpunkt in meinem Leben.« Vom Slalom-Akrobaten zum »Börsen-Hai«.

Aber auch und noch wichtiger: zum glücklichen Familienvater. Zwei Töchter hat er mit Gattin Marlies. Beide sehr sportlich. Im Weltcupzirkus werden sie trotzdem wohl nie auftauchen. »Wir lassen sie alles Mögliche machen. Was ihnen Spaß macht: golfen, schwimmen, natürlich auch Ski fahren. Man muss Kinder zum Sport hinführen. Aber man darf sie zu nichts zwingen. Und Ski fahren war ja auch während meiner Karriere nie das Einzige auf der Welt.«

Die Worte erinnern an den 7. Februar 1994. Selbst damals, in der Stunde seines allergrößten Triumphes, hat er es ganz ähnlich formuliert. Er, mit dem eine ganze Nation vor den TV-Geräten mitgezittert hatte, blieb selbst nach dem Olympiasieg cool, zurückhaltend und bescheiden. So wie der »Stani« eben war. Nur das Rennen war alles andere als cool. Wahrscheinlich bis heute sogar eines der spannendsten der Olympiageschichte. Vor allem für Österreicher. Es war schon der letzte Wettkampftag in Lillehammer. Emese Hunyadi hatte davor zwar Gold im Eisschnelllauf geholt, aber der ganz große Skitriumph fehlte. Nur die Slalomläufer konnten die Ehre der Alpinnation noch retten. Und trotz des enormen Druckes der Öffentlichkeit zauberte Stangassinger einen Traumlauf in den norwegischen Schnee, führte nach dem 1. Durchgang fast eine Sekunde vor Kjetil-Andre Aamodt. Der hohe Favorit Alberto Tomba, der sich mit der vierten Olympia-Goldenen zum Größten aller Zeiten krönen wollte, lag nur auf Rang 12. Fast zwei Sekunden zurück.

Im zweiten Lauf zerbrachen freilich alle an der Fabelzeit des Italieners. Alle, bis auf Thomas Stangassinger: 15 Hundertstel Vorsprung rettete er ins Ziel und damit auch die rot-weiß-rote Ski-Ehre. Erstmals seit genau 30 Jahren hatte Österreich wieder einen Slalom-Olympiasieger. »Sicher war das der Höhepunkt meiner Karriere. Olympiagold ist das Größte, das ein Sportler erreichen kann. Aber für mich war meine ganze Karriere generell eine sehr erfolgreiche Zeit, von der ich keine Sekunde missen möchte.«

Verdammt erfolgreich sogar. Mit zehn Slalomerfolgen bester österreichischer Torläufer der Weltcupgeschichte, 1999 holte er auch die längst fällige kleine Kristallkugel, ein Jahr später beendete er seine Karriere. Nicht, wie viele heute noch glauben, weil er den Umstieg auf die kürzeren Slalomski nie geschafft hat. »Es war einfach die Luft draußen. Ich hab die richtige Motivation nicht mehr aufgebracht. Ich war nach 20 Jahren Skisport froh, dass ich abschalten konnte. Die Familie genießen, die Freunde treffen. Wie gesagt: Es gab für mich immer mehr als nur Ski fahren …«

Thomas Stangassinger
Slalom-Akrobat und »Börsen-Hai«

45

Geboren: 15. September 1965 in Bad Dürnberg/Salzburg

Slalomsieg bei der Olympiade in Lillehammer 1994 (vor Alberto Tomba und Juri Kocir).
1999: Ehrung durch Bundeskanzler Viktor Klima

Statistik ➤ S. 155

»Ein ruhiger und ausgeglichener Zeitgenosse. Thomas holte sich aus der Ruhe die Kraft und rettete uns in Lillehammer 1994 vor der totalen Blamage. Ungeachtet des durch unser Versagen in Abfahrt und Super-G gesteigerten öffentlichen Drucks gewann er Gold vor Alberto Tomba. Nahm die Medaille, genoss den Augenblick mit schier unheimlicher innerer Zufriedenheit.«

Armin Assinger

Die rot-weiß-rote Volksseele kochte nach diesem Super-G in Lech. Sigrid Wolf, Darling der Skination und regierende Sportlerin des Jahres: um den Sieg betrogen. Von FIS-Mann Heinz Krecek als Siegerin disqualifiziert. Ausgerechnet in ihrem Heimrennen. Wegen der Lächerlichkeit einer Sicherheitsnadel, mit der sie ihre Startnummer fixiert hatte. Ein Riesenskandal. Und ausgerechnet Sigrid Wolf hat es wieder einmal »erwischt«. Klebt ihr das Pech wirklich an den Fersen? Denn schon drei Jahre davor hatte sie durch die Skihölle gehen müssen. Als sie bei der ohnehin für Österreich so enttäuschenden WM in Bormio um einen Wimpernschag die Medaille verpasste: Eine Hundertstel fehlte ihr auf die zeitgleich Zweiten Katharina Gutensohn und Ariane Ehrat – ebenso lächerlich wie jetzt die Sicherheitsnadel. Und das mit dem Pech sollte weitergehen. »Ich bin sicher, sie hätte im Normalfall schon nach der Abfahrt eine Medaille um den Hals gehabt«, sagt Karl Schranz noch heute. Aber auch zu Beginn der Olympischen Spiele von Calgary war da nichts mit Wolf und Normalfall: Sie erwischte eine Windböe und wurde von ihr ins Niemandsland zurückgeworfen. Wieder große Geschlagene statt strahlende Siegerin: »Warum hat sich denn die ganze Skiwelt gegen mich verschworen?«
Aber am 22. Februar 1988, wenige Tage nach ihrem 24. Geburtstag, hat endlich einmal wirklich alles gepasst. Ihr Rennen, ihr Tag. Bei strahlendem Sonnenschein und absoluter Windstille war sie nicht zu schlagen. Die große Siegerin, die diesen Triumph verdient hat wie kaum eine andere: Mit genau einer Sekunde Vorsprung auf die Schweizerin Michaela Figini gewann Wolf den Super-G. Olympiasiegerin. Nach Trude Jochum-Beiser, Christl Haas, Olga Pall, Annemarie Moser und wenige Tage zuvor Anita Wachter erst als sechste österreichische Skiläuferin. Und die Sicherheitsnadel, die ihr in Lech den Sieg geraubt hatte, trug Wolf als Glücksbringer um den Hals.
In der Stunde des Triumphs wollte auch ihr »Feind« Krecek mit ihr Frieden schließen. »Sie hat mich sogar geküsst«, strahlte er. Aber Sigrid schüttelte den Kopf: »Nicht ich ihn, er hat mich geküsst. Es ist nicht so, dass diese Goldene alles zudeckt: Ich hab durch die Disqualifikation in Lech den Super-G-Weltcup verspielt.« Auch den hätte sie sich verdient. Wolf, die schon 1981 in Bad Gastein mit Nummer 60 sensationell den dritten Rang belegt hatte, war eine perfekte Rennläuferin: Still, nett und freundlich abseits der Piste, aber aggressiv und bissig, sobald die Uhr zu laufen anfing. Deswegen wurde sie oft mit dem großen Schweizer Superstar Pirmin Zurbriggen verglichen. Sigrid, ein »Wolf im Schafspelz«. Ihre großen Geheimnisse: Sie fuhr eine tiefere Hocke als fast alle anderen zu ihrer Zeit und sie attackierte, was heute längst Standard ist, schon damals vor allem im Kurvenausgang. Dazu noch ihr Mut zum Risiko. Sie fuhr in Calgary etwa bei der Super-G-Quali der Herren als Vorläuferin mit und hatte einen ganz großen Wunsch: Einmal ein Rennen auf der Kitzbüheler Streif zu fahren. Einer der ganz wenigen Träume der Sportlerin Sigrid Wolf, der unerfüllt blieb …

Sigrid Wolf
Sicherheitsnadel um den Hals

Geboren: 14. Februar 1964 Elbigenalp/Vorarlberg

Empfang der Olympia-Teilnehmer 1988 bei Bundeskanzler Franz Vranitzky (v. l. n. r.: Hubert Strolz, Bernhard Gstrein, Hans Jörg Aschenwald, Sigrid Wolf, Anita Wachter, Klaus Sulzenbacher und Günther Csar)
Sieg in Calgary 1988 vor Michaela Figini und Karen Percy.

Statistik ➤ S. 155

»Mensch, konnte Sigrid gut Super-G fahren! Da passte einfach alles – bis auf einmal damals in Lech: die Startnummer zu groß, flattert zu stark! Sicherheitsnadeln sollen helfen, Sigrid gewinnt und wird danach disqualifiziert. Shit happens!«

Armin Assinger

Die Skiweltmeisterschaft 1982 war schon fast zu Ende. Was als rot-weiß-rote Festspiele geplant war, drohte zum Mega-Flop zu werden. Noch kein Titel, bei den Herren überhaupt nur Jimmy Steiner mit Kombi-Bronze in den Medaillenrängen. Und nur noch eine ganz große Hoffnung: die Königsdisziplin. Aller Druck lag auf den Schultern unserer Abfahrer. Den erst 24-jährigen Tiroler Harti Weirather ließ alles kalt: Er besiegte den Schweizer Conradin Cathomen, holte Gold und wurde als Retter der Skination Österreich gefeiert. Sechs Abfahrtstriumphe feierte er im Weltcup, dieser Erfolg in Schladming war aber sein allergroßter.

Ebenso erfolgreich wie auf der Skipiste ist Harti Weirather, der Geschäftsmann. Seine WWP-Agentur ist mittlerweile die größte dieser Art im deutschsprachigen Raum. Mit Firmensitzen in Liechtenstein, Österreich und Spanien. Dort betreut Weirather als Kunde von Siemens etwa sogar das weiße Ballett von Real Madrid mit seinen Superstars Zidane, Beckham, Ronaldo & Co. Aber auch in der chinesischen Fußballliga ist WWP engagiert. Der Name steht übrigens für Weirather, Wenzel & Partners. Mit Hanni Wenzel, Ski-Superstar aus Liechtenstein mit 33 Weltcupsiegen, ist Weirather seit 1986 verheiratet. Eines der berühmtesten und vor allem erfolgreichsten Ski-Ehepaare der Welt – geradezu logisch, dass da auch die Kinder beste Voraussetzungen zum Spitzensportler haben.

Tochter Christina, die 1990 zur Welt kam, wird in die Fußstapfen der Eltern treten. Sie fährt Skirennen und war in ihren Altersklassen bisher immer absolute Spitze. Nur in der Saison 03/04 gab es einen kleinen Rückschlag, als sie sich bei einem schweren Sturz vier Wirbel brach. Zum Glück ohne Folgeschäden. Was allerdings noch offen ist: Ob die junge Weirather für Österreich oder für Liechtenstein an den Start gehen wird. Vater Harti: »Derzeit überlegt sie noch.« Rot-weiß-rot sollte um Christina kämpfen!

Auch Sohn Herbert, zwei Jahre älter als die Schwester, peilt die Weltspitze an. Ebenfalls in einem »weißen Sport«. Aber nicht auf den Skipisten, sondern auf den Tenniscourts. »Dort ist es halt viel schwerer, ganz nach vorne zu kommen, weil diesen Sport viel mehr Menschen betreiben«, weiß Weirather senior, dass auf den Sohn ein steiniger Weg wartet. Eines steht bei Herbert dafür schon fest: Dass er für Österreich antreten wird.

Die österreichische Dominanz könnte

»Die Einfahrt in den Bannwald und die Zielkurve erwischte keiner so wie er, damals in Schladming 1982. Behielt seinerzeit trotz Verschiebungen die Nerven, und genau diese Fähigkeit kommt ihm auch heute als Sport- und Eventmanager zugute.«

Armin Assinger

für Weirather, der noch regelmäßig im Weltcupzirkus unterwegs ist, zum größten Problem des Skisports werden. »Gott sei Dank war in den letzten Saisonen die Entwicklung durch Leute wie Bode Miller wieder etwas positiver. Weil wenn nur mehr Österreicher gewinnen, interessiert das sonst bald nirgends mehr.«

Sonst kommt bei seinem »Ära-Vergleich« – den er besser als viele andere ziehen kann, weil er immer noch sehr oft dabei ist – der moderne Skisport aber durchaus gut weg. »Die Sportler verdienen mehr als damals. Noch ungleich wichtiger ist aber, dass sie weit sicherer unterwegs sind. Früher endeten schwere Stürze fast immer auch mit schweren Verletzungen.« Was – übrigens nicht nur für Weirather – oft im Weltcup noch fehlt, ist die Show vor Ort: »In Österreich ist man diesbezüglich schon absolut auf dem richtigen Weg. Aber bei den meisten ausländischen Rennen könnte man noch weit mehr herausholen.«

So manchem FIS-Verantwortlichen würde ein »Kurs« bei Vermarktungs-Profi Weirather jedenfalls sicher nicht schaden …

Abfahrt bei der WM 1982 in Schladming: Siegesfahrt und Siegerehrung (vor Conradin Cathomen und Erwin Resch)
Weirathers Ehefrau Hanni Wenzel (r. mit Marie-Therese Nadig und Annemarie Moser-Pröll)

Statistik ➤ S. 155

Harti Weirather
Der Retter der Nation

Geboren: 25. Jänner 1958 in Reutte/Tirol | www.wwp-group.net

Wie oft schon staunte die Skiwelt bei Großereignissen über handfeste Sensationen und exotische Sieger. Über den Spanier Fernandez-Ochoa und die Australierin Zali Stegall, die in Sapporo und Vail den großen Favoriten Slalomgold wegschnappten. Über den Deutschen Hans-Jörg Tauscher und den Schweizer Urs Lehmann: Im Weltcup nie ganz vorne, krönten sie sich bei Olympia 88 in Calgary beziehungsweise bei der WM in Morioka trotzdem – oder gerade deswegen? – zu den neuen Abfahrtskönigen. Und der Finne Kalle Palander, heute längst Superstar, war auch noch in die Reihe der Alpin-Exoten einzureihen, als er in Vail 1999 zu Slalomgold flog. Eine Aufzählung ohne jeden Anspruch auf Vollständigkeit.

Zwei ganz große Überraschungen der WM-Geschichte dürfen aber in einem Buch wie diesem nicht fehlen: Lea Sölkner und Karin Buder – ein Doppel-Salto ins Rampenlicht.

Irgendwann nach dem WM-Slalom läutete im Gemischtwarenladen der Sölkners in Tauplitz das Telefon: »Mutti, du glaubts nicht, was hier alles los war. Und stell dir vor: Ich war gar nicht nervös.« Die Mama selbst hat's dagegen kaum vorm Fernseher ausgehalten, als ihre Lea die großen Favoritinnen wie Wenzel, Morerod, Serrat, Pelen oder Epple an diesem Tag zu Nebendarstellerinnen degradierte: In der Nacht davor hatte sie von Bronze geträumt. Aber dann flog das »Christkindl«, das am 24. Dezember 1958 zur Welt gekommen war, 1978 in Garmisch mit ihrem allerersten Sieg gleich zu Gold. Ski-Österreich bejubelte die »größte Sensation der WM-Geschichte« und staunte über ein medizinisches Wunder. Wie er selbst zugab, hatte ÖSV-Arzt Primarius Raas der Steirerin noch drei Jahre davor nahe gelegt, nie mehr ein Rennen zu fahren. Weil Sölkners linkes Bein durch eine angeborene Hüftverletzung um neun Millimeter kürzer ist als das rechte. Die Steirerin legte sich noch etwas dickere Einlagen in den Schuh, ging zu einem Privatarzt – und gab spätestens in Garmisch die allerbeste Antwort. Dabei hatten Österreichs Slalom-Damen schon seit der WM 1962 keine Medaille mehr geholt.

Bei Weltmeisterschaften war auch nach Garmisch lange rot-weiß-rote Goldflaute im Slalom. Die erst 15 Jahre später beendet werden sollte. Durch eine Sensation, die der Sölknerschen um fast nichts nachstand: Karin Buder, wie ihre Vorgängerin Steirerin, wollte vor der Saison eigentlich schon ihre Karriere beenden. Grund: ihre altmodische Slalomtechnik, die von vielen belächelt wurde. »Wie wenn ein Skispringer, der den V-Stil nicht beherrscht und trotzdem allen davonfliegt«, scherzte sie nach ihrem Titel. Anders als der Rest der Weltklasse fuhr sie eine Art Mischung zwischen Einarm- und Außenhandtechnik: Bei Rechtsschwung blieb die linke Hand dort, wo sie früher bei allen geblieben war, beim Linksschwung ging die rechte Hand zwar mit, die Stange boxte sie aber erst anders als die anderen mit der linken weg. Kompliziert? An diesem 9. Februar war's jedenfalls für ihre Gegnerinnen zu kompliziert: Sie gewann in Morioka sensationell Gold vor der Amerikanerin Parisien und ihrer Landsfrau Elfi Eder. Und muss noch Jahre danach schmunzelnd zugeben: »Hätt mir vorher einer gesagt, ich hol eine Medaille, ich hätt 's ihm einfach nicht geglaubt – aber ich bin eben immer sehr unberechenbar.«

»Die zwei steirischen Slalomspezialistinnen mit den beiden Goldmedaillen, 1978 und 1993. Liegt's an der Luft? Übrigens: Lea drischt auch die kleine weiße Kugel wie eine Weltmeisterin!«

Armin Assinger

WM 1978 in Garmisch-Partenkirchen: Siegerehrung für Lea Sölkner (vor Pamela Behr und Monika Kaserer)
WM 1993 in Morioka: Siegerehrung für Karin Buder (vor Julie Parisien und Elfriede Eder)

Statistik ➤ S. 156

Lea Sölkner und Karin Buder
Doppel-Salto ins Rampenlicht

Geboren: 24. Dezember 1958 in Tauplitz/Steiermark (Sölkner) bzw. 28. Juli 1964 in St. Gallen/Steiermark (Buder)

Aufstellungsskandale haben im österreichischen Skiteam schon fast Tradition. Auch in jüngster Gegenwart sorgten sie immer wieder für Aufregung. Bei Olympia 2002 stapfte Hannes Trinkl, sonst die Freundlichkeit in Person, wortlos aus dem Zielraum: Der regierende Weltmeister hatte keinen Fixplatz bekommen, die Quali verpasst und wurde so zum Olympiatouristen. Nur ein Jahr später dachte Pepi Strobl nach seiner Nicht-Nominierung für die WM sogar laut ans Auswandern und Andi Schifferer, für die Abfahrt ausgebootet, schloss sich wenige Tage der Meinung seines Teamkollegen fast nahtlos an. Aber gegen die Schmierenkomödie um die Aufstellung für die Olympiaabfahrt 1980 waren das alles richtige »Langweiler«. Ein Rückblick um über 20 Jahre. Fünf Abfahrer flogen nach Lake Placid, aber nur vier konnten starten. In einer Marathonsitzung, von den Fahrern regelrecht erzwungen, hatte man vor der Abreise festgelegt: Werner Grissmann, Harti Weirather, Sepp Walcher und Peter Wirnsberger fahren die Olympiaabfahrt, Leonhard Stock kommt nur als Ersatzmann mit. Falls sich einer der vier Fixstarter verletzt. Jener Stock, der ein Jahr davor bei der Generalprobe im Training Serienbestzeiten in den olympischen Schnee geknallt hatte. Eine Entscheidung, die von Anfang an für Kopfschütteln sorgte. Und die letzten Endes Österreich vor der ganzen Sportöffentlichkeit der Lächerlichkeit preisgab. »Jetzt lacht die ganze Welt über uns«, funkten Journalisten heim nach Europa. Und sie haben dabei keineswegs übertrieben. Denn Stock fuhr auch im Olympiatraining alle in Grund und Boden. Trainer Charly Kahr hatte daraufhin vor dem letzten Training seine Entscheidung nochmals umgestoßen: »Alle fünf fahren Qualifikation.« Aber nur wenig später wurde er auf Anweisung von ÖSV-Präsident Koller von Alpinchef Udo Albl overrult. Plötzlich war »Ersatzmann« Stock ebenso Fixstarter wie Weirather, die anderen drei mussten in die Quali. »Diese Entscheidung sagt alles

»Über viele Jahre hinweg mein Zimmerkollege mit den gleichen Schlafproblemen. Darüber hinaus Psychotherapeut und guter Freund. Passionierter Jäger: war jeden Herbst zwei Wochen angeblich verletzt und konnte nicht trainieren, aber dafür jagern in Ungarn. Meister des Kartenspiels ›Schwarze Katz‹, wo er als Jägerlateiner beim Bluffen Heimvorteil genoss. War, ist und bleibt der Mr. Sympathico im Skizirkus.«

Armin Assinger

über unsere Teamführung«, schnaubte Sepp Walcher danach. Als Fünfter hatte er die Qualifikation verpasst. Neben dem regierenden Olympiasieger Franz Klammer, der gerade in einer sportlichen Krise steckte, fehlte auch der regierende Weltmeister.
Und trotzdem jubelte die Abfahrtsnation Österreich nach 1974, 1976 und 1978 über die vierte Goldene in Serie bei einem Großereignis. Die hatte ausgerechnet der Mann um den Hals hängen, der eigentlich gar nicht hätte fahren sollen: Leonhard Stock. »Ich kann das überhaupt noch nicht begreifen«, stammelte der damals erst 21-jährige Zillertaler, während die Reporter schon ihre Kitsch-Stories verfassten. Es hätte in Lake Placid keinen würdigeren Champion geben können: Weil diese Abfahrt dem Leonhard Stock einfach auf den Leib geschneidert war. Dem Mann, der einen oft unmöglich und exotisch aussehenden Stil hatte, aber sobald die Uhr lief, zum absoluten »Killer« wurde. Trotzdem musste Stock lange mit dem Image der Eintagsfliege leben: Erst neun Jahre nach dem Olympiasieg gewann er in Laax seine erste Weltcupabfahrt, zwei weitere Triumphe folgten noch. Heute besitzt Stock daheim im Zillertal gleich zwei Hotels.

Olympiade in Lake Placid 1980: Siegesfahrt, Siegerehrung (vor Peter Wirnsberger und Steve Podborski) und Medaillenpräsentation.

Statistik ➤ S. 156

Leonhard Stock
Der goldene Ersatzmann

Geboren: 14. März 1958 in Finkenberg/Tirol | www.leonhard-stock.at

Schau, da ist der Papa im Fernsehen und feiert unseren Geburtstag«, sagte der kleine Lukas Trinkl, als er die Bilder aus St. Anton sah. Er hat am 5. Februar, vier Tage nach seinem Vater, Geburtstag. Was hätte der da auch sonst feiern sollen an diesem 7. Februar 2001. Auf die Idee, dass er gerade Weltmeister, also der Beste unter den Besten, geworden ist, konnte er auch noch nicht kommen. Mittlerweile fährt Lukas selbst Rennen. Den Papa fragt er manchmal noch: »Du, bleibt man Weltmeister für immer?« Antwort: Ja, diese Goldene nimmt Hannes Trinkl keiner mehr weg. »Die Bilder werd ich immer vor mir haben, das sind Tage, die man nie im Leben vergisst«, sagt der sympathische, oft so zurückhaltende Oberösterreicher heute über die schönsten Stunden seines Sportlerlebens. Als er auch den großen Favoriten Hermann Maier, den man damals fast für unschlagbar hielt, hinter sich ließ und bei der Heim-WM vor über 40.000 Fans das Rennen seines Lebens fuhr.

Gattin Edith hat sich damals daheim in Oberösterreich sofort ins Auto gesetzt. Rechtzeitig bei der Siegerehrung war sie in St. Anton. Auch sie hatte Freudentränen in den Augen, als ihr Hannes ganz oben stand. Mit der Goldenen um den Hals wie seine Vorbilder ein paar Jahre zuvor auch: Franz Klammer und Leonhard Stock, gegen den er sogar selbst noch gefahren ist.

Und überhäuft mit Geschenken. Ein ganz besonderes hat ihm sein Sponsor, die »Energie AG«, gemacht. Die Fahrzeit – 1:38,74 – bekam er in Kilowatt-Stunden: »Eigentlich«, lächelte er noch drei Jahre später, »bin ich gerade erst aus dem Starthaus herausgefahren.« Sonst hat die Goldene aber nicht viel verändert in seinem Leben. »Ich brauch keinen Luxus. Und wenn ich nicht größenwahnsinnig werd, wird's mir und meiner Familie immer halbwegs gut gehen. Ein bissl spar ich halt für meine Träume – vor allem für eine gute Ausbildung für meine Kinder ...«

Aber Skirennläufer müssen sie nicht unbedingt werden. So wie der Papa, der auch einer der letzten typischen Abfahrer der Geschichte ist. »Für was anderes war ich nicht gut genug«, gibt er augenzwinkernd zu, »und als Bub hab ich auch nur gewonnen, weil ich größer und stärker war als meine Gegner.« Dass der oft wirklich als reiner »Gradaus-Fahrer« verschrieene Naturbursch ausgerechnet auf der kurvigsten WM-Abfahrt aller Zeiten die Nummer eins war, widerspricht ihm allerdings irgendwie selbst. Dass in seiner Sieg-Sammlung auch die alles andere als technisch anspruchslose Bormio-Abfahrt und sogar der Super-G von Lech 1994 stehen, ebenfalls. Ausgelassen gefeiert hat er aber keinen dieser Triumphe. »Ich bin halt a gmütlicher

Abfahrt in Kitzbühel 1994 (l.), Abfahrt in St. Anton 2001 (r. o.), mit Sohn beim WM-Finale 2002 in Zauchensee

Statistik ➤ S. 157

Hannes Trinkl

»Tage, die man nie vergisst«

Geboren: 1. Februar 1968, Rossleithen/Oberösterreich | www.hannestrinkl.com

Typ«, sagt er. Ein Held, der keiner sein will. Und ein Sportler, der durch Ruhe und Ausgeglichenheit besticht. »Nur wenn mir was gegen den Strich geht, kann ich ein unguter Hund werden.« Wie 2002 in Salt Lake. Als er vor der Saison schwer gestürzt war, ein sensationelles Comeback feierte – und dann trotzdem keinen Fixplatz für die Olympia-Abfahrt bekam: Die interne Qualifikation, die noch nie seine Sache war, hat er verpasst, wort- und grußlos stapfte er aus dem Zielraum – als regierender Weltmeister war er plötzlich zum Olympiatouristen geworden. So ziemlich die schlimmste Erfahrung seiner Karriere, die er im Juli 2004 beendete. Dass ebenfalls viele andere über diese Entscheidung den Kopf schüttelten, konnte den Gerechtigkeitsfanatiker auch nicht trösten.

»Hat immer rote Wangen! ›Wir, mein Bruder Herwig und ich, haben als Kinder immer bei offenem Fenster geschlafen, sommers wie winters. Nicht selten wurden wir in der Früh munter, das Bett mit einer Schicht Reif überzogen.‹ Holt sich die Kraft im Schoß der Familie und im Wald. Einer der wenigen, der beim Holzmachen keine Motorsäge braucht, sondern nur Handschuhe. Vom Lagerhaus natürlich. Kann immer und überall schlafen – wenn er will.«

Armin Assinger

Genau zum 20. Mal wurde am 3. April 2004 in Schladming der Sepp-Walcher-SG gefahren: zum Gedenken an einen ganz Großen.

Man schrieb den 22. Jänner 1984. Ski-Österreich war im Freudentaumel. Tags zuvor hatten die rot-weiß-roten Abfahrtshelden auf der Kitzbüheler Streif, im Rennen aller Rennen, Geschichte geschrieben. Franz Klammer triumphierte zum vierten Mal auf dem Hahnenkamm – übrigens sein allerletzter Sieg – und führte einen sensationellen Dreifacherfolg an: Zweiter war Erwin Resch, Dritter mit Startnummer 55 Jimmy Steiner. Die Zeitungen überschlugen sich mit Jubelmeldungen über die glorreichen Drei, vom größten Triumph aller Zeiten war da sogar die Rede. Aber von einer Minute auf die andere wurde die sonnige Skiparty am Hahnenkamm, die die ganze Nacht über gedauert hatte, von einer düsteren Tragödie unterbrochen. Von einer Meldung, die keiner wahrhaben wollte. »Ich kann es einfach nicht fassen«, stammelte Klammer, eben noch auf Wolke sieben. Aber der tödliche Unfall von Sepp Walcher war leider brutale Wahrheit.

Zeit seiner Karriere war der Steirer etwas im Schatten des Superstars Klammer gestanden. Obwohl er selbst Superstar war. »Ich denk, er hat damals am meisten darunter gelitten, dass sich alles um mich gedreht hat«, sagt Klammer heute noch. Sepp Walcher, ein stiller Star. Obwohl er oft alle anderen überstrahlt hat. Vor allem in der Saison 77/78. Zuerst triumphierte er in den Doppelabfahrten auf der Streif zweimal, davon einmal ex aequo mit dem Deutschen Sepp Ferstl. Und nur wenig später schlug seine ganz große Stunde: In Garmisch wurder er Abfahrtsweltmeister! Ein Erfolg, den ihm jeder gönnte. Weil er immer wieder mit Verletzungen zu kämpfen hatte: Einmal explodierte ein Kochtopf, dann fiel ihm ein Motorrad auf den Fuß, dazu die üblichen Skifahrer-Wehwehchen wie Bänderrisse oder Knöchelbrüche. Die wahrscheinlich schwärzeste Stunde seiner Karriere hatte aber nichts mit einer Verletzung zu tun: 1980 fiel er in Lake Placid dem Quali-Theater im österreichischen Team zum Opfer – der regierende Weltmeister war in der Olympia-Abfahrt zum Zuschauer degradiert. Selbst der hartgesottene Trainer Charly Kahr gibt heute noch zu: »Das Schlimmste für mich war, einem Walcher sagen zu müssen: Tut mir Leid, du fährst nicht.«

An diesem 22. Jänner 1984 brach wie viele andere auch Kahr in Tränen aus. Sepp Walcher, der alle klassischen Abfahrten mit jenseits der 100 km/h be-

WM in Garmisch-Partenkirchen 1978: Siegesfahrt und Siegerehrung (vor Michael Veith und Werner Grissmann)

Statistik ➤ S. 157

Sepp Walcher
Der stille Star

Geboren: 8. Dezember 1954 in Schladming/Steiermark
Gestorben: 22. Jänner 1984 in Schladming/Steiermark

wältigt hat, war bei einem Hobbyrennen tödlich verunglückt. Mit Startnummer 210 startete der Steirer, der sich zwei Jahre davor still und leise vom aktiven Sport zurückgezogen hatte, beim Volksabfahrtslauf von der Hochwurzen. Zwar 12 km lang, aber scheinbar ohne jegliche Tücken oder Fallen, wie er sie aus seiner Karriere zur Genüge kannte. Doch Walcher, ohne Helm unterwegs, kam beim Übergang eines Forstweges in Rückenlage, stürzte und prallte mit voller Wucht in einen Plastikzaun. So rasch wie nur möglich war der Helikopter zur Stelle, aber die Ärzte im Krankenhaus Schladming konnten nur noch den Tod des gerade erst 29-jährigen Exweltmeisters feststellen. Er hinterließ eine Frau und drei Kinder. Dass sich ausgerechnet er selbst für die Durchführung dieser Marathonabfahrt auf der Hochwurzen so enorm eingesetzt hatte, ist nur ein weiteres bitteres Detail …

Es ist schon nach Mitternacht in St. Moritz. Fast nichts ist mehr zu spüren von der rumorenden, polternden WM-Hektik. Nur aus der Bar des Österreicher-Hotels Laudinella dröhnen noch die unüberhörbaren Freudengesänge nach draußen. Der, dem sie gelten, sitzt abseits allen Trubels an einem Tisch. Schon etwas müde und erschöpft, aber glücklich. Und beim letzten Bier, seinem Gute-Nacht-Trunk, fragt der frisch gebackene Abfahrtschampion nochmals: »Du, stimmt das wirklich – bin ich jetzt tatsächlich Weltmeister?«

Typisch Michi Walchhofer. Auch in der Stunde seines größten Triumphes ist er genau das geblieben, was ihn am meisten auszeichnet und wofür ihn alle schätzen: Ein Star der Natürlichkeit und Freundlichkeit.

Ein Besuch im »Zentral« der Walchhofers in Zauchensee bestätigt all das nur: Ein traumhaft schönes Hotel zu geradezu traumhaft menschlichen Preisen, dazu eine glückliche Familie. Töchterchen Hannah spielt am Boden mit ihren Bausteinen, Gattin Barbara plaudert daneben mit Gästen. Und dem Herrn des Hauses glaubt man sofort, wenn er sagt: »Die schönste Stunde in meinem Leben war nicht der WM-Titel, sondern die Geburt meiner Tochter. Das ist so unbeschreiblich und vor allem so andauernd – das kann dir kein Mensch mehr nehmen.«

Aber Michi kann beruhigt sein: Den WM-Titel nimmt ihm ebenfalls keiner mehr. Auch wenn man die Goldmedaille, den »Beleg« für seinen allergrößten Erfolg, im Hotel Zentral lange vergeblich gesucht hat. »Die«, lächelt er »hab ich im Nachtkastl versteckt, damit s' mir keiner stehlen kann. Jetzt wird ich ma aber eh bald einen neuen Platz einfallen lassen …«

Was »Neues« hat er sich auch damals in St. Moritz einfallen lassen: Zuerst in der Kombi-Abfahrt vom Winde verweht und somit der ganz große Geschlagene, im Abschlusstraining ein Tor ausgelassen und nicht einmal unter den ersten 30. Deshalb hatte den Walchi kaum noch wer auf der Rechnung. Außer Vater Rupert: »Keine Angst, der macht das schon«, hat

»Bei der Trainerausbildung im Jahre 2000 radelte er mit Puls 90 auf dem mitgebrachten Heimtrainer still vor sich hin. Schon damals zeigte sich, dass der lange Lulatsch etwas besonderes vorhat, so konzentriert arbeitete er. Kann gleiten wie der legendäre Peter Müller und fährt Slalom in jedem Fall besser als der Schweizer.«

Armin Assinger

er vor dem Rennen selbstbewusst angekündigt. Und dann flog der Sohn, als es schon stark nach rot-weiß-roter Niederlage »roch«, wirklich zu Gold. »Ich hab schon beim letzten Sprung zu mir gesagt: Michi, jetzt springst als Weltmeister ins Ziel.« Dann blickte der praktizierende Katholik, der früher sogar Ministrant war, nach oben: »Ich weiß, ich muss dem Himmelvater sehr dankbar sein.« Auch weil seine Karriere keineswegs vorgezeichnet war: Heute ist Michael, der fünf Geschwister hat, 15-facher Onkel. Aber bei sechs Kindern blieb den Eltern natürlich kaum Zeit, die Sportambitionen des Sohnes zu fördern. »Ich bin immer mit dem Bus zu Rennen gefahren«, erinnert er sich an die Strapazen, die er für seinen großen Traum auf sich genommen hat. Trotzdem: Skistars aus finanziell so gut behüteten Familien, wie er aus einer stammt, sind eine Rarität. »Wir haben neben dem Hotel auch eine Landwirtschaft in Altenmarkt gehabt. Ich hab mich immer als Bauernbub gefühlt, nicht als Hotelierssohn – und das hat sich bis heute nicht geändert«, lächelt er augenzwinkernd. Auch das ist ganz typisch für Michi Walchhofer ...

WM in St. Moritz 2003: Siegesfahrt und Siegerehrung (mit stolzem Vater)

Statistik ➤ S. 157

Michael Walchhofer
Die Goldene im Nachtkastl

Geboren: 28. April 1975 in Radstadt/Salzburg | www.walchhofer.at

Als im August 2002 die Lammer das Zwilling-Resort in Abtenau überflutete, stand David Zwilling vor einem Scherbenhaufen. Geschätzter Schaden: 1,5 Millionen Euro. Aber der damals 53-Jährige kämpfte weiter. Erfolgreich. Wie 1974 bei der Weltmeisterschaft in St. Moritz: Sein Abfahrtsstart war an einem seidenen Faden gehangen, er sollte wegen der schlechten Trainingsleistungen gar nicht aufgestellt werden. Wenige Stunden später war er der strahlende Weltmeister, der Österreichs Goldflaute in der Königsdisziplin nach genau zehn Jahren beendet hatte …

Wenn er in seinem großzügigen, gemütlichen Haus hoch oben im Örtchen Voglau bei Abtenau die Medaille aus seinem Trophäenschrank kramt, erinnert er sich an alles wieder: An Zigtausende Schweizer Fans, die einen ihrer großen Helden wie Bernhard Russi oder Roland Collombin siegen sehen wollten. Und an die Diskussionen im österreichischen Team. Nach schwachen Trainingsleistungen fragten die ÖSV-Bosse Zwilling, den sie alle nur Vid nannten: »Hat es überhaupt einen Sinn, wenn du die Abfahrt fährst?« Mit der Antwort setzte er sich selbst ungemein unter Druck: »Wenn ich im letzten Training nicht vorne dabei bin, verzichte ich freiwillig auf den Startplatz.« Am nächsten Tag fuhr der Abtenauer überlegene Bestzeit.

Aber erst Jahre danach lüftete er sein kleines Geheimnis. Schon Wochen davor hatte er mit seinem Atomic-Servicemann einen nagelneuen Ski getestet, den er bis zum Abschlusstraining in St. Moritz im Schrank ließ: gehütet wie einen Goldschatz.

Der Goldschatz »trug« ihn dann wirklich zu Gold. Das Riesentorlauf-Talent, das man als Abfahrer lange nicht ernst nehmen wollte, gewann gleich mit dem ersten Sieg die WM. Die großen Schweizer Favoriten geschlagen, Franz Klammer, der neben Abfahrtssilber 1974 auch

»›Vid‹ war bzw. ist zeit seines Lebens ein Mensch, der niemals müde wird. Immer sprungbereit, immer aktiv, immer am Drücker. Und jetzt auch schon Opa!«

Armin **Assinger**

noch Gold in der Kombination holte, auch. Und sogar der entthronte Titelverteidiger Bernhard Russi lobte: »Er ist der kompletteste Skifahrer unserer Zeit. Es gibt kaum einen, dem ich diesen Triumph mehr gegönnt hätte als ihm.« Zehn Jahre nach Egon Zimmermann, der bei den Olympischen Spielen in Innsbruck ganz oben stand, hatte die Abfahrtsnation Österreich endlich wieder einen Abfahrtskönig. »Du alter Seeräuber«, umarmte ihn Charly Kahr im Ziel überglücklich. Für den wohl legendärsten Trainer der österreichischen Weltcupgeschichte, der Rot-Weiß-Rot wenig später zur ganz großen Abfahrtsnation machen sollte, zählten nichts mehr als Triumphe in der Königsdisziplin.
Dass Zwilling mit seinem ersten Sieg gleich Gold gewann, war damals fast einzigartig. Mittlerweile sind viele in seine Fußstapfen getreten. Wie der Deutsche Hans-Jörg Tauscher (1989), der Schweizer Jens Lehmann (1991) oder Michi Walchhofer, der 2003 ebenfalls in St. Moritz mit seiner ersten Abfahrt gleich die Weltmeisterschaft für sich entschied. Aber was sich in diesen 29 Jahren alles geändert hat, beweist ein Blick auf Vids Saisonergebnisse: Vor den Titelkämpfen war er in der Saison 73/74 7. in Val-d'Isère, 9. in Zell, 5. in Schladming. 11. in Garmisch, 6. in Morzine und Wengen sowie 19. auf der Kitzbüheler Streif. Eine Bilanz, mit der er in den Zeiten des rot-weiß-roten Powerteams der Maier- und Eberharter-Ära wohl nicht einmal als Ersatzmann auf den WM-Zug aufspringen hätte können …

David Zwilling
Der alte Seeräuber »Vid«

Geboren: 24. August 1949 in Abtenau/Salzburg | www.zwilling-resort.at

WM 1974 in St. Moritz: Franz Klammer und Willi Frommelt tragen den Sieger David Zwilling.

Statistik ➤ S. 157

Die nackten Zahlen sprechen Bände: 34 Stockerlplätze im Weltcup stehen auf der Habenseite des Hubert Strolz. Aber kein einziger Sieg in einem Einzelrennen. Wirklich kein einziger. 1988 hat der sympathische, immer freundliche Vorarlberger zwar die Kombination in Bad Gastein gewonnen. Aber der ganz große Weltcuptriumph, der fehlte in der Karriere des Hubert Strolz. Die Hundertstel, das Wetter, die Bedingungen – alles schien sich gegen ihn verschworen zu haben. Und fast schon wissenschaftlich wurden die Analysen über den ewigen Zweiten. In einfache Worte gepackt: Ist der Hubert Strolz zu nett zum Siegen?

Nach Antworten sei hier nicht gesucht. Fest steht nur eines: Bei den Olympischen Spielen 1988 in Calgary schlug – zweite Plätze hin, fehlender Sieg her – die ganz große Stunde des Vorarlbergers. Als er sich im Ziel der Kombination auf den nächsten zweiten Platz vorbereitete, der haushohe Favorit Pirmin Zurbriggen im Slalom aber ein paar Tore vor dem Ziel ausschied, war er plötzlich Olympiasieger. Vom ewig Geschlagenen zum strahlenden Helden. Dass er das Zurbriggen-Schicksal vier Jahre später am eigenen Leib zu spüren bekam, seine zum Abholen bereite Goldene mit einem Sturz im Schnee von Albertville liegen ließ, ist heute schon fast wieder vergessen.

Auch wenn man vom 13. Februar 1998 spricht, denkt die Sportwelt erst in zweiter Linie an Mario Reiter. Weil genau an diesem Tag ein gewisser Hermann Maier in der Olympia-Abfahrt einen Jahrhundert-Sturz baute, dessen Bilder immer und immer wieder um die ganze Welt gingen. Ein paar Stunden nach dem »Abflug« des Salzburgers flog ein Vorarlberger Landsmann von Strolz zu Gold: Mario Reiter, eigentlich ein Slalom-Spezialist, wurde ebenfalls Kombinations-Olympiasieger – Vorarlberger Olympiatraum mal zwei. Schon zwei Jahre zuvor bei der WM in Sierra Nevada war er nach dem Slalom um über zwei Sekunden vorne gelegen, wurde aber dann in der Abfahrt durchgereicht. In Nagano war er wirklich nicht zu schlagen. Wie »Super-Mario«, wie ihn seine Fans nannten, bei Großereignissen überhaupt fast immer strahlen konnte: Neben drei Weltcupsiegen, darunter einer auf dem Kitzbüheler Ganslernhang, holte Reiter abgesehen von Gold in Nagano noch Slalom-Silber 1996 und Kombi-Bronze 1997 in Sestriere.

Heute ist er unter anderem als Analytiker beim ORF tätig. In dieser Funktion wird er sicher auch über die neue Form der Kombination etwas zu sagen haben.

Hubert Strolz (r.) neben Günther Mader (l.)
Mario Reiter

Statistik ➤ S. 158

Hubert Strolz, Mario Reiter
Vorarlberger Olympiatraum mal zwei

Geboren: 26. Juni 1962 in Warth/Vorarlberg (Strolz) bzw. 15. November 1970 in Rankweil/Vorarlberg (Reiter)

»Die beiden Kombinationsolympiasieger aus dem Ländle: Supermario und Hubsi. Fragen Sie einmal Hubert, wie schwer es ist, ein Weltcuprennen zu gewinnen, denn keiner weiß es besser als er – 14-mal als 2. klassiert. War nie schlecht aufgelegt und von Grund auf positiv eingestellt. Mario war der Analytiker, der akribisch genau seine Fahrten auseinander nahm. Technische Perfektion plus viel Mut ergibt Olympiagold in Nagano.«

Armin Assinger

Erster Test in Wengen 2005: Eine stark verkürzte Lauberhorn-Abfahrt und ein längerer Slalomdurchgang werden an einem Tag direkt hintereinander gefahren, der Gesamt-Schnellste ist Sieger. So soll der Bewerb, der bei Großereignissen sowieso meist für Hochspannung sorgt, auch im Weltcup aufgewertet werden. Aber in Sachen Kombi-Revolution gibt es noch ganz andere Ideen. Etwa die von Kilian Albrecht. Der einzige Magister im Skizirkus, der 2002 sein Wirtschaftsstudium abgeschlossen hat, schlägt schon seit längerer Zeit vor: »Am gscheitesten wär ein dreigeteiltes Rennen: Im oberen eine Abfahrt, die direkt in einen Riesentorlauf und am Ende in einen Slalom übergeht. Alles natürlich auf den gleichen Skiern gefahren – ein Spektakel, das bei den Leuten sicher auf Anhieb gut ankommen würde.« Ob sich auch so manch starrsinnige FIS-Funktionäre – deren es leider immer noch viel zu viele gibt – damit anfreunden können, bleibt freilich eine ganz andere Frage …

Kitzbühel 2000: Tausende Zuschauer am Ganslernhang bestaunen und bejubeln eine der größten Sensationen der Weltcupgeschichte. Mit Nummer 47 gewinnt der noch 20-jährige Tiroler Mario Matt den klassischen Hahnenkamm-Slalom. Nie zuvor ist im Torlauf einer mit so einer hohen Nummer ganz an die Spitze geflogen. Was freilich kaum einer ahnen konnte: Matt leitete mit seinem Triumph auch eine völlig neue Slalom-Ära ein.

Kitzbühel 2002: Der Tiroler ist längst Superstar. Weltmeister 2001, Nummer eins der Weltrangliste. Aber im ersten Durchgang bleibt er schon am Start mit der Schulter hängen. Unter quälenden Schmerzen fährt er den Lauf dennoch zu Ende, wird sogar Neunter. Minuten später der Schock: Die rechte Schulter ist total kaputt, der Traum von Olympia geplatzt. Nach der Operation wird eine zwölfwöchige Skipause verordnet. Aber erst in Kranjska Gora 2003, also fast zwölf Monate und zwei weitere schwere Schulterverletzungen später, sollte Mario in den Weltcup zurückkehren.

Kitzbühel 2004: Auf dem Hang, der ihm schon so viele Höhen und Tiefen beschert hat, wird Matt Sechster und ist damit endlich wieder dort, wo er hingehört. In der ersten Gruppe der Slalom-Weltrangliste. Als 42. hatte er die Saison begonnen, jetzt fährt er wieder in den Top 15 – das Comeback, das mit so vielen Rückschlägen »gepflastert« war, ist endgültig geschafft.

Man könnte es durchaus auch so formulieren: Das neue Slalom-Zeitalter hat ihren König wieder. Denn Matt war der Erste, der die moderne Carving-Technik bis zur Perfektion beherrschte. Seine breite Skiführung und sein gebeugter Oberkörper wurden zum Leitbild einer ganzen Generation. Oder wie es Österreichs Slalomtrainer Gert Ehn nach dem größten Erfolg des Flirschers formulierte: »Mario ist der Ur-Carver. Von ihm haben sogar wir Trainer gelernt.« In St. Anton hatte Matt zwei Stunden davor vor fast 60.000 Fans, die restlos aus dem Häuschen waren, Slalomgold geholt. Auf seinem Hausberg. Dort, wo er schon als Bub mit Vater Hubert fast jeden Tag seine Schwünge in den Schnee gezogen hat. Der Adler vom Arlberg, wie ihn seine Fans stolz nennen, ist gelandet! Und viele erinnerte er damals an

Mario Matt
Ur-Carver und Pferdeflüsterer

Geboren: 9. April 1979, Flirsch am Arlberg/Tirol | www.mario-matt.at

Benjamin Raich gratuliert Maria Matt zu Gold bei der WM in St. Anton 2001.
Andreas Schifferer, Michael Walchhofer, Mario Matt und Rainer Schönfelder kochen mit Johanna Maier 2003.

Statistik ➤ S. 158

den legendären Rudi Nierlich: Bei Interviews oft wortkarg, auf der Piste dafür umso »lauter«. Stephan Mader, Bruder von Günther und Skischuh-Genie bei der Firma Salomon, erzählt immer wieder die Geschichte von einer elendig langen Anreise zu Skitests: »Der Mario und ich im Auto. Er hat stundenlang kein Wort gesprochen, bis wir am Straßenrand zwei Pferde gesehen haben. Sowas kauf ich mir auch, wenn ich einmal aufhör, hat er kurz gemeint – dann herrschte für den Rest der Fahrt wieder Totenstille.«
Mittlerweile hat sich Matt seinen Pferde-Traum längst erfüllt. Mehr noch: In seinem Gestüt in Flirsch hat er sogar einige Vollblut-Araber stehen. »Die gelten als edelste Pferderasse der Welt«, erzählt »Pferdeflüsterer« Mario, der seinen Ruf als »Schweiger von Arlberg« in letzter Zeit immer mehr widerlegt, stolz. Sogar dem früheren Bundespräsidenten Klestil hat der Tiroler eine »Unterkunft« für dessen Araber angeboten. Der hat nur abgelehnt, weil die Pferde dann zu weit weg von Wien und somit von ihm und Gattin Margot wären.

»Pferdeflüsterer. Ruhig. (Wieder) schnell. Revolutionierte das Carven zum überbreiten Schwertransport, deshalb schmeißt Mario nichts mehr um.«

Armin Assinger

Der Tiroler Sepp Reinalter: Vom Waisenkind und bettelarmen Schneider-Lehrling zur Skilegende. In seiner kleinen Werkstatt in Schwaz hat er sie entworfen. Von dort trat sie einen Siegeszug in die ganze Welt an. Fast 20 Nationen hat Reinalter in der Hochblüte mit seiner Erfindung ausgestattet: mit der Keilhose. Entworfen hat er sie für die Österreicherinnen Evi Knapp und Rikki Mahringer. Wieviele Triumphe in Keilhose gefeiert wurden, hat nie wer mitgezählt. Es waren unzählige. Die sofort mit Mahringer begonnen haben. Sie war eine echte Kitzbühel-Spezialistin, wo die Damen damals auch noch fuhren: 1953 und 1954 gewann sie die Abfahrt. Aber damit war sie bei weitem nicht die einzige Kitzbühel-Siegerin der Nachkriegsjahre: Resi Hammerer hatte schon 1949 die Abfahrt gewonnen, Trude Klecker, Regina Schöpf und Josefine Frandl trugen sich in den Jahren 53, 54 und 55 in die Slalom-Siegerlisten ein.

Aber wenn man vom Skisport in den Nachkriegsjahren erzählt, darf vor allem ein Name nicht fehlen: Trude Jochum-Beiser, die ganz große rot-weiß-rote Sportheldin in einer Zeit, in der Österreich sonst nicht viel zum Jubeln hatte. Wegen Jochum-Beiser schon: In St. Moritz, bei den ersten Olympischen Spielen nach dem Zweiten Weltrkieg, gewann sie 1948 Gold in der Kombination und Silber in der Abfahrt. Vier Jahre später in Oslo krönte sie ihre Karriere mit Olympiagold in der Königsdisziplin. Und nicht zu vergessen: Bei der Weltmeisterschaft in Aspen holte sie mit Abfahrtsgold und Riesentorlaufsilber ebenfalls zwei Medaillen.

Bei diesen Titelkämpfen wurde sie von einer anderen Österreicherin aber sogar noch überstrahlt: von Dagmar Rom. Sie reiste aus den USA mit den Goldenen in Slalom und Riesentorlauf heim. Zwei Jahre später trat dann Trude Klecker in Are mit Slalomgold und Abfahrtssilber in die Fußstapfen der beiden. Goldene 50er-Jahre für Österreich. Was sich zum Glück in den 60ern nicht änderte.

Neben Olga Pall, Christl Haas oder Traudl Hecher, deren Karrieren in einem anderen Kapitel beleuchtet werden, sorgte etwa Marianne Jahn für Schlagzeilen. Vor allem bei der WM 1962 in Chamonix. Sie gewann den Slalom, den Riesentorlauf und wurde Zweite in der Kombination.

Vier Jahre später konnte Österreich bei der Exotik-WM im chilenischen Portillo von zweifachen Weltmeistern nur träumen. Meist fuhren uns andere Nationen um die Ohren, etwa die Franzosen. Die haben damals als Erste erkannt, wie sehr die enorme Höhenlage an den Kräften zehrt. Sie verließen Portillo so oft wie möglich und fuhren runter ans Meer: Regeneration, Akkus aufladen. Die Österreicher blieben oben – und gingen sportlich unter. Mit einer einzigen Ausnahme freilich …

Die Geschichte der Erika Schinegger hat die ganze Welt bewegt. 1966 rettete sie für Rot-Weiß-Rot die WM in Chile: Die damals 18-Jährige holte Abfahrtsgold. Spätestens da begann aber die Gerüchteküche zu brodeln. Wegen des maskulinen Aussehens der jungen Erika, weil sie nicht einmal mit ihren Teamkolleginnen duschte. Der Sextest, der vor Olympia 1968 zwingend eingeführt wurde, gab allen Gerüchten Recht: Schinegger war eindeutig ein Mann. Viel Aufregung, heftige Diskussionen. Der österreichische Skiverband wollte aus dem falschen Mann mittels Operation eine echte Frau machen lassen. Schinegger entschied sich freilich anders.

Sie wollte ein ganzer Mann sein, auch äußerlich. Aus Erika wurde Erik, dem Skisport blieb sie/er treu: Immer noch wird die Geschichte von einer österreichischen Meisterschaft erzählt, bei der die Sieger Gratulationen lange nicht entgegennahmen – »Wartets noch, mit 62 kommt der Schinegger.« Als Erik hat Schinegger bei den Herren wirklich noch fünf Europacuprennen gewonnen. Im Buch »Mein Sieg über mich« schrieb er seine bewegende Geschichte nieder. Heute hat Schinegger eine Skischule in St. Urban. Vor allem aber eine glückliche Familie.

Dagmar Rom 1950 bei Minister Ferdinand Graf (l.)
Erika Schinegger 1967 in Bad Gastein, Erik Schinegger 1972 in Hinterstoder
Trude Jochum-Beiser bei der Olympiade in Oslo 1952

Statistik ➤ S. 160

Trude Jochum-Beiser, Dagmar Rom, Erika Schinegger, Trude Klecker, Marianne Jahn, Erika Mahringer, Josefine Frandl, Regina Schöpf und Resi Hammerer

Triumphe in Keilhosen

8
10
Badgasten
13

Ernst Hinterseer bei den österreichischen Skimeisterschaften 1954 in Bad Gastein (großes Bild)
Olympiade 1964 in Innsbruck (kleines Bild links: Josef Stiegler, kleines Bild rechts: Egon Zimmermann)
Olympiade 1952 in Oslo (kleines Bild Mitte: Othmar Schneider)

Statistik ➤ S. 159

Egon Zimmermann, Pepi Stiegler, Othmar Schneider, Ernst Hinterseer, Anderl Molterer, Josl Rieder, Christian Pravda, Gerhard Nenning, Hias Leitner und Alfred Matt

Tanz auf dem Vulkan

Saisonfinale 1960, wenige Wochen nach den Olympischen Spielen von Squaw Valley. Nicht im Hohen Norden, nicht in Übersee, sondern am südlichsten Zipfel von Europa. Zwischen glühendem Lavagestein und schwarzer Asche. Auf dem Ätna, dem noch immer aktiven Wahrzeichen, fanden wirklich Skirennen statt. Bis der große Ausbruch in den 60er-Jahren alle Skilifte auf dem Vulkan zerstörte. Auch Karl Schranz hat einmal auf dem Ätna gewonnnen. Egon Zimmermann fast.

Von Squaw Valley reiste der damals blutjunge Vorarlberger mit dem Schweizer Roger Staub, Olympiasieger und großer Star, nach Sizilien. »Und wir haben's so richtig genossen. Vor allem den italienischen Wein«, erzählt er. Nach dem Rennen sowieso logisch, denkt der Zuhörer. Aber Zimmermann winkt augenzwinkernd ab. »Nicht danach, junger Herr, davor haben wir gesoffen.« Fast die ganze Nacht lang, wie er versichert. Am nächsten Tag, vor dem Rennen, wollten sie mit der Gondel rauffahren. »Die war so unsicher und wackelig, dass jeder unterschreiben musste, dass er sie auf eigene Gefahr betritt. Aber bevor wir zur Unterschrift kamen, riss uns ein Trainer weg: Es gehts schön zu Fuß rauf, es zwei Bsoffenen.« Verschwitzt und erschöpft kamen sie zum Start, im Ziel waren sie trotzdem die Schnellsten: Staub Erster, Zimmermann Zweiter.

Aber nicht nur wegen der Ätna-Rennen waren Skirennen wie ein Tanz auf dem Vulkan. Sicherheitsnetze ein Fremdwort, das Material oft gemeingefährlich. »Man muss sich das vorstellen wie in der Urzeit der Formel 1. Und es hat auch dementsprechend viele Unfälle gegeben«, erinnert sich Zimmermann, heute Besitzer des Hotels Kristberg in Lech, und betont im gleichen Atemzug: »Aber es war nicht nur alles eine Gaudi und ein Abenteuer, wie's jetzt vielleicht ausschaut. Auch wir haben trainiert. Nur halt nicht so viel wie die Rennläufer von heute.«

Was sich seither kaum geändert hat, sind zum Glück die rot-weiß-roten Erfolge. Zimmermann war einer der ganz großen Stars der Vor-Weltcupära: Er holte bei den Olympischen Spielen 1964 in Innsbruck Abfahrtsgold, zwei Jahre davor bei der WM gewann er den Riesentorlauf. Auch Christian Pravda, leider schon verstorbener Kitzbüheler, jubelte 1954 über den Abfahrtstitel. Aber vor allem war Österreich, später in den 70ern und 80ern die ganz große Abfahrtsnation, ein Volk von Slalomläufern. Mit Othmar Schneider 1952 in Oslo, Ernst Hinterseer, der 1960 in Squaw Valley einen Doppeltriumph vor Hias Leitner anführte, und Pepi Stiegler 1964 in Innsbruck feierten die Skifans gleich drei Torlaufolympiasieger. 30 Jahre, bis zu Thomas Stangassinger 1994 in Lillehammer, wartete man danach vergeblich auf die nächste Goldene. Was überhaupt schon fast vergessen ist: Dass Alfred Matt, nicht verwandt mit dem späteren Weltmeister Mario, schon 1969 den Slalomweltcup gewann. Auch auf den nächsten Triumph in der Spezialwertung musste Österreich fast 30 Jahre warten: bis Thomas Sykora 1997 die kleine Kristallkugel holte.

Große Zeit der österreichischen Slalomläufer, große Zeit der Allrounder. Fast alle Läufer starteten damals in allen drei klassischen Disziplinen. Gerhard Nenning holte etwa sowohl 1962 als auch 1964 Kombi-Silber. Ebenfalls perfekte Allrounder waren Pravda und der legendäre Anderl Molterer, der mittlerweile in den USA lebt: Die beiden feierten bei den traditionellen Hahnenkammrennen in Kitzbühel, schon damals der Klassiker unter den Klassikern, sowohl in der Abfahrt als auch im Slalom Triumphe. Heutzutage fast unvorstellbar. Wie die Rennen auf dem Ätna …

Nach den Olympischen Spielen 1998 flog Günther Mader mit seinem Privattrainer Robert Trenkwalder von Nagano nach Guam. Rund sechs Stunden Flugzeit, dafür wartete auf der kleinen Insel im Pazifik ein Paradies: Entspannen, erholen, abschalten, bevor der Weltcup mit der Asien-Tournee weiterging. Das gebuchte Hotel war zwar sauteuer, aber alleine der in Prospekten traumhaft verlockend angepriesene und vor allem direkt angrenzende Golfplatz schien das Geld wert zu sein. Schien. Weil relativ bald nach der Ankunft merkten die beiden zwei Dinge: Dass erstens eben erst ein Orkan über die Insel hinweggefegt war und die Spuren noch deutlich sichtbar waren. Und zweitens, viel schlimmer: Dass der 18-Loch-Platz, auf dem sie einen Großteil der Zeit verbringen wollten, in Wirklichkeit nur ein kleiner Minigolf-Parcours war. Und wegen des Orkans noch dazu gerade unbespielbar …

Blöd gelaufen, oder was auch immer: Irgendwann im Laufe der Woche, gemütlich am Strand sitzend, den Pazifik vor sich und zwei Cocktails in der Hand, sprachen sie jedenfalls über Günthers Rücktritt. Zum ersten Mal überhaupt. Trotzdem waren sie auf Anhieb einig: »Nach dieser Saison ist Schluss!« Wenige Wochen später wurde beim Weltcupfinale in Crans Montana alles offiziell: Die Karriere eines der erfolgreichsten österreichischen Skifahrers aller Zeiten war zu Ende. Vor allem aber war Günther Mader einer der beliebtesten. Sechsmal haben ihn die Fans bei der traditionellen Teekanne-Wahl, dem Sympathie-Baromter schlechthin, zum Sieger gemacht. Auch noch, nachdem er sich längst vom österreichischen Verband losgelöst hatte und auf eigene Faust trainierte. Eben mit Trenkwalder, seinem früheren Lehrer. »Es ging einfach nicht mehr«, erzählt Mader heute, »ich war der einzige Österreicher, der alle Disziplinen gefahren ist – und da waren die Voraussetzungen damals im Team denkbar schlecht. Aber ich wollte einfach keine Disziplin aufgeben.« Auch wenn es die ganzen Jahre über immer äußerst kritisch betrachtet, ja sogar angefeindet wurde, ging das Experiment voll auf: Mader krönte seine Karriere, in der er sechs Medaillen bei Großereignissen holte, mit dem Triumph auf der Kitzbüheler Streif. Ein historischer Sieg für ihn selbst, ein historischer für den Skisport: Neben Pirmin Zurbriggen, Kjetil-Andre Aamodt und Marc Girardelli ist er damit einer von nur vier Läufern, die in allen Disziplinen gewonnen haben. »Er war vom Skifahren her ein ganz eigener Typ, mit enormem technischem Feingefühl«, beschreibt Trenkwalder heute den perfekten Allrounder Mader, der so oft im Licht der Öffentlichkeit strahlte.

Der aber auch die Schattenseiten des Lebens kennen gelernt hat. Als er nach einem scheinbar harmlosen Zwischenfall beim Fußball, nur 13 Tage nach dem letzten Rennen, plötzlich gegen den Tod kämpfen musste. »ÜberLeben« hat er deswegen sein Buch genannt, in dem er die schlimmsten Monate seines Lebens aufarbeitet. Den Schlaganfall, die ersten Tage im Spital und vor allem wie er alles, wirklich alles, neu erlernen musste. Der topfite Sportler war plötzlich hilflos wie ein kleines Kind: Er konnte nicht sprechen, musste Bausteine zusammensetzen, um seine Grund-Koordination wieder zu finden, und die Farben neu kennen lernen. »Noch heute«, sagt er, »kommt es manchmal vor, dass mir die einfachsten Dinge nicht einfallen.«

Zum Glück nur mehr sehr selten. Denn Mader ist wieder ganz gesund und als Renndirektor für Österreich bei Salomon ebenso erfolgreich wie in seiner aktiven Karriere. »Nur weiß ich halt jetzt, wie schnell Triumphe und berufliche Erfolge nebensächlich werden können …«

Günther Mader bei der Abfahrt in Kitzbühel 1996 und mit Michael Kuhn bei der Sporthilfegala in der Wiener Stadthalle

Statistik ➤ S. 161

Günther Mader
Zwischen Licht und Schatten

Geboren: 24. Juni 1964 in Matrei am Brenner/Tirol | www.guenthermader.at

»Der Günther war damals sicher auch in Mittersill, 1976, beim Slalom. Mein Jahrgang, aber damals um Lichtjahre voraus. Gewinnt später in allen Disziplinen, als einziger Österreicher bisher. Wenn wir von der Abfahrt ins Hotel kamen, war er schon wieder draußen auf dem Slalomhang. Über 400 (!) Weltcuprennen schwer, holt er sich zwar nie die große Kugel, zwingt aber den Tod in die Knie. Bleibt für immer ein Sieger!«

Armin Assinger

Zu Mittag kocht sie für die Kinder, danach schlüpft sie fast täglich in Trainingsanzug und Laufschuhe. Immer noch. Obwohl sie eigentlich schon vor über 15 Jahren zurückgetreten ist. Nach nur sieben vollen Saisonen hat Roswitha Steiner den Weltcupzirkus Weltcupzirkus sein lassen und ihre erfolgreiche Karriere beendet. Und trotzdem regieren die Sekunden immer noch einen Teil ihres Lebens. Roswitha Steiner, die Frau mit den vielen Gesichtern:
Als Slalomakrobatin war sie absolute Weltklasse. Acht Weltcupsiege stehen auf ihrem Konto, mehr als bei jeder anderen Österreicherin. Dazu holte sie bei der WM 1987 in Crans Montana, als wir uns wegen der chronischen Erfolglosigkeit von den Schweizern verspotten lassen mussten, mit Silber im Slalom eine der wenigen Medaillen für Rot-Weiß-Rot. Aber warum hört eine, die so erfolgreich ist, so rasch wieder auf? »Wir haben damals sehr, sehr zeitig angefangen«, antwortet sie, »es hat in der Zeit nach der Moser-Pröll einen Nachwuchs in dem Sinn nicht gegeben. Die erste Österreicherin im Slalom ist erst mit einer Nummer um die 30 gekommen. Ich bin schon mit 18 Jahren ständig im Weltcup gefahren – vielleicht war man deshalb früher ausgebrannt.« Dass sie mit acht Siegen auch 2004 noch Österreichs erfolgreichste Slalomläuferin aller Zeiten war, macht sie umso mehr stolz: »Für die kurze Zeit sind so viel Siege gar nicht schlecht. Und dass der Rekord so lange anhält, macht die Leistung vielleicht wirklich noch ein bisschen wertvoller.«
Als Politikerin war sie bemerkenswert engagiert. Das bestätigen alle, die mit ihr zusammengearbeitet haben. Fünf Jahre, bis zum Frühjahr 2004, war sie als Abgeordnete des Salzburger Landtages für Sportfragen zuständig. »Seit das zu Ende ist, hab ich wenigstens wieder ein bissl mehr Zeit.«
Und als Marathonläuferin hat sie ihren Ehrgeiz von früher fast noch übertroffen. Fast logisch, werden jetzt viele vermuten, wenn man mit einem früheren Weltklasse-Langläufer wie Alois Stadlober verheiratet ist. Noch dazu, wo der heute die berühmten 42 km ebenfalls in Spitzenzeiten herunterspult. Marathon und Langlauf, das ist auch wirklich naheliegend. Doch da überrascht die Radstädterin erneut: »Die Idee zum Marathon kam von mir. Ich wollt schon 1998 in Graz mitlaufen, aber da hat er noch nein gesagt.«
Irgendwann hat sie sich mit ihrem Wunsch durchgesetzt. Seit 1999 laufen beide. Und in nur knapp fünf Jahren hat es die frühere Slalomkönigin auf eine

Spitzenzeit von 2:57 gebracht. Mehr als beachtlich. »Ich hätt selbst nicht gedacht, dass ich beim Marathon so hängen bleib. Aber auf 2:55 möchte ich auf alle Fälle noch kommen.« Womit auch das Rätsel gelöst ist, warum sie über 15 Jahre nach dem »Skischlussstrich« immer noch beinhart trainiert. »Viel weniger ist's wirklich gar nicht. So viel Kraft wie die heutigen Spitzenskifahrer haben wir damals jedenfalls lange nicht gehabt.«

Aber wahrscheinlich ist sie früher oder später auch wieder im Stangenwald zu bewundern. »Unlängst war ich bei den Ortsmeisterschaften zuschauen. Da hab ich mir gedacht: Noch einmal einen echten Slalom, vielleicht ein Einladungsrennen gegen die Stars von früher, zu fahren, dazu würd ich sofort ja sagen.« Es wär das nächste große Abenteuer: Schließlich waren die Slalomski zu ihrer Zeit noch 1,90 Meter, die Weltklasse von heute carvt nur mehr mit 1,60er-Latten die Pisten hinunter. »Aber genau das«, sagt Roswitha, »macht ja für mich den Reiz aus …«

»Fand nach dem Skirennsport dank ihres Liebsten, Dr. Alois Stadlober, die Liebe zum Laufsport. Läuft Marathon präzise wie ein Uhrwerk. Genau so fuhr sie auch ihre Slaloms.«

Armin Assinger

Roswitha Steiner-Stadlober 1988 bei der Weltcup-Siegerehrung und 1984 bei der Olympiade in Sarajevo

Statistik ➤ S. 162

Roswitha Steiner-Stadlober
Und ewig lockt das Abenteuer

Geboren: 19. Juni 1963 in Radstadt/Salzburg

Leins, ein kleiner, verträumter Ort im Pitztal. Wenige hundert Meter links nach der Ortstafel steht der Ferienhof Raich: Drinnen in der gemütlichen Küche kocht Mutter Christine das Mittagessen. Draußen, auf dem kleinen Hang hinter dem Haus, hat alles begonnen. Dort zogen die drei Kinder Florian, Benni und Carina ihre ersten Schwünge. Und vor allem bei Benni, immer perfekt unterstützt von Vater Alois, lief von Anfang an alles wie am Schnürchen. Er war in jeder Altersklasse der Beste, fünffacher Juniorenweltmeister (je einmal 1996 und 1997, dreimal 1998) und zählt heute längst zu den ganz großen Lieblingen einer ganzen Skination. Schon seit seinem Riesentorlauftriumph in Flachau 2004, mit dem er auch seine über zweijährige sieglose Serie beendete, ist er der erfolgreichste rot-weiß-rote Techniker der Weltcupgeschichte. Noch in der gleichen Saison stockte er sein Siegkonto mit den jeweils dritten Erfolgen in Wengen und Schladming auf 13 auf. Auch Hermann Maier hatte zwar zu diesem Zeitpunkt 13 Riesentorläufe gewonnen. Doch der würde sich selbst nicht als Techniker, als Spezialist für die technischen Disziplinen, bezeichnen. Wobei das auch auf Raich mittlerweile nicht mehr so ganz zutrifft ...

Die Idee stammte von Cheftrainer Toni Giger. »Benni, kannst dir vorstellen, dass du um den Gesamtweltcup mitfährst?«, hat er den Tiroler bei einem längeren Gespräch im Sommer gefragt. Benni, der schon als Bub von der großen Kugel geträumt hatte, nickte, ohne eine Sekunde zu zögern, und wurde von der Slalomgruppe in die Allroundgruppe von Coach Andi Evers transferiert. Ein Experiment, das sofort aufgehen sollte: Im Super-G auf Anhieb in den Top 10, in der Abfahrt von Lauf zu Lauf besser. Erstaunlich, auch für die Fachwelt! »Er kann mit dem Ski einfach alles, sicher eines der größten Talente, das ich je gesehen habe«, versucht Evers das Skiphänomen Raich zu erklären. Benni Raich: Der mit dem Ski tanzt.

Oft war es aber ein Tanz am Limit. »Bei ihm ist die Grenze zwischen Genie und Wahnsinn am verschwommensten«, formulierte es Slalomtrainer Gert Ehn einmal. Damit sprach er die vielen Innenski-Fehler an, die Raich schon oft aus der

»›Bisch du da Armin Assinger?‹, fragte mich vor fast 20 Jahren ein kleiner Bimpf auf dem Hochzeiger, dem Skiberg des Pitztales. ›Der wird einmal ganz gut werden‹, hieß es da im Tal. Und er wurde gut. Er ist der Vorzeigeathlet des ÖSV, durchlief alle Kader, nahm alle Stufen und ist jetzt fast ganz oben. Noch ein kleiner Schritt, noch ein paar Punkte, dann ist er im Olymp der Skirennfahrer. Dann gehört ihm der Gesamtweltcup.«

Armin
Assinger

Benjamin Raich
Der mit dem Ski tanzt

Geboren: 28. Februar 1978 in Arzl/Tirol | www.raich.at

Benjamin Raich und seine Bronzemedaille bei der Olympiade in Salt Lake City 2002.
Sieg beim Nachtslalom in Schladming 2004.

Statistik ➤ S. 161

Siegbahn warfen. Bennis Erklärung, voller Selbstbewusstsein: »Wenn ich nicht so extrem fahren würde, wär ich nicht so schnell.«
Deshalb ließ sich der Lieblingsschüler von Rainer Gstrein, der wahrscheinlich am öftesten mit ihm trainiert hat, auch in der über zweijährigen Phase ohne Sieg nicht aus der Ruhe bringen. Damals, als ihm viele schon Nervenschwäche andichten wollten. »Absoluter Blödsinn. An meiner Form liegts sicher nicht, an den Nerven auch nicht«, betonte er da immer wieder, »für viele andere wären meine Ergebnisse ja sehr gut. Aber von einem Raich erwarten halt alle Siege. Und wenn ich ganz ehrlich bin, erwart ich mir das ja auch selbst …«
Deshalb sind für ihn in Sachen Siege die Grenzen nach oben hin offen, davon sind alle überzeugt. Was allerdings nur wenige wissen: Dass er gemeinsam mit seinem älteren Bruder Florian im »Racecenter Pitztal«, der eigenen Rennschule der Raichs, selbst junge Talente ausbildet. Einen perfekteren, kompletteren Lehrer kann's kaum geben: Denn es wäre alles andere als eine Überraschung, wenn Benni nach Zurbriggen, Aamodt, Girardelli und Mader der Nächste ist, der in allen vier Disziplinen ein Rennen gewinnt …

Stellen sie sich vor: Hans Krankl schießt beim legendären 3:2 von Cordoba seine Tore gegen Deutschland, ist umjubelter Nationalheld. Ein paar Jahre später schlüpft er aber ins deutsche Teamtrikot und stürmt für den Erzrivalen. Gegen Österreich! Im Fußball fast unvorstellbar. Im Skisport nicht. Zumindest für Katharina Gutensohn nicht.

Österreich hat sie schon als neue Pröll gefeiert. Die junge Katharina Gutensohn aus Kirchberg in Tirol. Die, die nicht nur mit ihren Siegen, sondern auch mit ihrem sonnigen Gemüt die Herzen der Fans im Sturm eroberte. Nicht einmal noch 20, gewann sie in Vail schon ihre erste Abfahrt. In einer Zeit, in der vor allem bei den Damen die Schweiz mit ihren Superstars Walliser und Figini Österreich den Rang als Skisportnation Nummer eins ganz klar abgelaufen hatte. Insgesamt acht Weltcupabfahrten gewann Gutensohn. Aber eben nur genau die Hälfte davon für Österreich.

Die Beziehung hatte am Anfang für Diskussionen gesorgt. Weil Katrin ihren Freund fast überallhin mitnahm. Sogar ins Hotelzimmer. Ein Dorn im Auge für viele. Vor allem für Cheftrainer Raimund Berger. Aber die Differenzen mit dem Verband hatten auch andere Gründe, z. B. sportliche Auffassungsunterschiede. Als Gutensohn nicht für die WM 1989 in Vail nominiert wurde, war das nicht nur für sie selbst ein eindeutiges Zeichen.

Dass Dr. Knopf, mittlerweile ihr Gatte und bei der deutschen Luftwaffe, beruflich nach München wechselte, kam da gerade recht. Katrin übersiedelte mit ihm nicht nur nach Bayern, sie nahm auch die deutsche Staatsbürgerschaft an. Und so viele Probleme sie davor gehabt hatte, so hürdenlos klappte der Transfer. Vielleicht weil in Österreich viele dachten: Die gewinnt sowieso nie wieder?

Die Tirolerin, 1985 für Österreich Abfahrts-Zweite bei der WM in Bormio, gewann auch für Deutschland vier Weltcuprennen und 1990 sogar den Abfahrtsweltcup. Aber eines betonte sie immer wieder: »Menschlich werd ich mich nie ändern. Im Herzen bleib ich immer eine Tirolerin.«

Aber Gutensohn war nicht nur wegen des Nationenwechsels eine Vorreiterin.

»Eigentlich war sie in jeder Hinsicht bahnbrechend«, erinnert sich Richard Kallinger, absoluter Experte in Sachen Damenski. Und fügt schmunzelnd an: »Eines Tages tauchte sie bei einem Rennen mit Zahnspange auf – für eine erwachsene Frau war das damals ebenfalls einzigartig.« Wie die Art und Weise, auf die sie ihre unzähligen Verletzungen wegsteckte. Allein fünf Kreuzbandrisse hatte sie zu überstehen. Viele Rückschläge, viel psychische Belastungen. Um die Gedanken daran zu verdrängen, trug Gutensohn nicht nur auf dem verletzten Knie eine Orthese, die das Gelenk stabilsieren sollte, sondern auf dem guten auch: »Sonst denk ich ja dauernd dran, dass mir wieder was passieren könnte. Wenn ich das Gstell auf beiden Beinen hab, fallts mir aber gar nicht mehr auf.« Damals ebenfalls einzigartig. Heute ist Gutensohn eher auf Golfplätzen als auf Skipisten anzutreffen. Sie lebt in Kirchberg in Tirol. Und hofft, dass ihr Heimatort bald wieder für Skischlagzeilen sorgt. Auf dem Gaisberg, wo schon in den 80er-Jahren einige Weltcupriesentorläufe gefahren wurden, ist die neue, hypermoderne Flutlichtanlage bereits fertig. Die Hoffnung der Kirchberger: Dass hier einmal ein Nacht-Riesentorlauf stattfindet. Auch das wäre eine Weltpremiere …

»Ging seinerzeit auch der Liebe wegen nach Deutschland. Ski fahren und gewinnen hat sie aber zuvor bei uns gelernt! Kagu lässt sich von einem einmal eingeschlagenen Weg nicht abbringen. Damals nicht, heute nicht.«

Armin **Assinger**

Die Siegerin bei der Abfahrt in Altenmarkt 1990 (vor Petra Kronberger und Kerrin Lee Gartner).
Katharina Gutensohn im deutschen Dress (l.) und im österreichischen (r.)

Statistik ➤ S. 161

Katharina Gutensohn
Deutsch-österreichische Freundschaft

77

Geboren: 22. März 1966 in Kirchberg/Tirol | www.gutensohn.at

»Der 2. Slalomthomas, der so oft der 1. war! Musste den harten Weg gehen, selbst trainieren und sich allein durchbeißen. Auf dem Hochkar, knapp vor Wien. Aber einer aus dem Clan der Prokops und Sykoras weiß, wie das geht. Anders geht es nämlich überhaupt nicht. Dann Schmerzen im Knie, später Riss der Patellasehne – der Anfang vom Ende! Zu viel Ehrgeiz?«

Armin Assinger

Dass da oben ein Schild mit einem Totenkopf steht, müssts net unbedingt erwähnen«, sagt Thomas. Wir sitzen am Hochkar, essen bei den Sykoras zu Mittag. Von vis-a-vis sticht ein ultrasteiler, schneeweißer Hang durchs Fenster genau ins Auge: Der »Privathang« der Sykoras. Für den Massenskilauf gesperrt, weil er viel zu steil und eisig – mit einem Wort: viel zu gefährlich – ist. Aber für den König der Slalomwelt ist er wie geschaffen. Als einziger Läufer der Welt hat Thomas Sykora seinen ganz eigenen Hang, der nur für ihn präpariert wird: Hier trainiert er mit Vater Ernst, zeit seiner Karriere der wichtigste sportliche Wegbegleiter, und ein paar Freunden aus der Umgebung. All das geschah irgendwann im Laufe der Saison 96/97: Als der Niederösterreicher der König unter den Slalomläufern war. Als er eine Siegesserie hinlegte, die ihn zum »Außerirdischen« im Stangenwald machte. Und lange vor der Verletzung, die eine der sensationellsten Karrieren letztlich sogar beenden sollte …

»Jetzt muss ich fast schon sagen: Die Verletzung war ein Glück – weil sonst wär das alles nicht so gekommen«, sagt Sykora heute. Ihm glaubt man das: Ohne Therapie hätte er seine heutige Frau Heidi nie kennen gelernt. Ein Blick auf die beiden Zwillinge der Sykoras, Jakob und Klara, macht seine Worte nur noch verständlicher. Aber man muss dabei unwillkürlich an den langen, oft niederschmetternden Leidensweg denken: Beim Sporthilfe-Wettkampf 1998 tauchen die Schmerzen im Knie erstmals auf, Sykora muss die US-Tournee abbrechen, will mit Injektionen in Kranjska Gora starten. Aber schon beim Einfahren reißt die Patellasehne. Der Beginn eines Comeback-Kampfes, der drei Jahre dauern sollte. Mit unzähligen Eingriffen, einem zweiten Patellasehnenriss und einem »Syki«, der trotz allem nie aufgeben wollte. Bei einem Besuch in der Südstadt hat er zwischen all den Therapien und Behandlungen einmal erklärt, warum: »Ich hab da ein kleines Geheimnis bei der Technik. Deswegen glaub ich immer noch fest daran, dass das Comeback erfolgreich sein wird.« Heute kann das Geheimnis längst gelüftet werden: Sykora ist, zumindest in Ansätzen, schon gecarvt, als die Ski noch fast zwei Meter lang waren. Der Vorreiter für eine neue Ära. Nur erkannt hat das lange kein Mensch. Auch er selbst nicht wirklich, wie er zugibt: »Mein Vater und ich haben natürlich schon gewusst, dass meine Schwünge anders und

Thomas Sykora
Der »Außerirdische«

Geboren: 18. Mai 1968 in Tulln/Niederösterreich | www.syki.com

Weltcup 1996: Thomas Sykora vor Alberto Tomba und Jure Kosir (r. o.)
Weltcup 1998: Andreas Schifferer, Hermann Maier und Thomas Sykora

Statistik ➤ S. 162

damit schneller sind – aber Carving haben wir das damals nicht genannt.« Doch ganz egal, ob nun herkömmliche Slalomtechnik oder Carving: Thomas schrieb 1996 als erster niederösterreichischer Sieger des Kitzbühel-Slaloms Skigeschichte, gewann insgesamt neun Weltcuprennen sowie zwei kleine Kristallkugeln für den Slalomweltcup. Und auch im Kampf gegen die Verletzung war am Ende doch er der Sieger: 2001 feierte er ein Comeback im Weltcup, das nach sechs Rennen auf seinem Lieblingshang in Kitzbühel wieder beendet war. Weil die Slalomski mittlerweile auf 1,55 Meter geschrumpft und so »aggressiv« waren, dass sie dem verletzten Knie doch zu sehr zusetzten. Auch andere »lange Lackl« hatten damit ihre liebe Not. Und nicht nur Sykora selbst ist überzeugt: Wenn es bei den 1,73 Meter geblieben wäre, mit denen er noch am Anfang des Comebacks gefahren ist, er hätte sogar wieder gewinnen können … Heute ist Sykora nicht nur glücklicher Familienvater. Er führt auch seine Syki-Schirmbar am Hochkar, arbeitet als Co-Kommentator beim ORF. Und er kämpft – wie damals beim Comeback – schon wieder für einen ganz großen Traum: Für das erste Weltcuprennen auf seinem Hausberg, dem Hochkar.

Olympiade 1976 in Innsbruck: Abfahrt, Slalom und Siegerehrung (v. l. n. r.: Brigitte Habersatter-Totschnig, Rosi Mittermaier und Cindy Nelson)

Statistik ➤ S. 162

Das Hotel »Olympia« in Filzmoos: Skischule und Lift als »Nachbarn«, romantische Bergidylle, jede Ecke des Hauses ist wie eine Einladung zum Wintersport. Dabei wissen vermutliche viele Gäste – vor allem unter den ausländischen – gar nicht, dass die Chefin einst eines der rot-weiß-roten Aushängeschilder in Sachen Ski war. Dass sie 2004 gleich ein doppeltes Jubiläum zu feiern hatte, schon gar nicht …

Direkt neben dem Hoteleingang steht der Pokalschrank. Voller Erinnerungen: eine Silbermedaille, zwei kleine Kristallkugeln. Aber viel Zeit bleibt Brigitte Habersatter, vormals Totschnig, nicht, an die alten Zeiten zu denken. »Ich bin seit zwölf Jahren geschieden«, erzählt sie frei von der Leber weg, »mein jetziger Lebensgefährte ist Gendarm, er hilft mir zwar immer, wenn's möglich ist – aber sonst führ ich das Hotel mehr oder weniger alleine.« Irgendwann werden es ihre Kinder übernehmen: David, 24, hat im Berliner »Hilton« den Restaurantbereich über, arbeitet also bereits »in der Branche«, Tochter Stefanie studiert Betriebswirtschaft. Und immer wieder, meistens wenn sie einmal doch gemeinsam vor dem Fernseher bei einem Skirennen mitfiebern können, fragen sie: »Mama, wie war denn das bei euch damals?«

»Ganz anders. Sogar ganz, ganz anders«, antwortet sie dann. Am 30. August 2004 feierte Brigitte Habersatter ihren 50. Geburtstag. Wie erwähnt nicht ihr einziges Jubiläum in diesem Jahr. 1969, vor genau 35 Jahren, hatte sie ihr Weltcupdebüt gefeiert. Ein kurzes Nachrechnen lässt ungläubig den Kopf schütteln. »Aber es stimmt schon«, lächelt Totschnig, »ich bin wirklich schon mit 14 Jahren im Weltcup gestartet. Nur war das damals nichts Besonderes: Die Pröll oder die Kaserer waren bei ihrem Debüt auch nicht älter …«

Weil eben wirklich alles anders war: Der Weltcup gerade in seinen Kinderschuhen, jedes Rennen ein Großereignis. Totschnig nickt: »Für mich haben deshalb während meiner Karriere immer die beiden Abfahrtskristallkugeln am meisten gezählt. Weil die die beständigste Fahrerin bekommt, eben die Beste der Saison. Aber heute weiß ich: Die Silberne bei Olympia ist wichtiger, an sie erinnert sich heute fast jeder. Wie vielen Sportlern ist es in ihrer ganzen Karriere nicht vergönnt, solche Momente zu erleben …« Sie durfte einen dieser Momente, die man nie im Leben vergisst, ausgerechnet bei den Heimspielen erleben.

Als sie bei Olympia 1976 in Innsbruck in einem denkwürdigen Abfahrtsrennen nur von der in der Form ihres Lebens fahrenden Rosi Mittermaier geschlagen wurde. Heute noch, das gibt sie gerne zu, »stellt's mir die Ganslhaut auf, wenn ich auf die Silberne in meinem Pokalschrank schau«. Wenn sie an die bewegenden Minuten bei der Siegerehrung zurückdenkt: die Hymne, die Freudentränen, die begeisterten Fans.

Nur versilbern konnte sie ihre Silberne nicht wirklich. Jedenfalls lange nicht so, wie es den Skistars von heute zum Glück ermöglicht wird. »Damals war doch alles verboten: Jegliche Form von Werbung hat man uns untersagt. Und an Einzelsponsoren, wie sie längst alltäglich sind, war sowieso nicht zu denken.« Trotz der weit vielversprechenderen finanziellen Aussichten sind ihre Kinder keine Rennläufer geworden. »Bei den Kinderrennen sind s' schon mitgefahren. Der Sohn hätt auch Talent gehabt, aber er hat geglaubt, es geht alles von alleine.« Zumindest das blieb immer gleich: Von allein geht heute genauso wenig wie damals …

»1976 startet Gitti in der Axamer Lizum die Aktion Goldmedaille. Ich sehe sie vor mir: kräftige Stockschübe, hin zur ersten Linkskurve. Sie sollte das Gold wieder nach Österreich holen. Es ging über die Grenze, nach Bayern, zu Rosi Mittermaier. Wir hätten es Gitti gegönnt!«

Armin Assinger

Brigitte Habersatter-Totschnig
Weltcupstar im Teenie-Alter

Geboren: 30. August 1954 in Radstadt/Salzburg

Draußen schneit es wieder einmal. Wie schon fast eine ganze Woche. Bei einem Glas Bier an der Hotelbar erzählt Stephan Eberharter die Geschichte von seinem ersten Start auf der Streif: »Das muss 1991, vor der WM in Saalbach, gewesen sein. Ich war mit Peter Wirnsberger im Zimmer. Der ist nach der Besichtigung reingekommen, hat mir tief in die Augen geschaut und gesagt: Da hast da ja was Schönes ausgesucht. So brutal war das noch nie. Als ich dann im Starthaus gestanden bin, hab ich so viel Angst gehabt, dass ich gleich wieder abschnallen wollte – erst ein Trainer hat mich dann zum Fahren überredet.« Eine Geschichte, die perfekt ins Bild von Peter Wirnsberger passt: Sunnyboy, Schmähführer – und immer ein wenig Schlitzohr, wie viele heute noch bestätigen. »Ein Schlitzohr«, fragt er lächelnd, wenn er darauf angesprochen wird, »wenn das positiv ist, war ich eins. Ich hab halt meinen Humor gehabt. Ich hoff, einen guten. Wissentlich und ernsthaft hätt ich aber nie einem jungen Fahrer Angst gemacht. Vielleicht hab ich mich ja damals selber gefürchtet.« Wenn ihn jedenfalls etwas am heutigen Skisport beeindruckt, dann sind es ohnehin vor allem Mut und Überwindung der Sportler: »Ich glaub, ich kann annähernd erahnen, was die da machen. Durch das neue Material ist alles viel schneller, viel extremer geworden. Eine kurze falsche Belastung und die fliegst ab wie eine V2. In gleichen Maßen super und gefährlich. Hut ab vor dem, was die heute leisten.« Ein großes Kompliment an seine Nachfolger. Von einem ganz großen Abfahrer. In der Saison 85/86 gewann er vier Weltcupabfahrten in Serie, darunter die Klassiker in Wengen und die Doppelabfahrt in Kitzbühel. Vier Abfahrtssiege in Serie – ein Kunststück, das nur ganz wenigen gelungen ist. Auch nach seiner Karriere war Wirnsberger noch zwei Saisonen mit dem Weltcupzirkus unterwegs: Als Vertreter der Fahrer kämpfte er für mehr Sicherheit. »Aber was ich da, vor allem mit so manchem Trainer, erlebt hab, ist fast schon zum Weinen. Wie wenn ihnen ganz egal wär, was mit ihren Läufern passiert …«
Wahrscheinlich ist er nicht zuletzt deshalb fast nie mehr bei Rennen zu sehen. Er lebt in Innzell mit seiner Gattin und den beiden Töchtern. Und er genießt das Familienleben in vollen Zügen.
»Zur Hälfte bin ich sogar Hausmann«, erzählt er, während er seinen Mädels das Mittagessen serviert, »meine Frau

Olympiade in Lake Placid 1980: Peter Wirnsberger und Steve Podborski tragen den Sieger Leonhard Stock
Abfahrt bei der WM in Saalbach-Hinterglemm 1991

Statistik ➤ S. 162

Peter Wirnsberger
Sunnyboy im Elektro-Smog

Geboren: 3. September 1958 in Vordernberg/Salzburg

und ich teilen uns das gerecht auf.« Seine andere Hälfte, das ist Peter Wirnsberger, der Technik-Freak. Der, der sich immer intensiver mit Elektro-Smog beschäftigt. »Einfach erklärt geht's dabei um alle möglichen elektromagnetischen Wellen, die in ihrer Gesamtheit für die Gesundheit der Menschen zu viel sind.« Sein Ziel deshalb: Die Harmonisierung dieser Wellen. Zuerst nur ein Hobby, mittlerweile längst Beruf. »Wennst was Gutes hast, steigt halt die Nachfrage.« Die Power-Pyramide, derzeit Nonplusultra bei der Bekämpfung des Elektro-Smogs, war eine Wirnsberger-Idee. Beim Wort Bekämpfung fällt aber fast zwangsläufig auch das Thema 1980 ein. Die Diskussionen um die Olympia-Aufstellung 1980, die fast in Kampf ausartete. Und eben Peter Wirnsberger, der vom ursprünglichen Ersatzmann Leonhard Stock geschlagen wurde, »nur« Silber holte. Wie viel wurde seither über einen Streit der beiden damals in Lake Placid getuschelt. Aber der Salzburger räumt mit einem Schlag mit allen Gerüchten auf. »Lang danach hab ich noch einmal im Radio gehört, wie einer erzählt hat, dass wir uns im Ziel angespuckt hätten. Ich wär vor Schreck fast mit dem Auto in den Graben gefahren. So ein Schwachsinn, so ein Schmarrn. Ich hab den Leo dann gefragt, was damals aus seiner Sicht falsch gelaufen ist. Er hat gesagt: Gar nix. Und auch wenn's viele nicht hören wollen: Wir zwei sind sehr gute Freunde.«

»Wenn jemand das Wort Konsequenz buchstabiert, dann kommt Peter Wirnsberger heraus! Von Peter konnten sich gerade junge Läufer sehr viel abschauen, vom Streckenstudium bis hin zur Videoanalyse nach dem Rennen. Er war und ist einer, der seinen Weg unbeirrt geht, was immer da auch kommen mag.«

Armin Assinger

Seids komplett verrückt: Ich fahr doch kein Rennen mehr.« Monika Kaserer tippte sich auf die Stirn, schüttelte den Kopf, hielt es für so lächerlich und unwahrscheinlich wie kaum etwas in ihrem Leben … und war dann doch dabei. Sie fuhr mit dem Lift hinauf, das Kribbeln wurde immer stärker, sie putzte die Brille ab, schnallte die Skischuhe fest, als ihr plötzlich der Gedanke durch den Kopf schoss: Das gibt's doch gar nicht, es ist alles wie früher.

So geschehen im Frühjahr 2004. Im italienischen Alta Badia. Dort, wo Österreichs Riesentorlaufteam schon einige bittere Niederlagen einstecken musste. Bei Kaserer konnte von Niederlage allerdings keine Rede sein. Ganz im Gegenteil. Es ging um die Straßenmaut-Meisterschaften. Teams aus halb Europa ermitteln jedes Jahr die Schnellsten. Natürlich nicht auf der Straße, sondern auf der Piste. Und 2004 eben haben sie die frühere Weltklasse-Läuferin erstmals zum Mitmachen überredet. »Ich bin davor über 20 Jahre kein Rennen gefahren«, erzählt die, »deswegen war die Idee für mich am Anfang wirklich total abwegig.« Sie ließ sich doch umstimmen. Und ist längst froh darüber. »Es ist wirklich total witzig, wie der alte Ehrgeiz sofort wieder da ist: Du stehst am Start, denkst an die Zeit und gibst gleich wieder Vollgas.« Obwohl doch vieles so anders, so unbekannt war: Die Kippstangen, von denen in ihrer aktiven Zeit keine Rede war. Oder die Länge der Ski: Früher waren ihre Riesentorlauf-Latten knapp über zwei Meter lang. Auf die, die sie in Alta Badia fuhr, konnte sie dagegen problemlos runterschauen: nur 1,71 Meter. »Ich hätt auch 1,80er nehmen können. Aber ich bin doch nicht blöd und quäl mich ab.« Das Resultat ist so und so bemerkenswert: Kaserer fuhr in ihrem Renncomeback nach über 20 Jahren gleich die allerschnellste Zeit bei den Damen. Siegen verlernt man eben nicht …

Eines gilt es jetzt freilich noch aufzuklären: Wie kommt die Monika Kaserer zu Straßenmaut-Meisterschaften. Auflösung: Sie fährt fast täglich über die Glocknerstraße, arbeitet in der Wasserwunderwelt Krimml. Und im Winter ist sie private Skilehrerin in Waldkönigsleiten. Den Kontakt zu den alten Freundinnen pflegt sie trotzdem. Zu Brigitte

»Ich höre noch immer den Reporter sagen: ›Monika Kaserer, die charismatische Salzburgerin, mit ihrem schleichenden Stil, wirkt eher langsam, ist aber schnell. Full speed, wie es im Ski-englisch heißt!‹«

Armin Assinger

Habersatter-Totschnig, zu Annemarie Moser-Pröll.
Letztere war während der gemeinsamen Karriere oft für den Rest der Welt unerreichbar, eine Klasse für sich. Trotzdem gewann Kaserer zehn Weltcuprennen: Acht Riesentorläufe, einen Slalom und einen Parallelslalom (der damals noch zum Weltcup zählte). Bei aller Rivalität auf der Piste war Feindschaft für Kaserer und Pröll ein Fremdwort. Selbst in den Saisonen 71/72 und 72/73, als die beiden erbitterte Gegnerinnen im Kampf um den Riesentorlaufweltcup waren. Im ersten Jahr setzte sich Pröll durch, im zweiten Kaserer: Mit läppischen sechs Punkten Vorsprung – wahrscheinlich der größte Erfolg in ihrer Karriere, die sie 1980, nach genau zehn Jahren im Weltcup, beendete. »Aber ob das damals auch für mich der schönste Erfolg war, weiß ich gar nicht mehr – das ist alles schon so lange her.«
Was sie weiß: Dass es alles in allem eine wunderschöne Zeit war. »Einfach total kameradschaftlich. Wir waren alle eine große Familie, in der jeder jedem geholfen hat, wenn's nur irgendwie gegangen ist.« Und die abenteuerlichen Geschichten abseits der Rennstrecke, die man vor allem vom Duo Kaserer-Pröll heute noch immer wieder an den Skistammtischen hört – die »Sturm und Drang«-Zeit mit manch nächtlichen Ausflügen an Rennwochenenden, die Professionalität und die Geldmaschinerie im Weltcup heutzutage fast undenkbar machen? Kaserer, geheimnisvoll: »Darüber, guter Mann, werdens von mir auch über 20 Jahre später nichts hören ...«

Val-d`Isere 1974: Monika Kaserer und Fabienne Serrat tragen Annemarie Moser-Pröll; neben Ingrid Gföllner-Schmid und Annemarie Moser-Pröll.
Bad Gastein 1978: Abfahrt

Statistik ➤ S. 163

Monika Kaserer
Sie gewinnt noch immer

Geboren: 11. Mai 1952 in Neukirchen/Salzburg

»Als ich das erste Mal beim Weltcup dabei war, 1984 in Wengen, durfte ich mit ihm das Zimmer teilen. Von Anfang an war Heli ein guter Kumpel, der auch mit Tipps für uns Greenhorns nicht sparte. Leider musste auch er erkennen, dass ohne Glück die besonders bei Großveranstaltungen hoch hängenden Trauben nicht zu ergattern sind. Und trotzdem hat Heli gelacht.«

Armin Assinger

Unlängst wollten einige Skiurlauber ihr Dankeschön nochmals loswerden. Sie riefen deshalb bei einer Zeitung an. Im Skigebiet über Schladming hatte einer ihrer Freunde einen Schwächeanfall, bei dem anfangs das Schlimmste befürchtet werden musste. Es ging um jede Minute. Erstversorgung, Abtransport mit dem Helikopter. Alles perfekt abgelaufen. Dank der überaus bemerkenswerten Hilfsbereitsschaft einiger Einheimischer. Und eben denen galt das Dankeschön oben genannter Leser.
Einer der Helfer war Helmut Höflehner. Jener Helmut Höflehner, der einst umjubelter Skiheld war. Einer der besten Abfahrer der Welt. Von dem die Öffentlichkeit heute, nur rund zehn Jahre nach seinem Rücktritt, aber nur mehr sehr wenig weiß. »Ich bin lieber hier und schau, dass alles in Ordnung ist, als von einem Rennen zum anderen zu fahren – davon hab ich früher mehr als genug gehabt«, gibt er gleich selbst die Antwort, warum es recht rasch recht ruhig um ihn geworden ist. Hier, das ist vor allem seine Familie. Und seine beiden Liftanlagen. »Ganz im östlichen Bereich vom Hauser Kaibling liegen sie«, beschreibt er. Er führt sie gemeinsam mit seinem jüngeren Bruder. Irgendwann werden sie Helmuts Söhnen gehören: Roman und Julian sind schon im Teenageralter. Skirennläufer wie der Papa werden aber beide nicht. »Vielleicht«, scherzt ein Freund, »weil der Helmut die Latte für sie zu hoch gelegt hat.« Und hoch liegt sie wirklich …
Es war die Zeit der ganz großen Abfahrer. Peter Müller, Pirmin Zurbriggen, Marc Girardelli, Franz Heinzer, Atle Skaardal, dazu noch in der eigenen Mannschaft Kaliber wie Peter Wirnsberger. In jedem Rennen weit über zehn Sieganwärter, da bedeutete oft jeder noch so kleine Fehler einen Sturz ins Bodenlose. In dieser »goldenen Ära« der großen Abfahrer gewann Helmut Höflehner nicht nur zehn Rennen, sondern auch zweimal die kleine Kristallkugel für den Spezialweltcup: 1985 zum ersten Mal, fünf Jahre später zum zweiten. Der Steirer ist ohne Frage einer der

Helmut Höflehner: Sieger der Abfahrt in St. Anton 1988 vor Pirmin Zurbriggen und Leonhard Stock

Statistik ➤ S. 163

Helmut Höflehner
Nur eine Medaille fehlt

Geboren: 24. November 1959 in Gumpenberg/Steiermark

größten Abfahrer der Geschichte. Bester und leicht nachzuschlagender Beweis: Auch ein Jahrzehnt nach seinem Rücktritt hatten mit Klammer, Müller, Eberharter, Heinzer, Maier und Ghedina nur sechs Läufer mehr Rennen in dieser Disziplin gewonnen. »Ich glaub schon, dass das eine sehr stolze Bilanz ist«, nickt Helmut heute, bescheiden wie eh und je. Fraglos stolz sogar.
Selbst wenn eines in seiner Sammlung fehlt. Eine Medaille bei einem Großereignis. Unvergessen die WM in Saalbach. Als Höflehner der Favorit schlechthin, für die ganze Nation die große Hoffnung auf Gold in der Königsdisziplin war. »So eine Chance kriegt man nie mehr im Leben. Es hat wirklich alles gepasst. Der Ski, die Form – und die Strecke war mir sowieso auf den Leib geschneidert. Unter die ersten drei wär ich auf alle Fälle gekommen – mindestens«, sagt er – bei aller Bescheidenheit – selbst. Aber dann zerplatzten in dem Rennen, das wie für Helmut Höflehner geschaffen schien, schon nach wenigen Sekunden alle Träume wie eine Seifenblase. »Stimmt, ich bin schon am Start hängen geblieben. Weil das Fernsehen nur den live gezeigt hat und dann auf einen unteren Streckenteil umgeschaltet hat, glauben alle, ich bin dort auch gleich ausgeschieden. Dabei hat's mich in Wahrheit beim dritten Tor erwischt. Auch blöd genug.« Sympathischer Nachsatz, ganz typisch für Heli: »Aber es soll einem im Leben nichts Schlimmeres passieren.«
Wie Recht er damit hat!

Zeit hat sie wenig. So gut wie nie eigentlich. »Bei mir ist immer Ramba-Zamba«, stöhnt sie etwas gestresst, »und vor allem bin ich ja alles in einem: Putzfrau, Telefonistin, Chefin und was weiß ich, was noch alles.«
Sie, das ist Wiltrud Drexel. Bei ihr, das ist ihre »Pension Wiltrud« in Warth am Arlberg: Ein kleines, sehr schmuckes Haus, aber viel Arbeit. Erst recht, wenn man einen fast ebenso aufwändigen Nebenjob hat: Drexel arbeitet noch immer als Skilehrerin. »Für Frauen in meinem Alter ist das schon ein bisschen ungewöhnlich – oder?«, fragt sie mit schelmischem Lächeln. Ob nun ungewöhnlich oder auch nicht, eines steht allerdings fest: Die Frau Skilehrerin Drexel versteht ihr Handwerk.
Denn was vermutlich so manche – oder gar die meisten? – ihrer Schüler nicht mehr wissen: Sie war Österreichs erste Abfahrtskönigin der Weltcupgeschichte! In der Saison 68/69 gewann sie die Rennen in Grindelwald und Schruns und holte sich auch die Gesamtwertung. Die Trophäe hängt wie alle anderen immer noch bei ihr in der Pension. Wer allerdings eine kleine Kristallkugel sucht, wird enttäuscht. »Mit so einer kann ich leider nicht aufwarten, das hat's damals noch nicht gegeben. Ich habe eine Glasscheibe bekommen. Schaut ganz ähnlich aus wie eine Medaille.« Wie die also, die sie bei den Olympischen Spielen 1972 als Dritte im Riesentorlauf und zwei Jahre später bei der Weltmeisterschaft in St. Moritz als Dritte in der Abfahrt gewonnen hat. Schon 1976, mit nur 26 Jahren beendete sie ihre Karriere. Aber das war damals keineswegs außergewöhnlich. »Wir hatten damals ein ganz junges Team, da war ich schon so ziemlich die Älteste.«

Andere Zeiten, andere Sitten. Nicht nur, weil es keine Kristallkugeln gab. Nicht nur, weil viele in einem Alter aufhörten, in dem manche Stars der Gegenwart erst zu siegen beginnen. Auch weil alles viel komplizierter war. Keine Betreuer, die einen daheim abholten. Keine Serviceleute, die zig Paar Ski zu den Trainings schleppten. Ganz im Gegenteil. Die Geschichte, die Drexel erzählt, kann man fast nicht glauben. »Wenn wir einen Trainingskurs hatten, hab ich von daheim nach Innsbruck, wo wir uns meistens getroffen haben, fast einen ganzen Tag gebraucht.« Weil die Verbindung Lech/Warth im Winter immer gesperrt war, musste sie über Reutte fahren. Nicht mit dem Auto, wie heute selbstverständlich, sondern mit dem Zug und mit dem Postbus. Ticket lösen, Material reinschleppen, wenig später wieder raus. »Fünf, sechs Paar Ski hab ich oft schon selbst mitgehabt. Da bist manchmal mehr ins Schwitzen gekommen als bei den Rennen …«

Aber heute überwiegen trotzdem die positiven Erinnerungen. An die Siege, an die gute Stimmung, die im Team meistens herrschte. »Die Schweißtropfen sind vergessen«, nickt Drexel, während das Telefon in der Pension schon wieder läutet. Da versteht man irgendwie auch, warum sie heute nur mehr sehr wenige Rennen im Fernsehen sieht: »Ich muss ganz ehrlich zugeben, dass ich das alles nur mehr am Rande mitverfolg. Aber meistens bin ich um die Mittagszeit, wenn die Rennen beginnen, noch am Berg als Skilehrein im Einsatz. Und daheim bleibt dann sowieso kaum Zeit. Nur bei den großen Herrenabfahrten schau ich schon, dass es sich mit dem Zuschauen irgendwie ausgeht.«

Dann drückt die rot-weiß-rote Abfahrtskönigin von einst denen der Gegenwart die Daumen. Und denkt oft das, was viele ihrer Kolleginnen von damals denken: »Wirklich reich sind wir zwar nicht geworden, dafür war alles noch viel, viel lockerer …«

Grindlwald 1975: Abfahrt (l.) und gemeinsam mit Olga Pall (Mitte) und Gertrud Gabl (r.).
WM in St. Moritz 1974: Zweite nach Annemarie Moser-Pröll

Statistik ➤ S. 163

Wiltrud Drexel
Die erste Abfahrtskönigin

Geboren: 16. August 1950 in Warth/Vorarlberg

»Könnte schon dreifacher Weltmeister sein. Der König der knappen Rückstände. Hadert jedoch niemals mit dem Schicksal, sondern hakt ab und blickt nach vorne. Die nächste Chance kommt bestimmt, um Frau Landeshauptmann Klasnic auf der Harley mitzunehmen – wieder mitzunehmen. Oder ist es beim nächsten Mal seine Tochter?«

Armin **Assinger**

Im zweiten Riesentorlauf von Alta Badia 2003 erlebte Töchterchen Nella erstmals live im Ziel mit, wie der Herr Papa um den Sieg kämpfte. Wer weiß: Vielleicht verstärkt auch sie einmal die ohnehin schon so starke Knauß-Fraktion im Ski-Weltcup …

Bernhard Knauß ist sechsfacher Profiweltmeister, startete am Ende seiner Karriere im Weltcup für Slowenien. Heute ist er als Rennsportchef von Völkl für die Ski verantwortlich, die so manche Rivalen von Atomic-Pilot Hans anschnallen. Womit Bernhard eigentlich gleich gegen zwei Familienmitglieder kämpft.

Denn sein Bruder Franz Knauß präpariert als Servicemann die Ski seines Bruders Hans Knauß. Und ist wie die ganze Familie begeisterter Motor-Fan. Auch mit dem gleichen angeborenen Speed-Talent. Das stellte Bruder Hans schon oft genug nicht nur auf der Piste unter Beweis: Zweimal fuhr er als Gaststar auf dem A1-Ring im Rahmen des Österreich-GP im Porschecup mit. Dabei schnalzte auch die (motorsportliche) Fachwelt bei einem Blick auf seine Zeiten mit der Zunge. Und als er, ebenfalls in Spielberg, erstmals ein paar Runden in einem Formel-Auto drehte, bekam er sofort ein Rennangebot eines Teamchefs. Weil die Telemetrie-Daten auf Anhieb fast so gut waren wie die von manchem Profi-Piloten. Hans Knauß, der »Schumi« im Skizirkus. Da wäre eine Karriere im Motorsport nach der Karriere im Skisport, wie sie etwa Franz Klammer oder Werner Grissmann kurz hatten, nur allzu logisch. Aber ob da nicht seine Barbara etwas dagegen hat?

In seiner erfolgreichen Skikarriere hatte Hans Knauß oft vor allem einen erbitterten Gegner: die Hundertstel.

Bei den Olympischen Spielen 1998, bei denen er Silber im Super-G holte, verpasste er im Riesentorlauf die Bronzemedaille um lächerliche zwei Hundertstel.

Bei der WM 1999 belegte er im Super-G Rang drei hinter den zeitgleichen Siegern Maier und Kjus. Rückstand: eine Hundertstel.

Ebenfalls in Vail fehlten ihm als Abfahrts-Vierten zwei Hundertstel auf Bronze. Und bei der WM in St. Moritz ging er im Riesentorlauf als Halbzeit-Führender in die Entscheidung, wurde aber von Bode Miller um nur drei Hundertstel geschlagen und auf Platz zwei verwiesen. Wenn die Hundertstel einmal für Knauß zu laufen beginnen, wird er noch sehr viel gewinnen. Bis zu den Olympischen Spielen 2006 in Turin will er auf alle Fälle weitermachen, vielleicht sogar länger. Auch, weil er die schwerste Verletzung seiner Karriere nach langem Kampf endgültig überwunden hat. Ausgerechnet auf der Kitzbüheler Streif, auf der er 1999 als Abfahrtstriumphator seinen vielleicht größten Sieg gefeiert hatte, kam er 2001 schwer zu Sturz: Das Knie kaputt, die Heim-WM in St. Anton erlebte er nur vor dem Fernseher. Und danach die schlimmsten Monate seiner Karriere. »Ich hab monatelang nicht einmal langsam laufen können. Wegen einer Gelenksentzündung ist das Knie bei jeder noch so geringen Belastung sofort angeschwollen.« Als er dann in Val-d'Isère im Training erstmals wieder einen Abfahrtslauf gefahren war, gab er unumwunden zu: »Ich hab noch nie in meinem Leben so Angst gehabt.« Auch das hört man von Skifahrern recht selten …

1999 in Kitzbühel: Sieg in der Abfahrt

Statistik ➤ S. 164

Hans Knauß

Der »Schumi« im Skizirkus

Geboren: 9. Februar 1971 in Schladming/Steiermark | www.hans-knauss.com

Die Statistik verrät wie immer nur nackte Zahlen. Sechs Weltcupsiege stehen da hinter dem Namen Sabine Ginther: Drei in der Abfahrt, einer im Slalom, zwei in der Kombination. Dass die Tirolerin eine Skirennläuferin mit fast unendlich viel Gefühl war, die innerhalb kürzester Zeit in so unterschiedlichen Disziplinen wie Downhill und Torlauf gewinnen konnte, ist auch da deutlich herauszulesen. Dass sie noch ungleich öfter ganz oben auf dem Weltcuppodest stehen hätte können, das allerdings »verheimlicht« die Statistik ... Eigentlich wäre es alles andere als eine Sensation gewesen, wenn sie etwa bei der WM 2003 in St. Moritz noch gestartet wäre. Immerhin holte dort ein gewisser Stephan Eberharter Gold im Super-G. Und der kam 1969 zur Welt, ein Jahr früher als Ginther, die 1991 den Gesamtweltcup hinter Petra Kronberger auf Rang zwei beendete. Aber deren Karriere war 2003 schon wieder neun Jahre vorbei. Fast unvorstellbar. Doch die Tirolerin hat ihre Rennschuhe wirklich schon mit 24 Jahren an den Nagel gehängt. Eine »Pensionistin« im Teenie-Alter.

»Ich weiß schon: Viele haben das nicht verstanden. Aber für mich war's der einzig richtige Weg«, sagt sie heute noch, wenn sie an damals zurückdenkt. An die vielen Verletzungen, die ihre so sensationell gestartete Karriere immer wieder unterbrochen haben: die Kreuzbandrisse, die Knochenbrüche. Auch 1994, in ihrem letzten Jahr als aktive Rennläuferin, kämpfte sie nach einem schweren Sturz, bei dem ihr Schienbein fast zertrümmert wurde, gerade ums Comeback. Sie versuchte, sich im Europacup wieder an die Geschwindigkeiten heranzutasten. Und dann sagte sie eines Tages das, womit kaum einer gerechnet hat: »Es reicht, ich höre auf.«

Aber es waren gar nicht so sehr die eigenen Verletzungen, die diesen Entschluss in ihr immer mehr reifen ließen. Es waren vor allem die unzähligen Tragödien, die in dieser Zeit ganz Österreich erschütterten: Die Dramen um Ulli Maier oder Gernot Reinstadler, die bei Skirennen ums Leben kamen. Oder der tödliche Autounfall von Damentrainer Kahr. »Ich hab nicht einfach so aufgehört. Es war eine Entscheidung, die ich schweren Herzens fällen musste. Aber ich hab immer mehr den Spaß an der ganzen Sache verloren. Wir waren schon fast mehr auf Beerdigungen als beim Training. Ich hab einfach Abstand gebraucht, meine eigene Ruhe gesucht. Da hab ich mich irgendwann gefragt: Sabine, was ist dir lieber – deine Gesundheit oder das Rampenlicht. Dann

hab ich an die Zukunft gedacht, von einer eigenen Familie geträumt …«
Den Traum von der Familie, den hat sie sich längst erfüllt. Sie ist staatlich geprüfte Skilehrerin und führt im Tiroler Außerfern ein glückliches, zufriedenes Leben. Vor allem als Hausfrau und Mutter: Sohn Lukas kam 1998 zur Welt, Tochter Tina vier Jahre später. Und mit dem Weltcup ist sie immer noch verbunden »Ich bin mehr auf dem Laufenden als zu meiner aktiven Zeit. Weil ich alles viel genauer verfolgen kann als damals.« Aber auch, weil der Gatte noch immer mit dem Skizirkus unterwegs ist. Als Trainer: Thomas Schadle hat etwa Claudia Riegler, die nach Neuseeland »ausgewanderte« Salzburgerin, gecoacht. Oder, in der Saison 03/04, die Skimädchen von Japan. »Die an die Spitze heranzuführen«, lächelt Gattin Sabine, »das ist ein bissl ein steiniger Weg.«
Zumindest ein Jahrhunderttalent, wie sie es war, wird er dort nur schwer finden …

»Als Allrounderin prädestiniert, den Gesamtweltcup zu holen. Nicht nur gute Wünsche waren bei ihr mit im Gepäck, sondern auch der Verletzungsteufel. Für dieses enorme Können hatte sie viel zu wenig Glück mitbekommen. Es hat nicht sollen sein …«

Armin Assinger

Siegerehrung in Bad Kleinkirchheim 1991: Sabine Ginther, Petra Kronberger und Florence Masnada (v. l. n. r.)

Statistik ➤ S. 164

Sabine Ginther
»Pensionistin« im Teenie-Alter

Geboren: 3. Februar 1970 in Vorderhornbach/Tirol

Es war bei der großen Feier des 40. Geburtstages von Cheftrainer Toni Giger. Ein Kellerklub im Zentrum von Salzburg, schummriges Licht, aber grelle Partystimmung. Mitternacht ist schon einige Zeit vorbei, als sich einer das Mikrofon schnappt: Rainer Schönfelder – eine völlig spontane Aktion. Ohne die geringste Vorbereitung sang er für seinen »Boss« das Geburtstagsständchen: »No woman no cry« von Bob Marley dröhnte mit leichtem Kärntner Akzent und in »Rap-Begleitung« eines gewissen Hermann Maier aus den Boxen. Und auch wenn die Zuhörerzahl um einiges kleiner war als jene Massen, die meist bei seinen Slalomritten an der Piste mitfiebern, ist spätestens seit diesem Auftritt klar: Der Bursche kann wirklich singen!

Rainer Schönfelder: Popstar und bunter Vogel im Skizirkus. Im April 2004 präsentierte er bereits seine dritte Single, er wechselt die Farben seiner Fingernägel wie seine Kollegen und Rivalen höchstens die Unterhosen. Seine Frisur auch. Als er sich einmal im Februar von der internationalen Stylinggruppe, die auch David Beckham in haarigen Angelegenheiten »zur Seite« steht, seine Rastalocken in eine riesige schwarze Mähne (sogar Tina Turner wäre neidisch geworden) mit roten Strähnen verwandeln ließ, schmunzelte Slalomtrainer Gert Ehn: »Am Faschingsdienstag ist er erstmals so aufgetaucht. Da hab ich mir gedacht: Gut, der ist halt verkleidet. Aber dann ist er am Aschermittwoch plötzlich wieder so gekommen ...«

So manchem Verantwortlichen im österreichischen Skiverband ist angesichts der optischen Extravaganzen des Kärntners allerdings der Humor schon einmal in die Hose gerutscht: Wenn's zu bunt wird, muss Rainer dann und wann zum Rapport antreten. Dass sein Aussehen eine Gratwanderung ist, ist aber auch ihm selbst bewusst. Wie seine »Hobbies«: Er nimmt nicht nur Platten auf, er stürzt sich mitten in der Saison bei der Wok-WM von Stefan Raab den Eiskanal hinunter. Und, was kaum einer weiß: Im Freundeskreis glänzt er auch als Stimmen-Immitator: Als Heinz Prüller kommentiert er oft die eigenen Läufe, seine Gerhard-Zimmer-Interviews mit Thomas Muster sind der Tophit von Schöni, der selbst ein glänzender Tennisspieler ist. Was er 2004 bei einem Promi-Doppel im Rahmen des »Raiffeisen-GP« von St. Pölten unter Beweis stellte. Der nächste »Abstecher«: So nebenbei will er sich auch noch für die Luftgitarren-WM qualifizieren. Da können Misserfolge leicht zum Wasser auf den Mühlen der Kritiker werden: »Eh klar – wenn

Rainer Schönfelder
Bunter Popstar im weißen Zirkus

Geboren: 13. Juni 1977 in Bleiburg/Kärnten | www.rainer.schoenfelder.at

2004: mit rot-weiß-roten Fingernägeln
2003: der einzige Österreicher, der in St. Moritz durchs Ziel fährt
2002: vom Slalom-Sieg in Kitzbühel überwältigt

Statistik ➤ S. 164

einer so viel Blödsinn macht, kann er nichts gewinnen.« Rainers Antwort, schlagfertig wie immer: »Ich kann allen nur sagen: Ich brauch das, um erfolgreich zu sein. Ich bin so, ich verstell mich bei all dem nicht. Das ist meine Art, anders geht's gar nicht.«
Aber eigentlich sind Diskussionen ohnehin hinfällig. Weil bislang nicht viel von Misserfolg zu sehen ist. Schönfelder war in den letzten Jahren Österreichs konstantester Slalomkünstler und wurde 2004 in Sestriere mit seiner ersten kleinen Kristallkugel für den Spezialweltcup belohnt. »Ein Traum ist für mich in Erfüllung gegangen«, strahlte er, bevor er von seinen Sponsoren abgeholt und im Privatjet heim nach Kärnten geflogen wurde. Ebenso extravagant wie er selbst …

»Von seinem ersten Trainer, Kurt Schober, schon vor 20 Jahren als ›Wöltmasta‹ tituliert, konnte er im letzten Jahr einen Titel holen, der sportlich gesehen noch ein bissl drübersteht: Slalomweltcupsieger! Hat weit mehr Selbstvertrauen als zwei Bankräuber zusammen. Er trägt nämlich gerne blaue Fingernägel!«

Armin Assinger

St. Anton 1969: Stalom-Spezialistin
Gertrud Gabl neben Abfahrer Karl Schranz

Statistik ➤ S. 165

Gertrud Gabl
Königspärchen aus St. Anton

Geboren: 26. August 1948 in St. Anton/Tirol
Gestorben: 18. Jänner 1976 in St. Anton/Tirol

1969 hieß die Skihauptstadt der Welt St. Anton. In der dritten Saison nach der Einführung des Weltcups, der eine Erfindung des Franzosen Serge Lang war, durfte Österreich endlich über die ersten beiden großen Kristallkugeln jubeln. Und dass beide in ein und denselben Ort wanderten, das sollte bis heute einzigartig bleiben: Karl Schranz löste bei den Herren Jean-Claude Killy als Weltcupsieger ab und neben ihm jubelte Gertrud Gabl, ebenfalls aus St. Anton. Der Arlberg feierte sein Königspärchen. Nur rund drei Jahre danach standen die beiden wieder bei einer Feier nebeneinander. Schranz war Gabls Trauzeuge, als diese 1972 den Münchner Fabrikanten Alfons Büttner heiratete. Doch das private Glück der lebenslustigen jungen Frau, die vor allem im Slalom eine Klasse für sich war, sollte ein jähes, tragisches Ende nehmen …

Gabl, die Tochter eines Berufsjägers und Skilehrers, der sie schon zeitig zum Rennsport gebracht hatte, wurde Opfer ihrer großen Leidenschaft. Tiefer, weicher Pulverschnee, das war für sie eine Verlockung, der sie auch nach ihrer Karriere, die sie schon 1971 beendet hatte, nicht widerstehen konnte. Am Sonntag, dem 18. Jänner 1976, ein verhängnisvolles Abenteuer. Trotz der Lawinenwarnungen wollte Gabl mit ihrem Mann und dem Skilehrer Josef Farner auf die Skitour nicht verzichten. Aber um 13.30 Uhr löste sich im neu erschlossenen Rendlgebiet im Süden von St. Anton ein Schneebrett. Farner hat die immer größer werdende Lawine als Erster entdeckt und rettete sich durch einen weiten Schwung, Büttner wurde nur von einem Seitenstrom erfasst, Gabl kam dagegen genaus ins Zentrum. »Pass auf«, hatte sie ihrem Mann noch zugerufen, bevor sie von den Schneemassen begraben wurde. Trotz eines Bänderrisses im Knie und starker Unterkühlung grub Büttner mit bloßen Händen nach seiner Gattin. Erfolglos. Erst ein Lawinensuchhund fand die erste Spur der Skikönigin, die nach rund drei Stunden aus rund eineinhalb Meter Tiefe geborgen werden konnte. Leider viel zu spät. Tiefe Betroffenheit im ganzen Land. Vor allem bei Karl Schranz, der den Lawinenabgang noch dazu mit dem Fernglas beobachtet hatte: »Ich hab die Lawine kommen gesehen, aber da haben auch schon die Alarmsirenen aufgeheult.«

Mit nur 28 Jahren verstarb eine der ersten ganz großen rot-weiß-roten Welcupheldinnen. Trotz ihrer Kurzsichtigkeit war Gabl eine absolute Siegläuferin. Mit Kontaktlinsen hatte sie oft den ganz großen Durchblick, gewann 1968 und 1969 insgesamt sieben Weltcuprennen, darunter fünf Slaloms. Neben der großen Kristallkugel holte sie somit 1969 auch die kleine für die Spezialwertung im Torlauf, zwei Jahre später, mit 26, gab sie für viele überraschend früh ihren Rücktritt bekannt. Dem Skisport blieb sie aber verbunden: Gabl war eine der ersten ganz großen Fördererinnen der jungen Annemarie Pröll und gab viele ihrer Erfahrungen an die spätere sechsfache Weltcupsiegerin weiter. Mit ihrem Schützling feierte sie auch noch die ersten ganz großen Erfolge. Gabl selbst war zu diesem Zeitpunkt schon Unternehmerin: In München hatte sie eine Boutique, die sie allerdings nach kurzer Zeit wieder zusperrte. Ihre Pension in St. Anton dagegen war Anfang der 70er-Jahre eines der beliebtesten Touristenziele in St. Anton.

Was soll das? Was haben Hinterseer, Heidegger und Assinger gemeinsam? Zugegeben: sportlich nicht allzu viel. Nicht einmal die Anzahl ihrer Siege: Hinterseer gewann sechs Weltcuprennen, Heidegger fünf und Assinger vier. Was sie aber verbindet, ist der Erfolg im zweiten Leben. Drei »doppelte Stars« der rot-weiß-roten Ski-Geschichte …

Woran man heute kaum noch denkt: Dass Hansi Hinterseer mit nicht einmal 23 Jahren seine Weltcupkarriere beendete. Aus privaten Gründen vor allem. Zum Entsetzen fast aller Trainer. Der Kitzbüheler war eines der größten Talente, die die Skination Österreich je hervorbrachte. Schon mit 14 Jahren, früher als alle anderen, schaffte er den Sprung ins Team. Neben Riesentorlaufsilber bei der WM 1974 und den sechs Weltcupsiegen feierte er auch zwei Profi-WM-Titel in den USA, wohin er nach dem Weltcupabschied übersiedelte. Kaum zu glauben, aber wahr: Bis heute ist Hinterseer der letzte Weltcupsieger aus dem Alpin-Mekka Kitzbühel. Ein fast noch größerer Sieger wurde er in seiner zweiten Karriere als Schlagerstar. Die eigentlich rein zufällig begann: 1993 spielte er mit Freunden beim Geburtstagsfest von Jack White ein Ständchen. Aus reinem Jux fuhr er um 5 Uhr früh samt Zieharmonika zum Haus des Erfolgsproduzenten und stimmte noch ein paar Lieder an. Drei Tage später hatte er das Angebot für einen Plattenvertrag in der Hand. Zuerst wollte Hinterseer noch ablehnen, aber schon sein erster Song »Du hast mich heute noch nicht geküsst« wurde zum Mega-Hit. Mit Küssen zu Millionen …

Die scheffelt auch sein Landsmann Klaus Heidegger. Aus ganz anderem Grund. Als Skisportler war er einer der ganz wenigen, die den damals oft unschlagbaren Ingemar Stenmark fordern konnten. Ein Technikstar in einer Zeit, in der österreichische Siegläufer in Slalom und Riesentorlauf absolute Mangelware waren. 1978 feierte er auf dem klassischen Kitzbüheler Ganslernhang seinen wahrscheinlich größten Triumph. Wie Hinterseer übersiedelte später auch Heidegger in die USA. Er heiratete in Los Angeles die Tochter eines reichen Industriellen und machte aus der ohnehin erfolgreichen Firma ein Milliarden-Unternehmen. Im kalifornischen Wahlkampf war er einer der ganz großen Unterstützer von Arnold Schwarzenegger: mit rot-weiß-roter Hilfe wurde er zum Gouverneur. Heute ist Heidegger immer wieder bei Weltcuprennen als Zaungast anzutreffen.

Wie Armin Assinger. Nur ist der nicht »Zaungast«, sondern nach wie vor Hauptdarsteller. In seiner aktiven Karriere wurde der Kärntner von schweren Knieverletzungen immer wieder zurückgeworfen. Sonst hätte er sicher noch weit mehr als vier Rennen gewonnen. Über ein Vielfaches an Triumphen hat er danach als Co-Kommentator im ORF jubeln dürfen. Der erfolgreichste, den es je gab. Aussprüche wie »Da pfeifen die Komantschen« sind längst rot-weiß-

Hansi Hinterseer, Klaus Heidegger und Armin Assinger

Kult, Küsse und Kohle

99

Geboren: 2. Februar 1954 in Kitzbühel/Tirol (Hinterseer), 19. August 1957 in Götzens/Tirol (Heidegger) bzw. 7. Juni 1964 in Hermagor/Kärnten (Assinger) | www.hansi-hinterseer.at, www.assinger.at

Hansi Hinterseer in Kitzbühel und im Fernsehen (bei der »Krone der Volksmusik« 2004)
Klaus Heidegger in St. Anton 1977
Armin Assinger in Lillehammer 1993 (Sieg vor Werner Perathoner und Hannes Trinkl)

Statistik ➤ S. 165

roter TV-Kult. Im »Doppel« mit Robert Seeger machte er aus der manchmal trockenen-analytischen Kommentatoren-Rolle ein unterhaltsames Zwiegespräch. Nur eine Frage der Zeit, bis er vom ORF für noch höhere Aufgaben an Bord geholt wurde. Vorläufiger Top-Hit des Assingerschen Unterhaltungsfaktors: »Die Millionenshow«, die er zu neuen Quotenrekorden führte. Mit einer durchschnittlichen Seherzahl von rund 1,1 Millionen ist er hauptverantwortlich für einen der recht wenigen TV-Erfolge, der sogar mit den Rekord-Einschaltquoten bei Skirennen mithalten kann.

»Die Lisi war wandlungsfähig: einmal lange Haare, schwarz, eine Woche später kurz, wie Demi Moore in ›G.I. Jane‹ und blond! Trendsetterin. Liebt Vail in den USA. Anja galt als begnadete Gleiterin mit besonderem Gefühl im rechten (Gas-)Fuß: ihre Hobel hatten immer lässige Spoiler.«

Armin **Assinger**

Auf der Suche nach nicht mehr aktiven Skistars passieren auch Hoppalas. Manche davon könnten vom Ö3-Callboy kaum besser inszeniert werden. Dabei war die Handynummer von Anja Haas auf einer hochoffiziellen Liste des österreichischen Skiverbandes. Also fast hundertprozentig richtig. Aber eben nur fast.

»Spricht dort die Anja Haas?« – »Ja!« Eine kurze Aufklärung über den Grund des Anrufes, dass es um dieses Buch ginge und um die größten Skifahrer Österreichs und so weiter. Dann die nächste Frage: »Schaust du eigentlich die Rennen noch an?« Natürlich, versichert die freundliche Stimme am anderen Ende der Leitung, fast alle sogar. Ein zwei- bis dreiminütiger Smalltalk übers aktuelle Skigeschehen vor dem ersten Themenwechsel: »Was macht die Anja Haas heute?« Die Antwort ist etwas verblüffend, dafür originell: »Ich mach grad eine Konditorlehre.« Aber da muss doch was dazwischen gewesen sein. Zwischen Karriereende und heute. So lang kann man keine Konditorlehre machen. Also, schon etwas verunsichert, nochmals nachfragen »Und davor, was war davor?« Die Überraschung der Gesprächspartnerin ist jetzt deutlich spürbar. Blöde Frage. »Na da bin ich ins Polytechnische gegangen …«

Sekunden später klärt sich dann alles auf: Die junge Dame, die da so freundlich und informiert übers Skifahren geplaudert hat, heißt Anja Haas. Sie ist aber erst 17 und stand nie am Start eines Weltcuprennens. »Die, die du meinst«, schmunzelt sie, »ist, glaub ich, nur entfernt verwandt mit uns.« Und Konditorlehrling ist die »richtige« Anja Haas, bei der WM in Morioka Abfahrtsdritte, natürlich auch nicht. Die fesche Tirolerin, die mit nur 25 Jahren aufgehört hat, eröffnete nach ihrer Karriere vielmehr eine Dessous-Boutique. Neben Bronze 1993 hat sie drei Weltcupabfahrten gewonnen. Gleich viel wie Elisabeth Kirchler. Aber die ist heute weit einfacher zu finden …

Kirchler ist glückliche Ehefrau und Mutter. Ihre Töchter heißen Coletta und

Elisabeth Kirchler (l.) und Anja Haas (r.)

Statistik ➤ S. 166

Elisabeth Kirchler, Anja Haas
Von Zeitungs-Kolumnen und Dessous-Läden

Geb.: 17. November 1963 in Lanersbach/Tirol (Kirchler) bzw. 30. Mai 1971 in Gerlos/Tirol (Haas)

Samira und sie beschäftigen die Mama oft 24 Stunden am Tag. Wenn wenigstens etwas Zeit bleibt, hilft sie in ihrem Heimatort Sölden mit, die nötige Infrastruktur für den Weltcup zu schaffen. Und die ist, wie alle wissen, beim schon traditionellen Saison-Opening immer perfekt. Nahezu perfekt ist auch die Karriere der Elisabeth Kirchler verlaufen. Schon 1985, also mit 22, holte sie bei der WM in Bormio, wo Österreich von Erfolgen alles andere als verwöhnt wurde, Silber im Riesentorlauf. Aber Verletzungen im Knie machten ausgerechnet ihre Lieblingsdisziplin recht problematisch: »Von den Drehbewegungen ist der Riesentorlauf halt die brutalste Disziplin.«

Vor allem deshalb hat Kirchler im Weltcup keinen Riesentorlauf, dafür aber neben einer Kombination drei Abfahrten gewonnen. Nach der Karriere war sie als Zeitungs-Kolumnistin noch eine Zeit lang im Weltcupzirkus dabei. Da konnte sie erst recht den Dampf ablassen, den sie auch als aktive Sportlerin nie in sich hineingefressen hat. Denn eine brave, bequeme Ja-Sagerin, das war die Elisabeth Kirchler nie. »Ich hab sehr viel Probleme mit dem Trainer gehabt«, gibt sie auch heute noch freimütig zu, »ich hab halt immer freiheraus gesagt, was ich mir gedacht hab. Und im Prinzip bin ich damit immer gut gefahren …«

Trainingslager des österreichischen Herrenteams in Chile. Hoch oben in Portillo, schöne Gegend, aber nicht viel Abwechslung. Plötzlich bricht im Hotel leichtes Chaos aus. Pausenlos läutet an der Rezeption das Telefon: »Meine Fernbedienung spinnt. Egal, wo ich hindrück, der Sender springt immer wieder von selbst um.« Höchst verdächtig: Dass der Fernseher überall auf Kanal sechs »hängen bleibt«. Nur in einem Zimmer sitzt einer mit funktionierender Fernbedienung und lacht sich krumm: Mit kleiner Unterstützung einer Mitarbeiterin hat Andi Schifferer die Schaltkreise zusammengeschlossen und sich selbst zum Dirigenten und Mastermind über fast alle Fernseher des Teams gemacht. Unmöglich? Nicht für ihn: Der Radstädter ist ein Superhirn auf Skiern. Ein Computergenie, das schon vor Jahren, als Laptops für viele noch »exotische Monster« waren, fast jeden mit ein paar Handgriffen reparieren konnte. Aber auch in Sachen Vorbereitung geht der Salzburger seit einiger Zeit völlig eigene und neue Wege. Vor allem durch die intensive Zusammenarbeit mit Martin Weber. »Ich glaub einfach, dass kein zweiter Mensch auf der Welt Fähigkeiten hat wie er«, sagt Schifferer über den Mann, der sich selbst als Bewusstseinstherapeut bezeichnet. Und den schon viele im österreichischen Skiteam bei Verletzungen und kleinen Problemen aufgesucht haben. Für Weber war der Sturz von Michael Gruber eines der Schlüsselerlebnisse: Der Kombinierer brach sich dabei, so die Diagnose der Ärzte, das Bein, ließ sich vom 58-Jährigen behandeln – und sprang am nächsten Tag schon wieder Schanzenrekord. Längst nicht mehr das einzige »medizinische Wunder« aus der Werkstatt von Weber. Von Wundern will er selbst allerdings nichts hören: »Ich spüre im Energiefeld der Menschen, was ihnen gut tut.« Er setzt dabei auf die Wirkung morphogenetischer Felder, um Schmer-

zen und gebrochene Knochen rasch zu heilen.
Wie auch immer man darüber denkt: Andi Schifferer hat die Zusammenarbeit auf alle Fälle gut getan. Vor der Saison 03/04 war der Abfahrtsweltcupsieger von 1998 in keiner Disziplin mehr Fixstarter. »Rosig hat's wirklich nicht mehr ausgeschaut.« Aber plötzlich war er in allen wieder voll da. Zu den neuen Methoden des Mannes, der ständig auf der Suche nach dem perfekten Skischwung ist, zählen seither jede Menge Außergewöhnlichkeiten: Zum Beispiel, dass er nur mehr auf Stroh schläft. »Vielleicht werden viele sagen, der spinnt. Aber mir ist eines bewusst geworden: Wennst an was zweifelst, und sei's auch nur ein Socken, dann musst du es sofort wechseln.« Auch von seiner Freundin Marit, die eine kleine Tochter von ihm hat, hat sich Schifferer im Laufe seiner »Sinneswandlung« getrennt. Aber das hatte nicht nur mit sportlichen Gründen und Eigennutz zu tun. »Ich möchte natürlich meine Aufgaben als Papa voll und ganz erfüllen. Aber das alles zusammen hat einfach nicht mehr gepasst. Mein Ziel ist es, dass ich mit allen Menschen in Harmonie leben kann.«
Immer harmonischer, fast so wie in seinen besten Zeiten, wurden jedenfalls wieder seine Leistungen im Rennen. Und wer Schiffi da gesehen hat, wusste: Der nächste Sieg ist sicher nur eine Frage der Zeit!

»Der ›Mr. Oberschenkel‹ nahm es in seiner Anfangszeit im Team mit der Pünktlichkeit nicht sehr genau und wurde auch schon vor dem Hotel stehen gelassen. Fahrer Ortlieb, Beifahrer Assinger. Beeindruckt mit seinen ›philosophischen Betrachtungen des Skirennsports‹ Teamkollegen, Gegner und Presse.«

Armin **Assinger**

2002: Bronze bei der Olympiade in Salt Lake City
1998: Sprintabfahrt in Kitzbühel

Statistik ➤ S. 166

Andreas Schifferer
Das Superhirn auf Skiern

Geboren: 3. August 1974 in Radstadt/Salzburg

Es entbehrt nicht einer gewissen Pikanterie, dass sich Elfi Eder als Ziel für ihre Hochzeitsreise mit ihrem Gerhard Ägypten aussuchte: Mit Nil-Kreuzfahrt, mit den Pyramiden von Gizeh und natürlich mit einem paradiesisch-romantischen Badeurlaub. Wunderschön, gar keine Frage. Aber ein »naheliegenderes« Ziel wäre die Karibik gewesen. Vor allem die Trauminsel Grenada. Denn die hat die hübsche Salzburgerin nie betreten, obwohl sie am Ende ihrer Karriere einen »Hauch von Karibik« in den sonst so sand- und meerlosen Weltcuptross gezaubert hat: Weil sie unbedingt weiter mit ihrem Privatcoach Georg Trinkl arbeiten wollte, hatte sie dem österreichischen Skiverband adieu – oder wie verabschiedet man sich auf Grenada? – gesagt und war für den Inselstaat an den Start gegangen. Nach unendlichen Diskussionen, einer einjährigen Sperre und viel zerbrochenem Glas.
Eine Form der Aufregung, die man bis dato von den Eder-Schwestern ganz und gar nicht gewohnt war. Denn eigentlich haben sie immer mit ihren Erfolgen von sich reden gemacht. Vor allem bei der Weltmeisterschaft 1993 in Morioka: Zuerst holte Elfi, die bei Olympia 1994 Silber und 1996 den Slalomweltcup gewann, Bronze im Slalom. Natürlich heftig angefeuert und unterstützt von ihrer um knapp fünf Jahre älteren Schwester. Als Dankeschön reiste sie, wie sonst üblich, nach ihrem Rennen nicht ab, sondern wartete auf den Super-G-Auftritt von Sylvia. »Sie und Anja Haas haben mich während der ganzen Warterei wegen der dauernden Veschiebungen sehr unterstützt. Einmal sind wir sogar aus lauter Langeweile mit dem Sessellift rauf und wieder runter, eine ganze Runde also, gefahren.« Die ganz spezielle Form der Abwechslung sollte sich lohnen: Sylvia wurde Zweite und holte damit nach den beiden Kombi-Silbernen von Bormio und Crans-Montana ihre dritte Silberne bei Titelkämpfen. Erstmals seit den deutschen Epple-Schwestern, die 1978 in Garmisch ebenfalls

Sylvia und Elfriede Eder 1990

Statistik ➤ S. 167

Sylvia und Elfi Eder
Hand in Hand zu Edelmetall

Geboren: 24. August 1965 (S. Eder) bzw. 5. Jänner 1970 (E. Eder), beide in Leogang/Salzburg | www.11i.at (Elfi Eder)

zwei Medaillen geholt hatten, feierte die Skiwelt bei ein und denselben Titelkämpfen wieder ein erfolgreiches Schwesternpärchen. Hand in Hand zu Edelmetall. Ein historischer Erfolg, den vor allem aber der Eder-Heimatort Leogang, in dem Elfi heute den schönen und über 350 Jahre alten Pfindlhof (ein Bauernhof mit Zimmern und Ferienwohnung) leitet, euphorisch feierte. Aber die Karriere von Sylvia war von Anfang an historisch. Zumindest ihr allererster ganz großer Auftritt auf der Weltbühne des Skisports: Am 19. Jänner 1982, also mit nicht einmal 17 Jahren, gewann sie in Bad Gastein ihr erstes Weltcuprennen. Bis heute ist sie damit die jüngste Abfahrtssiegerin der Geschichte. Mit ihrer Frisur und den Sommersprossen ähnelte sie damals ganz deutlich der jungen Annemarie Pröll. Aber nicht nur deswegen wurde sie sofort mit ihrem Idol verglichen: Der gleiche brutale Fahrstil, die Unbekümmertheit – all das erinnerte an die große Vorgängerin. Sogar ihr Hobby: Wie Pröll auch nannte Sylvia im ersten Interviewmarathon, der völlig unerwartet und unvorbereitet über sie hereingebrochen war, Fußball spielen als eine ihrer Lieblingsbeschäftigungen. Ski-Österreich hatte mit einem Schlag einen neuen Liebling. Und auch wenn es dann doch nicht für Seriensiege Marke Pröll reichte, hat sich daran nie wirklich etwas geändert …

»Als Silvia ganz sensationell ihr 1. Weltcuprennen gewann, mit knapp 16 Jahren in Bad Gastein, war ich mit meinen 18 Lichtjahre davon entfernt. Wallende, blonde Mähne, kecker (Hüft-)Schwung – das war Elfi im Slalom. Würde sie heute wieder nach Grenada ›auswandern‹?«

Armin Assinger

Fragt man Experten nach den größten Skitalenten, die sie je gesehen haben, wird ein Name immer wieder genannt: Christian Mayer. Kaum einer fährt mit so viel Gefühl wie der Kärntner. Kaum einer hätte somit bessere Anlagen für den Gewinn des Gesamtweltcups. Und Mayer war auch geradezu programmiert auf die große Kristallkugel: Die Saison 99/00 beendete er etwa in Riesentorlauf, Super-G und Slalom jeweils unter den besten sieben der Spezialwertung, auch in Abfahrten war er jederzeit für Punkte gut. Dass aus dem Weltcup trotzdem nichts wurde und er zuletzt nur mehr in einer Disziplin startete, liegt an einer Krankheit, die auch für Ärzte lange ein ungelöstes Rätsel war …

Es begann mit einer lähmenden Müdigkeit. Nicht nur dann und wann da, nicht nur nach echten körperlichen Anstrengungen, sondern immer. »Ich bin zehn Stufen raufgegangen und war komplett kaputt«, erinnert sich Mayer heute. Jede noch so kurze Trainingseinheit wurde plötzlich zum quälenden Marathon. »Aber dass da irgendwas nicht stimmt, da bin ich lange nicht draufgekommen. Ich hab gedacht, dass ich einfach müde bin, weil ich in der Saison davor doch sehr viel Rennen gefahren bin.« Die Saison 00/01 war jedenfalls so gut wie gelaufen. Nur wegen seines angeborenen Skigefühls waren Mayers Leistungen wenigstens halbwegs passabel. Aber mit denen von früher trotzdem in keinster Weise vergleichbar. Dann wurde er mit Antibiotika-Spritzen behandelt. »Ich hab deswegen so aufgeschwemmt ausgeschaut, dass ich mich gar nicht mehr in den Spiegel schauen wollte.«

Aber die Intensivkur hat wenigstens gewirkt. Glaubte er. Bis bei einem Trainingskurs in Zermatt die Probleme plötzlich wieder da waren. Stärker sogar als davor. »Ich hab nicht einmal mehr meine Ski tragen können. Das musste mein Servicemann für mich erledigen.

»Wäre er nicht Skifahrer geworden, würde er jetzt wohl Fußballprofi sein! Bei diversen Trainingslagern im Bundessportheim Faaker See zerschoss er im Alleingang manche Unterligamannschaft.«

Armin Assinger

Aber geglaubt hat mir keiner mehr so recht, weil ich ja nicht krank ausgeschaut habe.« Als endlich die richtige Diagnose gestellt wurde, war sie dann aber für alle niederschmetternd: Pfeiffersches Drüsenfieber. Kaum zu glauben, dass Mayer trotzdem bei Weltcuprennen gestartet ist. Nach der erfolgreichen Behandlung fuhr Mayer, der drei Medaillen bei Großereignissen und 1994 den Riesentorlaufweltcup gewonnen hatte, im Riesentorlauf, sofort wieder in die Weltspitze. Zurück aus der »Hölle« – ein sensationelles Comeback.

Aber auch abseits der Piste ist der Kärntner ein Multitalent: Auch hinter dem Steuer gefühlvoll und somit sauschnell, seit einem schweren Unfall fährt er aber keine Rallyes mehr. Golf ist da weit sicherer. Sein zweites Berufsleben auch. In Finkenstein hatte er ein sehr erfolgreiches Lokal. Das nur geschlossen werden musste, weil der durch Neid ausgelöste Terror einiger Nachbarn fast schon kriminell wurde. Beweisbar durch Drohbriefe, die die Grenzen des guten Geschmacks meilenweit überschritten haben. Deswegen verließen die Mayers sogar ihre Heimat und zogen nach Krumpendorf. Der Skistar arbeitet aber auch schon während der Skikarriere im Sportmanagement und sorgte Anfang 2004 sogar für eine Weltpremiere: Er brachte den ersten Energy-Drink in Tubenform auf den Markt.

Christian Mayer mit Mario Reiter 1998 in Nagano, mit Bundeskanzler Viktor Klima 1999 in Wien

Statistik ➤ S. 166

Christian Mayer
In die »Hölle« und zurück

Geboren: 10. Jänner 1972 in Finkenstein/Kärnten | www.christian-mayer.at

Eine Umfrage nach der »Achillesferse« des österreichischen Skisports würde vermutlich ein recht eindeutiges Ergebnis bringen. Angenommene Frage: »In welcher Disziplin war das rot-weiß-rote Team seit Einführung des Weltcups am schlechtesten?« Die Antwort wäre zweifelsohne sehr oft: »Der Damen-Slalom.« Stimmt schon: Wir hatten lange Durststrecken zu überstehen, Entwicklungen wurden verschlafen und manche Trainergenerationen haben auf das »lästige Anhängsel« schlicht und einfach gepfiffen. Ein Blick auf die Ergebnislisten beweist aber: Sogar neben der doppelten Weltcupsiegerin Roswitha Steiner, Olympiasiegerin Petra Kronberger, den Sensationsweltmeisterinnen Lea Sölkner und Karin Buder, Elfi Eder oder Gertrud Gabl, Slalomheldin der ersten Stunde, hatte Österreich immer wieder »Torlauf-Sterne« zu feiern. Ein chronologischer »Streifzug durch den Stangenwald«. Von der Gegenwart zurück in die 70er …

»Mama, setz dich zu uns!« Niki Hosp und Marlies Schild sitzen in der gemütlichen Bar des Hotels Marriot in Park City. Aber die Szene könnte sich in jedem x-beliebigen Weltcuport abgespielt haben. Sabine Egger ist für sie die Mama im Team. Kinder hat die Kärntnerin zwar keine, aber in der jungen rot-weiß-roten Slalomgarde der Gegenwart ist sie mit Abstand die Älteste. Schon als sie selbst erst 25 war, sagten sie deshalb Mama zu ihr. Egger war aber auch lange die letzte ganz große Slalomsiegerin Österreichs. 1999 holte sie die kleine Kristallkugel, im selben Jahr gewann sie das Heimrennen in Lienz. Erst knapp fünf Jahre später sollte Niki Hosp in Madonna die rot-weiß-rote Siegflaute beenden. Auch dort war Egger am Start. Lange hatte sie mit Rückenverletzungen zu kämpfen. Und, wie so viele andere, mit der Umstellung auf die modernen, ultrakurzen Ski. Als einige von nur wenigen hat die Kärntnerin sie geschafft und zählt heute wieder – oder besser: immer noch – zur Weltspitze.

Ingrid Salvenmoser hat sich das nicht mehr angetan. Vor der Saison 00/01 zählte die Bronzemedaillen Gewinnerin von Saalbach nicht mehr zum Kader. Nicht einmal einen Rennanzug hatte sie ausfassen dürfen. Trotzdem kehrte sie – mit einem Modell aus dem Vorjahr – nochmals zurück, bevor sie ihre erfolgreiche Karriere endgültig beendete. Abgesehen von Egger, Salvenmoser, Weltmeisterin Karin Buder und natürlich Petra Kronberger gab es in den 90er-Jahren allerdings wirklich nur wenig Grund für rot-weiß-roten Slalomjubel. Weil Läuferinnen wie etwa Moni-

Ida Ladstätter (l.), Regine Sackl (Mitte) und Sabine Egger (r.)

Statistik ➤ S. 168

Sabine Egger, Ingrid Salvenmoser, Monika Maierhofer, Claudia Strobl, Ida Ladstätter, Anni Kronbichler und Regina Sackl

Die jüngste »Mama« im Weltcupzirkus

Geboren: 22. April 1977 (Egger), 28. März 1967 (Salvenmoser), 10. Jänner 1967 (Maierhofer), 4. November 1965 (Strobl), 13. Februar 1965 (Ladstätter), 22. März 1963 (Kronbichler), 22. August 1959 (Sackl)

ka Maierhofer nur selten ganz oben stehen konnten: Die sympathische Trofaiacherin zählte lange zur Weltspitze und gewann 1992 in Grindelwald ihr einziges Rennen. Aber auch weil Claudia Riegler zwar in Österreich aufgewachsen ist, aber für Neuseeland siegte: Die aufgeweckte Salzburgerin, lange mit Thomas Sykora liiert, gewann immerhin vier Rennen. Dass sich auch ihre Namensvetterin Claudia Strobl in die Weltcupsiegerlisten eintragen konnte, ist dagegen fast schon wieder vergessen: Die Afritzerin triumphierte 1989 in Steamboat Springs.
Ebenfalls als Einfach-Siegerin ging Ida Ladstätter, das blonde Ski-Pinup aus St. Jakob, mit ihrem Triumph in Leukerbad 1988 in die Weltcupgeschichte ein. Anni Kronbichler war dagegen Anfang der 80er immerhin Dreifach-Siegerin und damit fast direkte Nachfolgerin der Regina Sackl. In einer Zeit, als alles über die grandiose Annemarie Moser-Pröll staunte, holte die langmähnige Blondine aus Birkfeld als zweite Österreicherin nach Gertrud Gabl die Slalom-Kristallkugel.
Aber bei so vielen Einfach-Siegerinnen und dem Namen Pröll fällt noch etwas wieder ein: Dass auch Annemaries jüngere Schwester Conny ein einziges Rennen gewonnen hat. 1981, als 20-Jährige, in Pfronten. Nicht im Slalom, sondern in der Abfahrt.

»Slalom fahren heißt, durch eine Vielzahl von verschiedenfärbigen und verschiedenartigen Plastikstangen, die in oft merkwürdigen Kombinationen in den Schnee gestellt sind, auf jene Art so schnell wie möglich talwärts zu rasen, dass ein Ausscheiden und vorzeitiges Beenden des jeweiligen Laufes durch Einfädeln, Absitzen oder Wegrutschen verunmöglicht wird. Na dann viel Spaß!«

Armin Assinger

Wir erreichen Hans Enn im Frühjahr am Handy. Er sitzt in St. Moritz. »3000 Meter Seehöhe und strahlender Sonnenschein, einfach herrlich«, erzählt der Sunnyboy. Wirklich relaxen und bedingungslos genießen kann er das märchenhafte Bergpanorma aber nicht: Er arbeitet in der Entwicklungsabteilung von »Blizzard«, testet die Ski für den Damen-Rennsport. Deshalb ist er eine Woche in der Schweiz. Aber auch sonst ist sein Terminkalender meistens fast genauso voll wie während der aktiven Karriere: unzählige Promotion-Auftritte, Verpflichtungen daheim in Hinterglemm und – wenn Zeit bleibt – Golf. Auf dem Green macht Enn ebenfalls glänzende Figur. Ein begnadetes Bewegungstalent. Auch auf der Motocross-Maschine, früher sein ganz großes Hobby. Da war er so talentiert, dass ihm sogar Österreichs Doppel-Weltmeister Heinz Kinigadner ein eindeutiges Angebot machte: »Du musst unbedingt im Sommer richtig Rennen fahren.« Geworden ist daraus, abgesehen von ein paar Ausnahmen, nichts. »Meine Ausrüster haben was dagegen gehabt ...«

Irgendwie verständlich, wenn man weiß, wie oft Enn auch ohne allzu viel wilde Motocross-Ritte (bei denen die Schulter nicht immer ganz heil blieb) verletzt war. Einmal hat's ihm das Schienbein regelrecht abgerissen. »So, dass die Schuhe fast nach hinten geschaut haben.«

Dann bohrte sich bei einem schweren Autounfall ein Zaunpfahl durch seinen Unterschenkel. »Da hättens mir beinahe den Fuß abnehmen müssen. Jeder dachte: Der fährt nie wieder Ski.«

Aber Enn kämpfte sich nochmals zurück. Bis er sich das Kreuzband riss und trotzdem zur WM nach Vail fuhr. »Mein Arzt hat gemeint, mit meiner psychischen Stärke würd ich das schon verkraften, so an den Start zu gehen.« In den Quali-Läufen fuhr Enn auch eine Bestzeit nach der anderen, im Rennen waren die Schmerzen aber schon zu groß. Noch einmal wollte es das »Stehaufmandl« wissen. Er kämpfte für seinen großen Traum, die Heim-WM in Saalbach. Vergeblich. »1991 war mein Fuß schon richtig steif, keine Chance mehr.« Insgesamt sechs Knieoperationen musste er selbst nach der Karriere noch über sich ergehen lassen. Letztlich hat sich der Aufwand zum Glück gelohnt: »Ich bin sehr dankbar, dass ich heute wieder Ski fahren kann«, sagt Enn.

In seiner großen Zeit als Rennläufer war er oft Österreichs einzige Hoffnung im damals fast sträflich vernachlässigten Riesentorlauf. »Ich hätt damals gern ein Trainerteam wie das heutige gehabt. Unseren Betreuern war nicht wirklich klar, dass Techniker auch Technik trainieren müssen.« Und erzählt dann das, was heute absolut undenkbar wäre:

»Wir haben damals fast nur mit den Abfahrern mittrainiert – viel hat ja alles andere außer Downhill nicht gezählt.« Umso mehr kann er auf seine Bilanz stolz sein: In einer Zeit, in der der schwedische Skikaiser Ingemar Stenmark in den technischen Disziplinen meist alles in Grund und Boden fuhr, brachte es Enn auf Bronze im olympischen Riesentorlauf von Lake Placid und auf sechs Weltcupsiege: »Wo ich die Medaille derzeit hab, weiß ich ehrlich gesagt nicht: Ich hab sie irgendwann aus dem Schaukasten rausgenommen, jetzt muss ich sie wieder suchen. Aber was ich weiß: Dass das damals trotz aller Probleme eine wunderschöne Zeit war.«

Olympiade in Salt Lake City 1980: Riesentorlauf und Siegerehrung (v. l. n. r.: Andreas Wenzel, Ingemar Stenmark und Hanns Enn) Olympiade in Sarajevo 1984 (l.)

Statistik ➤ S. 167

Hans Enn
Das Angebot des Motocross-Kaisers

Geboren: 10. Mai 1958 in Hinterglemm/Salzburg

COLMAR
27
Sölden
Tirol

Tirol
AUSTRIA
COLT

MEMPHIS
COLT
Sölden
Tirol
asics

Helmut Mayer, Michael Tritscher und Richard Kröll

Von Hoffnungen, Träumen und Tragödien 113

Geboren: 4. März 1966 in Afritz/Kärnten (Mayer),
Geboren: 6. November 1965 in Schaldming/Steiermark (Tritscher),
Geboren: 15 März 1968 in Ginzling/Tirol und gestorben: 5. Oktober 1996 im Zillertal (Kröll)

Die Mayers werden noch lange nicht aussterben im Skisport. Dafür sorgt ein Y-Mayer. Helmut Mayer ist derzeit Trainer im Kärntner Landesskiverband. Unter seinen Fittichen hat er dort die beiden Söhne. »Einer irrsinnig talentiert, der andere total ehrgeizig«, wie Alpinchef Hans Pum weiß. Die Chancen, dass sie in die Fußstapfen des Papas treten, sind für beide jedenfalls ganz gut. Auch wenn es recht große Fußstapfen sind: Helmut Mayer, Freund von Rudi Nierlich, war einer der herausragenden Riesentorläufer seiner Zeit. In seiner Spezialdisziplin gewann er 1987 in Kranjska Gora, damals erst 21, sein einziges Weltcuprennen. Aber Mayer war nicht nur Riesentorlaufspezialist, sondern auch wie geschaffen für Großereignisse. Unvergessen die Olympischen Spiele 1988. Als für den Super-G alle Österreicher Qualifikation fahren mussten. Zu Mayer haben die Trainer damals nur gesagt: »Für dich ist das sowieso egal – du schaffst es ohnehin ganz leicht.« Der Kärntner fuhr nicht nur souverän ins rot-weiß-rote Team, sondern als Zweiter auch aufs Podest. Dazu holte er ein Jahr später in Vail im Riesentorlauf noch eine zweite Silberne – hinter seinem besten Freund Rudi Nierlich.

Der beste Freund von Michael Tritscher im Skizirkus war und ist Thmoas Sykora. Böse Zungen behaupten heute noch: »Im Zimmer der beiden hast nicht einmal die Tür aufmachen können, so hat's dort ausgeschaut.« Eine andere Geschichte ist verbrieft und versiegelt: Als die beiden bei einem Trainingskurs in Sölden den Zapfenstreich weit überzogen, weil für den nächsten Tag ohnehin Schlechtwetter angesagt war. Am nächsten Tag standen bei strahlendem Sonnenschein nur Sykora und Tritscher »im Regen«: bei der Kopfwäsche durch die Trainer.

Wie Sykora war auch Tritscher ein absoluter Weltklassemann im Slalom. Drei Weltcupsiege, dazu Olympiabronze 1992. Weit unerfreulicher ist eine andere Verbindung mit dem Freund: Auch Tritschers Karriere wurde von einem Riss der Patellasehne beendet. Heute träumt Tritscher den Skitraum, den fast alle Schladminger träumen: Den von der zweiten Weltmeisterschaft in seinem Heimatort. Wer den längst klassischen Nachtslalom schon live miterlebt hat, weiß: Es kann kaum einen besseren WM-Veranstalter als Schladming geben!

Viel zu wenig Titelkämpfe hat ein anderer großer Techniker miterlebt: Richard Kröll! Nach den tödlichen Unfällen von Gernot Reinstadler, Rudi Nierlich, Damentrainer Alois Kahr, Peter Wirnsberger II. und Ulli Maier in den 90er-Jahren ging auch sein Leben auf tragische Art und Weise zu Ende: Am 5. Oktober 1996 raste er mit seinem BMW auf der regennassen Zillertaler Schnellstraße frontal gegen einen deutschen Reisebus. Er war gerade auf dem Heimweg von einem Kart-Rennen gewesen. Aber an diesem Nachmittag wartete Gattin Brigitte vergeblich.

Besonders tragisch: Nach der Geburt seiner kleinen Tochter Maria-Lisa hatte der begeisterte Drachenflieger sein gefährliches Hobby sofort aufgegeben. »Für einen Familienvater zu gefährlich«, begründete er. Sein Unfall warf unzählige Fragen wieder auf: Warum rasen gerade Skifahrer mit ihren Autos oft so schnell? Die Antworten, ebenso einfach wie ehrlich: Sie haben das Tempo im Blut, sind auch weit bessere Autofahrer als der Durchschnitt. Nur unverletzbar sind leider auch sie nicht.

Kröll hatte das Tempo ebenfalls im Blut: Im Jänner 1990 gewann er aus dem Nichts heraus den Riesentorlauf in Alta Badia mit der hohen Starnummer 34, nur eine Woche später feierte er in Veysonnaz seinen zweiten Triumph. Insgesamt jubelte er über vier Weltcupsiege. Es hätten noch um einige mehr sein können …

»Mike liebt Kreuzworträtsel. Immer und überall. Besonders aber in Morioka 1993. Neuer Rekord: 17 Rätselkronen pro Woche. Heli Mayers Lungenvolumen erreichte mindestens das Ausmaß der Lunge von Paavo Nurmi. War ein Konditionstiger und zweimal im richtigen Moment am richtigen Ort: Calgary 1988 und Vail 1989. Richard Kröll war einer der Vorkämpfer für den Carving-Stil. Er fuhr breitbeinig, aber sicher, so als ob er einfach nie stürzen könnte.«

Armin Assinger

Helmut Mayer, Michael Tritscher und Richard Kröll (v. o. n. u.)

Statistik ➤ S. 169

Ihr könnt's immer vorbeikommen – nur nicht Ende April und Anfang Mai, weil da bin ich in Florida auf Urlaub!« Eine Einladung von Gitti Obermoser. Nicht von Gitti, der Skifahrerin. Sondern von Obermoser, der Frau Unternehmerin. In Radstadt hat sie längst ihre Zukunft aufgebaut. Für ihre Karriere nach der Karriere: Die »Radstädter Wellness Oase.« Ein Fitness-Tempel, mit allem, was das Herz begehrt. Die Geschäftsführung hatte die gebürtige Altenmarkterin von Anfang an ganz alleine über: Sie besucht deshalb laufend Kurse. Für Unternehmensführung, für Marketing, aber auch für Fitness und Aerobic. »Irgendwie fühlst dich einfach wohler, wennst weißt: Es gibt da schon was, das ich nach dem Leben als Rennläuferin machen werd.« Auch wenn es bei ihr bis dahin sicher noch einige Zeit dauert: 2007, also bei der Weltmeisterschaft in Are, wird sie auf alle Fälle noch dabei sein. Vielleicht sogar länger. Und die Erklärung liefert die schlagfertige junge Dame sofort nach: »Das Schönste in meinem Leben ist die Tatsache, dass das, was mich von Anfang an am meisten fasziniert hat, zu meinem Beruf geworden ist.«

Selbstverständlich war das in ihrem Fall aber keineswegs: Die Eltern hatten eine Landwirtschaft in Altenmarkt und insgesamt sechs Kinder. Skifahrer wurde keiner, bis auf die jüngste: Brigitte. »Wir, die Obermoser-Kinder, haben beim Normal-Fahren als Kinder ganz schön angegeben«, lächelt sie heute, »weil ma schon immer sehr gut waren.« Trotzdem wollten ihre Geschwister lieber herkömmliche Berufe ausüben. Mit geregeltem Leben und sicherer Zukunft. Nur sie hat sich an das »Abenteuer Rennlauf« herangewagt. »Weil der Nachbarsbub in die Skihauptschule Schladming gegangen ist, wollt ich auch unbedingt hin.« Der Nachbarsbub war ein Jahr älter und hieß ... Michi Walchhofer, Abfahrtsweltmeister von 2003. Aber es war nicht nur das Vorbild aus der Nachbar-Landwirtschaft, das den Traum vom Skisport für die äußerst talentierte Altenmarkterin, die schon mit zweieinhalb Jahren erstmals auf Skiern stand, immer mehr reifen ließ. »Bei uns daheim war das früher fast schon ein richtiger Brauch: Am Samstag und Sonntag sind wir immer alle gemeinsam vorm Fernseher gesessen und haben uns Skirennen angeschaut. Wer damals aller gefahren ist, dürfts mich heute nicht mehr fragen. Was ich noch weiß, ist, dass ich mir damals immer eines gedacht hab: Ich will auch unbedingt im Fernsehen Ski fahren.«

Das hat sie längst geschafft. Neben Renate Götschl, Michi Dorfmeister und Alexandra Meissnitzer zählt Obermoser seit Jahren zu den ganz großen rot-

Bei der Eröffnungsfeier für die WM in St. Moritz 2003 (gemeinsam mit Alexandra Meissnitzer und Renate Götschl)

Statistik ➤ S. 169

Brigitte Obermoser
»Ich wollte unbedingt ins Fernsehen«

Geboren: 2. Juli 1976 in Altenmarkt/Salzburg | www.brigitte-obermoser.at

weiß-roten Damen-Sieganwärterinnen. Vor allem in den Speed-Disziplinen. Obwohl sie ihren ersten Sieg in der Saison 99/00 in Bormio in einem Riesentorlauf gefeiert hat. Aber Obermoser, befreundet mit dem Sportjournalisten Michael Schuen, ist gemeinsam mit ihrer Marken- und Zimmerkollegin Michi Dorfmeister auch Garant für Schmäh und gute Stimmung im Damenteam. Ganz typisch ihre Antwort auf die Frage, ob sie ihren Michi nicht bald heiraten werde: »Der hat ja bis jetzt noch nicht gefragt. Ich glaub, er hat Angst, dass ich Nein sagen könnte …«

»Die kluge Frau baut vor: toll ausgestattetes Fitness-Studio in Radstadt für die Zeit danach. Bitte vorher weiter anglühen!«

Armin Assinger

Die Frage würde sich für Armin Assingers Millionenshow eignen. Als 15.000-Euro-Hürde, wahrscheinlich sogar darüber. Wir stellen sie ausnahmsweise hier: Wer war der erste Österreicher, der im alpinen Skiweltcup in allen drei klassischen Disziplinen (Slalom, Riesentorlauf und Abfahrt) zumindest ein Rennen gewonnen hat?

a) Günther Mader

b) Karl Schranz

c) Reinhard Tritscher

d) Hansi Hinterseer

Die Auflösung: Der große Karl Schranz hat zwar in allen drei Disziplinen gewonnen, aber nach Einführung des Weltcups keinen Slalom mehr. Hansi Hinterseer fehlt ein Abfahrtssieg. Und Günther Mader ist zwar überall ganz oben gestanden, aber erst als zweiter Österreicher. Somit stimmt Antwort c): Der Steirer Reinhard Tritscher feierte in der Saison 68/69 zwei Siege im Riesentorlauf und einen im Slalom und gewann vier Jahre später die klassische Abfahrt in Val-d'Isère. Ein Allrounder der ersten Stunde, in einem Atemzug mit den Franzosen Jean-Claude Killy und Henry Duvillard, ebenfalls »Triple-Sieger«, zu nennen. »Dass ich überall gewonnen habe, war eher Zufall, ein bissl Glück eben«, sagt er heute fast schon zu bescheiden, gibt aber – nicht ganz ohne Stolz – zu: »Wenn mich wer fragt, was ich gewonnen hab, sag ich schon: Vier Rennen, aber in allen Disziplinen.«

Und gefragt wird er immer noch oft. Von jungen Journalisten, von Arbeitskollegen, von den Gästen in seiner Pension »Reinhard Tritscher« daheim in Ramsau. Dann erzählt er meist auch die Geschichte, über die er sich am meisten freut. Und die ebenfalls einer kleinen Sensation gleichkommt. Als er schon recht weit über 50 war, brauchte Tritscher ein neues Hüftgelenk. Operation in Amstetten, eine komplizierte Sache. Aber nur neun Tage nach dem Eingriff konnte er wieder ganz normal gehen, drei Monate später bestieg er schon die Dachstein-Südwand. Und 2004, mit 58, stand er sogar wieder am Start von Skirennen. Bei Hobbyrennen für Senioren, etwa beim Masterscup auf der Reiteralm. »Ich war total überrascht, wie gut es gegangen ist. Fast wie früher. Das hat mir wieder sehr viel Mut und Auftrieb gegeben.«

Nahe liegend also, dass Tritscher auch seinem Beruf weiterhin nachgeht. Wobei er auch diesbezüglich ein »Fall für die Rekordbücher ist«. Schon seit 1968, also als er noch aktiver Sportler war, hat er den gleichen Arbeitsplatz: Bei der Landgenossenschaft Ennstal ist er für den Großhandel Gastronomie zuständig. »Damals war das ganz normal«, erinnert er sich, »im Sommer hast gearbeitet und im Winter bist Skirennen gefahren. Den Professionalsimus, der heute längst gang und gäbe ist, hat's in dieser Form nicht gegeben.« Und die berühmte Skipolitik, die heute noch sehr hilfreich, ja fast unverzichtbar ist, mach-

»Als ich ihn das letzte Mal sah, bei einem Seniorenrennen, belud er gerade seinen weißen VW Golf. Mit 4 Paar Skiern, die genau in eine zwischen die Vordersitze hineingebaute Klemmvorrichtung passten. Einmal Rennläufer, immer Rennläufer. Es war im Jänner 2004.«

Armin Assinger

te man auch noch auf ganz andere Art und Weise: Tritscher etwa, indem er vor seinem Job bei der Landgenossenschaft Ennstal drei Jahre für die Skifirma Kästle arbeitete. »Das war irrsinnig wichtig: Weil als Steirer, Kärntner oder gar Niederösterreicher hast es gegen die Armada aus dem Westen sehr, sehr schwer gehabt – und manche meiner Kollegen haben sich nie wirklich durchsetzen können. Da hat mir mein guter Kontakt zu Kästle eben sehr viel geholfen ...«

Lauberhorn 1969: Peter Frei, Heini Messerer, Reinhard Tritscher und Spider Sabich.
Abfahrt in Val-d´Iseré 1972

Statistik ➤ S. 169

Reinhard Tritscher
Allrounder der ersten Stunde

Geboren: 5. August 1946 in Ramsau/Steiermark | www.reinhard-tritscher.com

1. Heini Messner, Österreich
2. Jules Melquiond, Frankreich
3. Dumeng Giovanoli, Schweiz

Da ist nicht das Ergebnis eines Olympischen Rennens. Auch nicht das einer Welmeisterschaft. Aber trotdzem ist obiges Slalomresultat ski-historisch. An diesem 5. Jänner wurde im deutschen Berchtesgaden das allererste Weltcuprennen der Geschichte gefahren. Die Geburtsstunde des Weltcups. Und ein Österreicher war gleichsam sein Taufpate: Heini Messner aus Gries am Brenner triumphierte mit seinem allerersten Slalomerfolg in einem top-besetzten Rennen bei der Premiere. Karl-Heinz Schwind, Legende unter den Sportreportern, war als einer von nur ganz wenigen Österreichern Augenzeuge in Berchtesgaden. Seine Erinnerungen:

»Ich hatte das Glück, als Berichterstatter beim Start des alpinen Weltcups dabei zu sein und die erste Sensation des weltumspannenden Skibewerbs nach Hause melden zu dürfen. Der 27-jährige Messner, eigentlich als starker Abfahrtsläufer bekannt, gewann mit der Startnummer 13 den Slalom durch einen phänomenalen zweiten Durchgang, nachdem der hohe Favorit, der Schwede Bengt Erik Grahn, der nach dem ersten Lauf fast uneinholbar schien, in der Entscheidung die Nerven verlor und wieder mit toller Zeit gestürzt war.

Messner, eigentlich nur krasser Außenseiter, war nach einem zehnten Platz im ersten Durchgang unglaublich locker in die Konkurrenz gegangen, er hatte bis zuletzt nicht an einen Erfolg geglaubt und war auch dann noch skeptisch, als Karl Schranz bereits gratulierte. Die Siegesfeier der Österreicher im Zielraum war überschwänglich und riss uns Journalisten mit. Es gab niemanden, der dem sympathischen Messner den Sieg nicht gegönnt hätte, selbst die Konkurrenten stellten sich als Gratulanten ein. Der Weltcupstart war noch von einer tollen Kameradschaft unter den Läufern und weniger Konkurrenzneid geprägt – so schien es mir jedenfalls. Der strahlende Sieger Heini Messner zeigte freimütig seinen Siegerski her: Er setzte nicht auf die damals üblichen 2,10 Meter langen Bretter, sondern fuhr mit einem um fünf Zentimeter verkürzten Gerät mit dem berühmten Stern-Markenzeichen. Noch war der neue Weltcup nur den Akteuren ein Begriff, das Publikum- und Reklameecho hielt sich durchaus in Grenzen. So auch der Zustrom der Zuschauer. Nur einer überstrahlte noch die interne Startfeier: ›Weltcuperfinder‹ Serge Lang. Der massige ›L'equipe‹-Journalist war über den so erfolgreichen Beginn seines mit viel Skepsis geborenen ›Kindes‹, noch dazu mit einem Außenseitersieg, der Schlagzeilen auf den ersten Seiten der Gazetten brachte, überglücklich. Der gute Serge war auch bei der Nachfeier einer der Standfestesten. Wer konnte ihm das übel nehmen?«

Lang sollte noch genug Weltcupfeiern miterleben. Für Messner blieb Berchtesgaden aber der erste und einzige Sieg. Im Weltcup, wohlgemerkt. Schon vor 1967 hatte er vor allem mit Abfahrtserfolgen in den USA für Jubelstimmung gesorgt. Und ein Blick auf seine Erfolge bei Großereignissen beweist seine enorme Vielseitigkeit: 1968 in Grenoble holte er Olympia-Bronze im Riesentorlauf, vier Jahre später in Sapporo in der Abfahrt. Aber vor allem mit seinem einzigen Slalomtriumph hat er Geschichte geschrieben.

Heini Messner
Der Taufpate des Weltcups

Geboren: 1. September 1939 in Gries am Brenner/Tirol

Olympiade in Grenoble 1968: Riesentorlauf (im blauen Dress) und Siegerehrung (v. l. n. r.: Willy Favre, Jean-Claude Killy und Heini Messner)
Olympiade in Sapporo 1972

Statistik ➤ S. 170

Die Eltern schlugen entsetzt die Hände vorm Gesicht zusammen: »Um Gottes willen, fahr doch nicht so schnell.« Aber Blondschopf Niki, gerade erst zarte drei, war schon damals nicht zu stoppen. »Die Pisten konnten gar nicht steil genug sein. In die Hocke und Schuss runter, sonst gab's für sie von Anfang an nichts«, erzählt ihr Papa heute. Nicht mehr ängstlich, sondern mit zufrieden glänzenden Augen, die Freude und Stolz nur schwer verbergen können.

Nicole Hosp und Skirennen, das war irgendwie nahe liegend. Im wahrsten Sinne des Wortes: Der Sammelplatz der Skischule direkt vor dem Elternhaus, der Skilift nur 200 Meter entfernt. Dementsprechend war auch der Karrierestart. Mit sechs Jahren landete sie gleich im allerersten Rennen auf Platz eins und hat als »Draufgabe« auch die ganze Nachwuchsserie im Außerfern, den Zugspitzcup, für sich entschieden. »Ich glaub«, erinnert sie sich bescheiden, »ich bin dann immer schon nach der ersten Saison in die nächsthöhere Altersklasse aufgestiegen, weil ich alles gewonnen hab.« Von Anfang an eine kometenhafte Karriere.

Wie ein Komet ist sie ein paar Jahre später auch im Weltcupzirkus aufgetaucht. Bei der Saisoneröffnung 2002 auf dem Gletscher in Sölden, damals außerhalb der Fachwelt ein ganz und gar unbeschriebenes Blatt, feierte sie ihren ersten Weltcupsieg. Historisch für sie, historisch für den Skisport: Hosp, die Norwegerin Andrine Flemmen und die Slowenin Tina Maze waren auf die Hundertstelsekunde gleich schnell – drei Siegerinnen hatte es in der Geschichte nie zuvor gegeben.

Jetzt ist Hosp längst ein Fixstern am Skihimmel. Bei der WM in St. Moritz 2003 hat sie zwei Medaillen geholt, in der Saison 03/04 verhinderte nur ein dummes Missgeschick weitere Erfolge: Beim Joggen in Schladming, wo sie beim Nachtslalom der Herren als Vorläuferin starten wollte, brach sie sich den Knöchel. »Die Schmerzen waren so groß, dass ich nicht einmal zu einem 30 Meter entfernten Haus kriechen konnte.« Noch am gleichen Abend wurde sie in Innsbruck operiert, die Saison war mit

»Pech und Glück sind oft ein Stück! Kometenhafter Aufstieg und dann die Verletzung. Sie schafft das wieder, denn sie weiß, dass Schmerzen dazu gehören!«

Armin Assinger

einem Schlag vorbei. Ihren Optimismus konnte aber selbst die schwere Verletzung nicht brechen. »Ich werde stärker zurückkommen als je zuvor«, kündigte sie wenige Wochen später, als sie erstmals wieder in einen Skischuh schlüpfte, an. Das Zitat könnte auch von Bode Miller stammen. Mit ihrem Mut zum Risiko, ihrem enormen Gefühl und ihren verwegenen Ritten erinnert sie viele auch auf der Piste an den Amerikaner. Doch ein direkter Stilvergleich überrascht. »Mir hat unlängst wer zwei übereinander gelegte Fotos geschickt«, erzählt Papa Hosp, der daheim ein Fahrzeugbau-Unternehmen leitet und trotzdem bei jedem Rennen der Tochter dabei ist, »eines von der Niki, das andere vom Michael von Grünigen. Ich war selbst baff: Die Haltung ist wirklich fast genau die gleiche.«

Aber egal, ob mit Millerscher Verwegenheit oder mit der technischen Klasse des schon abgetretenen Schweizer Riesentorlauf-Königs: Hosp wird nicht nur noch viele Siege feiern, sie wird früher oder später auch eine heiße Anwärterin auf den Gesamtweltcup. Weil sie bald auch in den schnellen Disziplinen startet. »Dort«, erzählt der Vater weiter, »war sie im Nachwuchs auch immer extrem stark. Und die Brutalität auf der Piste, die hat sie sich sowieso vom Hermann Maier abgeschaut.«

Niki steht daneben und lächelt mit sympathischem Kopfschütteln: »Geh, Papa – übertreib net immer so!«

Nicole Hosp: Silber bei der WM in St. Moritz 2003

Statistik ➤ S. 169

Nicole Hosp
Ein blonder Ski-Komet

Geboren: 6. November 1983 in Bichlbach/Tirol | www.niki-hosp.at

Ich war kein so erfolgreicher Skifahrer, aber ein gewichtiger!« Werner Grissmann wie er leibt und lebt. Und wie ihn die Leute lieben. Heute noch. Sie erkennen ihn, sie fragen um Autogramme. Die Popularität ist fast ungebrochen. »Für einen«, lächelt er, »der nur ein Rennen gewonnen hat, ist das gar nicht so schlecht – oder?«
Das Phänomen Grissmann. Es hat wirklich erfolgreichere gegeben. Aber wenig populärere. Für unser Buch ging er selbst auf Erklärungssuche. »A blöde Goschn hab ich halt ghabt. Und perfekt passt hat's auch. Da war der Klammer Franz. Der Nette und Liebe. Und daneben war ich. Das Gfrast, der Goscherte eben. Dass wir noch dazu sehr gute Freunde waren, war der Tupfen auf dem i.«
Unzählige Fans sind damals gemeinsam in Gasthäusern vor dem Fernseher gehockt. Haben auf sie gewettet. Sie, die neben sportlichen Erfolgen auch die Lebenslust verkörperten, nach der sich viele so gesehnt haben. »Kostverächter waren wir sicher keine. Wir haben einfach unsere Gaudi gehabt«, erzählt Grissmann, den alle Welt nur Grizzly nannte.
»Jetzt bin ich auch äußerlich ein Grizzly geworden. Andere nehmen an Charakter ab, ich an Gewicht zu.« Rund 20 Kilo wären es, wie er gemütlich und vor allem genüsslich lächelnd zugibt. 1982 hat er in Kitzbühel aufgehört. Die Erfolge gingen auch im Leben nach dem Skisport weiter. Sein Rauchfangkehrer-Unternehmen in Lienz floriert heute noch. Sein Dolomiten-Mann, der Extremwettbewerb mit Paragliding, Kanufahren und Berglaufen, sprengt Jahr für Jahr neue Rekorde. Über 110 Teams, darunter sogar eines aus Kenia, nahmen zuletzt bereits teil. Und im Rallyeauto fuhr er, was heute viele schon wieder vergessen haben, auch mitten in die Weltklasse. »Als Rallyefahrer«, sagt er heute, »war ich letztlich sogar besser als als Skifahrer.« Vor allem eine Geschichte ist in der Szene längst Legende. Portugal-Rallye, der Fafe-Sprung, die berühmteste Stelle der ganzen WM. Beifahrer Jörg Pattermann gibt – nicht ganz unabsichtlich, wie man weiß – statt einer rechtzeitigen Warnung das harmlos klingende Kommando »Kuppe voll.« Nicht einmal der verwegenste unter den Rallye-Stars nimmt diesen Sprung mit Vollgas. Grissmann, etwas in die Irre geführt, schon. »Plötzlich hab ich nur noch Menschenmassen unter mir gesehen und gebetet: Bitte, lass das gut ausgehen.« Es ging gut aus. Und mit dem spektakulärsten Sprung des ganzen Feldes flog Grizzly mitten in die Herzen der Fans.
Aber auch seine »Erfolgssprünge« auf der Piste konnten sich sehen lassen. Vor allem bis zur … richtig: Zwischenzeit. »Wieviele Bestzeiten es waren, weiß ich

Werner Grissmann
Grizzlys spektakulärster Sprung

Geboren: 21. Jänner 1952 in Lienz/Osttirol

Werner Grissmann als Sieger in St. Moritz 1973 (vor Franz Klammer und Sepp Walcher), bei der Abfahrt in Schladming 1975 und als Obmann des Red-Bull-Dolomitenmanns 2001

Statistik ➤ S. 170

»Als der liebe Gott die sportmotorischen Talente verteilte, hat er ganz laut ›Hier!‹ gerufen! Lief die 400 Meter um die 50 Sekunden. Verbrachte mit dem ›Mooswalder‹ Franz Klammer wahrscheinlich mehr Zeit als mit seiner Frau. Stichwort Frau: Um 3 Uhr Früh gibt es keine bessere Gulaschsuppe als die von Sandra, sagen Grizzly, der Mooswalder und Roy Blond!«

Armin Assinger

wirklich nicht«, sagt er, »weil dafür hat's weder Geld noch Pokale gegeben.« Nur er selbst hat nach seiner Karriere den »Grizzly« eingeführt. Eine Trophäe für die, die bei der Zwischenzeit vorne waren, am Ende aber nicht. Wie er selbst so oft.

Warum er selbst seine Bombenzeiten oft nicht ins Ziel brachte, darüber wurde viel spekuliert. Mangelnde Kondition hat man ihm jedenfalls zeit seiner Karriere vorgeworfen. Fest steht: Rein skifahrerisch war Grissmann ein absoluter Klassemann. 1973 hat er mit der Abfahrt in St. Moritz sein einziges Weltcuprennen gewonnen. Dazu kommen fünf Stockerlplätze, Platz zwei im Abfahrtsweltcup 1975 oder WM-Bronze 1978.

Aber die Leute kennen Werner Grissmann vor allem als goscherten Schmähbruder, wie er es selbst bezeichnet. Er genießt eine Popularität der anderen Art. Nach dem Motto: »The show must go on.« Nur im Weltcup der Gegenwart kommt sie, wie nicht nur Grissmann meint, manchmal etwas zu kurz.

Schau, des is da Cordin.« Fast ein Standardsatz auf der Anlage in Breitenfurt, wo der Tiroler regelmäßig trainiert: Heute ein exzellenter Tennisspieler, und sogar unter den Top 10 (!) der Senioren-Weltrangliste, früher Skikönig. Aber von seinen jungen Tennisgegnern können das viele gar nicht mehr wissen: In den Anfängen des Weltcups war Karl Cordin nach Karl Schranz Österreichs zweiter Abfahrtstriumphator. Er holte Silber bei der WM in Gröden und gewann drei Weltcuprennen. Bei der Geburt des Abfahrtsreiches Österreich, »gegründet« von Charly Kahr, war Cordin schon in Skipension. Kahr modelte jeden, in dem er nur einen kleinen Funken an Downhill-Hoffnung sah, zum Abfahrer um. Bestes Beispiel: Anton »Jimmy« Steiner. Eigentlich als Techniker in den Weltcup gekommen, aber schon bei Olympia 1976 war er mit Sensations-Zwischenzeiten auf dem Weg zu einer Medaille, bis ihn ein Sturz stoppte. Und acht Jahre später hat er in Sarajewo, bei den für Österreich bittersten Spielen aller Zeiten, mit Abfahrtsbronze die stolze Wintersportnation wenigstens vor einer absoluten Nullnummer bewahrt. Zwei Weltcupsiege in der Abfahrt (neben drei in der Kombination) stehen außerdem auf seinem Konto. Wie bei Ulli Spieß. Aber der hat sich aus ganz anderem Grund seinen Platz in der Skigeschichte auf immer und ewig gesichert: In den 80er-Jahren übersprang er als Erster – und lange Einziger – die berüchtigten Kamelbuckel von Gröden, die als unbezwingbar gegolten hatten, in einem Satz. Eine Weltsensation! »Mittlerweile spricht zwar keiner mehr davon, aber die kosten nach wie vor jede Menge Überwindung«, zieht etwa Fritz Strobl rund 20 Jahr später immer noch den Hut vor der wagemutigen Premiere. Heute ist das Sprungwunder Spieß in Mayrhofen Jahr für Jahr im Jänner Skigastgeber für die frühere violette Fußball-Elite von Austria Wien um Herbert

»Jimmy holte für Österreich die Kastanien in Sarajevo aus dem Feuer, als er uns vor dem totalen Desaster rettete. Karl Cordin liebte den Neuschnee, weil er da seine Gleitfähigkeiten ausspielen konnte, wogegen Erwin Resch eisige Pisten bevorzugte. Wenn er nicht mit einem Stock eine Medaille holte, verbog er den Rahmen des Drahtesels beim Samson-Radmarathon. Und Ulli übersprang die Kamelbuckel als Erster. 70 Meter weit. Baldur Preiml wollte ihn haben.«

Armin Assinger

»Schneckerl« Prohaska und Andi Ogris. Vielleicht auch wegen des Draufgängertums wurde Spieß immer wieder von Verletzungen zurückgeworfen. Wie Erwin Resch. Drei Abfahrten hat der »wilde Hund« aus Mariapfarr im Weltcup gewonnen. Die größte Heldentat, von der heute noch alle schwärmen, zauberte er aber bei der Weltmeisterschaft von 1982 in den Schnee von Schladming: Auf der Fahrt einen Stock verloren, trotzdem schnappte er sich mit Platz drei hinter Harti Weirather und dem Schweizer Conradin Cathomen noch eine Medaille. Logisch auch fast nicht zu erklären – wie etwas früher die ersten Kamelbuckel-Sprünge des Ulli Spieß.
Aber Österreich und Abfahrt, das war immer eine Geschichte voller Sensationen: Geschrieben von verwegenen Typen wie Bartl Gensbichler und Gerhard Pfaffenbichler, die jeweils eine Weltcupabfahrt gewonnen haben. Und auch bei Christian Greber ist es bei einem Sieg geblieben: Vor der Saison 01/02 aus allen Kadern geflogen, kämpfte sich der Vorarlberger zurück und gewann im Dezember 2001 in Bormio – auf einer der schwersten Downhill-Strecken der Welt. Nicht einmal ein Jahr später hat es ihm bei einem Trainingssturz das Knie förmlich zerfetzt, nur in einer Notoperation konnte sein Bein gerettet werden. Danach war der Weg zurück unmöglich, im Mai 2004 musste er seine Karriere beenden. Der Abfahrtssport: Beeindruckend, faszinierend, aber oft auch erschreckend brutal.

Anton »Jimmy« Steiner mit Bronze bei der Olympiade in Sarajevo 1984, Erwin Resch mit nur einem Stock bei der WM in Schladming 1982 und Ulli Spieß in Kitzbühel 1979

Statistik ➤ S. 170/172

Karl Cordin, Ulli Spieß, Bartl Gensbichler, Anton Steiner, Erwin Resch, Gerhard Pfaffenbichler und Christian Greber

Das Abfahrtsreich Österreich

Geboren: 3. Nov. 1948/St. Anton (Cordin), 15. Aug. 1955/Mayrhofen (Spieß), 9. Sept. 1956/Hinterglemm (Gensbichler), 20. Sept. 1958/Praegraten (Steiner), 4. März 1961/Mariapfarr (Resch), 26. März 1961/Unken (Pfaffenbichler), 8. Feb. 1972/Mellau (Greber)

Die Reporter bastelten längst an ihren Stories. Business as usual: Favorit Luc Alphand gewinnt die klassische Abfahrt von Val-d'Isère vor den Österreichern Günther Mader und Patrick Ortlieb. Die großen Stars vorne. Hätte man davor ein Drehbuch geschrieben, es hätte kaum anders ausgesehen. Aber nach ein paar Minuten mussten sie an diesem 16. Dezember 1994 alles wieder »einstampfen«: jede Zeile, jedes Wort. Mit Startnummer 61 hatte ein gewisser Pepi Strobl, 20 Jahre jung und selbst für Fachleute ein völlig unbeschriebens Blatt, Bestzeit erzielt. Eine der größten Sensationen der Weltcupgeschichte. Bis heute ist der Tiroler der einzige Fahrer, der schon seine allererste Abfahrt gewonnen hat. Die Unkenrufe über eine Eintagsfliege wischte Pepi schon 24 Stunden später vom Tisch: Beim rot-weiß-roten Vierfach-Triumph in der zweiten Abfahrt, den Armin Assinger anführte, belegte er Platz drei. Ein neuer Star ist wie ein Komet am österreichischen Skihimmel aufgestiegen.
Aber Strobl war weit mehr. Seit 1970 hatte kein Österreicher mehr den Gesamtweltcup gewonnen. Toni Giger, heute der erfolgreichste Herren-Trainer Österreichs, hatte deshalb damals schon als Europacup-Boss einen klaren und eindeutigen Auftrag: »Leute ausbilden, die in drei Disziplinen gewinnen können.« Seine Schützlinge sind großteils längst Stars: Knauß, Schifferer oder eben Strobl. Später, als Giger in den Weltcup aufstieg, wurde die längst legendäre Allrounder-Gruppe gegründet. Weltcupgruppe 3 hieß sie, Giger-Truppe wurde sie gennant. Mit den oben genannten Fahrern aus dem Europacup, dazu noch Stephan Eberharter, später auch Hermann Maier. Und das »Projekt Gesamtsieg« sollte voll aufgehen. »Natürlich haben der Hermann und der Stephan alles überstrahlt«, sagt Giger heute, »aber auch alle anderen haben das Zeug für die große Kristallkugel.« Pepi Strobl sowieso. Ein Blick auf die Statistik bestätigt alles nur: 96/97 und 1999/2000 beendete er die Saison jeweils auf dem dritten Rang im Gesamtweltcup.
Umso bitterer, was Strobl sportlich in den letzten Jahren durchmachen musste. Der ständige Kampf um einen Startplatz schien ihn zu zermürben. Der Komet war am Verglühen. Schon 1998 bei den Olympischen Spielen in Nagano war er im Super-G Zuschauer, weil der in der Abfahrt so schwer gestürzte Hermann Maier doch fahren konnte. Damals ging alles ohne große Aufregung über die Bühne, weil Maiers Aufstellung sowieso diskussionslos richtig war. Fünf Jahre später platzte dem ruhigen, freundlichen Tiroler aber erstmals richtig der Kragen. Nicht einmal im erweiterten WM-Auf-

Kitzbühel 2001: Abfahrt und Siegerehrung (Josef Strobl als 2. neben Fritz Strobl)

Statistik ➤ S. 171

Josef Strobl
Die einzigartige Premiere

Geboren: 3. März 1974 in Ehenbichl/Tirol | www.pepistrobl.com

»Erstes Weltcuprennen – 1. Sieg. Mit Nummer 61. Als ob es das Normalste auf der Welt wäre. War bzw. ist ein stilles Wasser, aber umso tiefer.«

Armin Assinger

gebot berücksichtigt, erlebte er St. Moritz nur vor dem TV-Gerät. Erstmals dachte er danach laut ans Auswandern. »Es wär gscheiter, ich würd für ein anderes Land starten.«
Nach der Saison 2004 wurde alles richtig ernst. Strobl war von Atomic auf Fischer umgestiegen und von den Allroundern in die Abfahrtstruppe »transferiert« worden. Das Resultat: Für einen Mann seines Formats eine einzige Ernüchterung. Selbst im Weltcup kam er kaum zu Starts. In der Abfahrt scheiterte er – falls es eine gab – an der Qualifikation, im Super-G war er auch bald kein Thema mehr. Strobl, einst der große Liebling der Skination Österreich, fand sich bei Europacup-Rennen wieder. »Aber ich kann mich jetzt gar nicht mehr groß aufregen«, sagte er, fair wie immer, »zumindest ein paar Chancen hätt ich ja gehabt – doch die hab ich eben nicht genützt.«
Dass seine Abwanderungspläne konkreter und konkreter wurden, verstand jeder. Auch wenn Giger immer sicher war: »Der gewinnt auf alle Fälle noch ein paar Rennen …«

Christoph Gruber ist motorsportbegeistert wie viele andere seiner Skikollegen. Dem Tiroler wäre seine Leidenschaft aber fast zum Verhängnis geworden. Vor der Saison 03/04 stürzte er beim Motocross, sein ganz großes Hobby, schwer: Hand gebrochen, nicht eine, sondern beide. »Ich konnt nicht einmal alleine essen«, erzählt er. Umso beeindruckender, dass er trotzdem auf Anhieb wieder in der Weltspitze mitfuhr. Zwei Stockerlplätze, unzählige Spitzenplatzierungen. Auch in der Abfahrt, wo seine Aufstellung immer wieder Anlass für Diskussionen war. Zu Unrecht, wie er oft genug bewiesen hat. Aber der sympathische Tiroler ist eigentlich auch ein »Fall für den Gesamtweltcup«. Deshalb trainiert er in der Weltcupgruppe 4 von Coach Andi Evers. Mit Hermann Maier, Benni Raich und Michi Walchhofer. »Der schönste Moment meines Lebens war der erste Weltcupsieg«, sagt er. In der Saison 00/01 gewann er nicht nur den Riesentorlauf in Bormio, sondern wenig später auch den Super-G in Garmisch – Österreich feierte einen neuen Shooting-Star, dem danach oft nur Kleinigkeiten und Hundertstel zu weiteren Triumphen fehlten.

Wie seinem Teamkollegen Heinz Schilchegger. Aber die beiden verbindet weit mehr. Mit »Superfund« hatten sie den gleichen Kopfsponsor, beim Riesentorlauf 2004 in Adelboden standen sie als zeitgleiche Dritte auf dem Podest. Gleichzeitig Schilcheggers letzter Stockerlplatz im Weltcup. »Ich höre auf«, erklärte er ein paar Wochen später. Hauptgrund: Nach der schweren Knieverletzung in Val-d'Isère 2001 kam er nie mehr ganz dorthin, wo er davor gewesen war. Vor allem in der Saison 00/01. Da feierte der vermeintliche Riesentorlaufspezialist im Slalom von Park City seinen einzigen Sieg im Weltcup. »Dabei ist es gar nicht so lange her, dass sie mich ausgelacht haben, wenn sie mich beim Slalomfahren gesehen haben«, schmunzelte er. Beim nächsten Rennen in Sestriere war er wieder vorne, musste aber wegen eines Einfädlers disqualifiziert werden. Was damals wirklich für Aufregung sorgte: Schilchegger wurde von anderen Teams verdächtigt, mit Einlagen seine Position im Schuh illegal zu erhöhen. Lachhaft. Die vermeintliche Geheimhilfe war nur ein Stoff-Fetzen. Obwohl bei Großereignissen oft glücklos, hat auch der Hotelierssohn aus Obertauern seine Medaillen daheim hängen: Er war Militärweltmeister und holte 2004, wenige Tage vor seinem Rücktritt, Silber bei der Tiefschnee-WM in Kanada. Vom aktiven Sport wechselte Schilchegger diretissima in die Rennsport-Abteilung von Atomic. Dort arbeitet er wieder mit Gruber zusammen.

Ein Weltcupsieg für Schilchegger, einer auch für Werner Franz. Aber der Kärntner war noch weit öfter ganz knapp dran als seine beiden Teamkollegen: Neunmal war er im Weltcup Zweiter, achtmal Dritter. Meistens in seiner Spezialdisziplin Abfahrt. Seinen einzigen Triumph feierte er aber im Super-G: In St. Anton 2000 bei der Generalprobe für die WM 2001. So viel Pech wie mit den Hundertsteln, die so oft gegen ihn liefen, hatte er auch mit Verletzungen: Im Seuchen-Jahr 2001, als in Österreichs Skiteam Leute wie Maier, Trinkl

oder Schilchegger nach Unfällen oder bösen Stürzen ausfielen, »flog« auch Franz beim Abfahrtstraining in Sölden ab. Knie kaputt, Olympia 2002 vorbei. Verbissen kämpfte er ums Comeback und fuhr wieder in die Weltspitze. 03/04 durfte er trotzdem nicht auf die US-Tournee mit: Im besten Abfahrtsteam der Welt hatte er keinen Platz mehr. Beim Training zur Europacup-Abfahrt in Bad Kleinkirchheim verletzte sich der Kärntner wenig später erneut schwer, diesmal an der Schulter. Gepachtet hat er das Glück wirklich nicht …

»Christoph liebt seine Motocrossmaschine. Fuhr einen Sommer nur freihändig – beide Hände gebrochen! Bringt die Stahlkanten auf eisigen Pisten zum Glühen. Hat Kraft wie Ben Hurs Viergespann! Heinz ist ein begnadeter Techniker, spritzig und flink. Wurde bei Tiefschnee-WM im April 2004 auf Anhieb Zweiter. Liegt dort seine Zukunft? ›MUT kann man nicht kaufen‹ – genau das war der Leitspruch von Werner Franz. Kam mit 20 in den Weltcup und beeindruckte durch seinen verwegenen Fahrstil. Als erster in der Hocke durch die Kompression in Val-d'Isère und die Kamelbuckel in Gröden kosteten ihn nur ein Lächeln. Nur das Glück war ihm selten hold. Übrigens: Wir leben nur 12 Kilometer voneinander entfernt und waren daher gesunde Konkurrenten. Aber auch stets gute Freunde.«

Armin Assinger

Christoph Gruber (l.), Heinz Schilchegger (Mitte) und Werner Franz (r.)

Statistik ➤ S. 172

Christoph Gruber, Heinz Schilchegger und Werner Franz

Der Gegner heißt Hundertstel

129

Geboren: 25. März 1976 in Schwaz/Tirol (Gruber), 16. Oktober 1973 in Obertauern/Salzburg (Schilchegger), 8. März 1972 in Weissbriach/Kärnten (Franz) | www.christophgruber.at, www.schilchegger.com, www.wernerfranz.com

Das Rennen war aus. Aber die große Siegerin war nirgends zu finden. Traudl Hecher, die soeben in der traditionellen Hahnenkamm-Kombination den ersten Platz belegt hatte, saß gemütlich in ihrem Zimmer und sah sich den Slalom, durch den sie wenige Minuten davor noch selbst gefahren war, im Fernsehen an. Tags zuvor hatte sie für eine der größten Sensationen der damals noch relativ jungen Skigeschichte gesorgt: Mit Startnummer 34 und nicht einmal noch 17 Jahren war sie in der Abfahrt von Kitzbühel zum Sieg geflogen.

»Sind die denn völlig verrückt geworden?«, werden vielleicht manche fragen, wenn sie diese Zeilen lesen. Aber nein, nein: Es gab damals wirklich Damenrennen in Kitzbühel. Nicht auf der Original-Streif, auf der die Männer heute noch um den Sieg rittern. Aber die Strecke vom Seidlalmkopf über den Hinterganslern runter ins Ziel war auch noch »stark« genug fürs »schwache« Geschlecht. Und die junge Traudl Hecher eine absolut würdige Siegerin, wie sich wenig später herausstellte: Noch im gleichen Jahr holte sie in Squaw Valley ebenso Olympiabronze in der Abfahrt wie auch vier Jahre später in Innsbruck. Heute wohnt sie in Kapfenberg, abseits von allem Trubel und Weltcupstress. Nur ihr Talent ist auch auf den Rennpisten des neuen Jahrtausends noch zu bewundern. Zweifach sogar …

»Wir sind nie zu etwas gezwungen oder gedrängt worden«, betonen Stephan und Elisabeth Görgl bei jeder Gelegenheit. Trotzdem haben es sowohl der Sohn als auch die Tochter von Hecher bis in den Weltcup geschafft. »Hand in Hand« sogar: Lange wohnten sie gemeinsam in einer kleinen Wohnung in Innsbruck, um nicht so weit zu den Trainingsgebieten des ÖSV-Teams fahren zu müssen. Die nächste Parallele: Beide zahlen den Eltern ihre Ausbil-

Traudl Hecher-Görgl (links und bei der Olympiade 1964 neben Edith Zimmermann und Christl Haas) und ihre Kinder Stephan (u. l.) und Elisabeth (u. r.)

Statistik ➤ S. 173

Traudl Hecher-Görgl, Stephan Görgl, Elisabeth Görgl

Die Kitz-Königin und ihre Kinder

Geboren: 28. September 1943 in Schwaz/Tirol (T. Hecher), 5. Juni 1978 in Bruck an der Mur/Steiermark (St. Görgl), 20. Februar 1981 in Bruck an der Mur/Steiermark (E. Görgl) | www.goergl.com

dungskosten in Raten zurück. Ebenfalls freiwillig. »Das war immer klar, weil sich unsere Eltern das alles nicht wirklich leisten konnten«, erklärt Stephan, der Ältere. Und die »wilde Henn« Elisabeth, die immer wieder mit neuen Haarfarben überrascht, ergänzt: »Ich weiß einfach, wie viel Kohle dahinter steckt, dass ich im Skizirkus mitfahren kann.« Deswegen landet Saison für Saison ein gewisser Prozentsatz der Preisgelder von beiden am Konto der Eltern. Zwischen eineinhalb und zwei Millionen alte Schilling, so schätzen sie, sind zurückzuzahlen. Wenn sie weiter so in der Erfolgsspur bleiben, muss eigentlich recht bald alles abgestottert sein:
Elisabeth, die in ihrer jungen Karriere schon von drei Kreuzbandrissen zurückgeworfen wurde, fuhr im Jänner 2003 im Slalom von Bormio als Zweite erstmals aufs Podest und war dort eine Saison später schon fast Stammgast. Stephan wurde gleichzeitig im so starken rot-weiß-roten Herrenteam im Super-G zu einer Top-15-Bank und kündigte mit spitzbübischem Lächeln an: »Derzeit bin ich noch die Nummer zwei in der Familie – müss ma halt schaun, dass ich mir da die Spitzenposition erkämpf.« Nur die Mama fehlt im Ziel meist, wenn ihre Kinder jubeln. Ein einziges Mal, in ihrem alten Triumphort Kitzbühel, hat sie ein Weltcuprennen von Stephan live miterlebt. »Aber das ist nichts für mich.« Vielleicht weil sie nur allzu gut weiß, wie schön und spannend, aber auch wie gefährlich Skisport sein kann.

»Da gibt es scheinbar ein Nest in der Obersteiermark! Ein Haufen exzellenter Skifahrer kommt daher, erblich vorbelastet von Mutter Traudl treten Lis und Stephan in deren Fußstapfen. Die Richtung passt!«

Armin Assinger

Eigentlich dürfte sie alles machen. Nur nicht jubelnd durchs Ziel eines Weltcuprennens fahren. Wie etwa beim Finale 03/04, als sie nach dem Slalom endlich ganz oben auf dem Siegespodest stand. Und irgendwie war der Zeitpunkt ihres allerersten Sieges typisch für die ganze Karriere der Salzburgerin: Marlies Schild, ein medizinisches Wunder auf Skiern …

»Weißt«, lächelt die 23-Jährige, »ich bin schon verdammt glücklich, dass ich endlich wieder eine halbe Stunde halbwegs schmerzfrei laufen kann. Daran war früher nicht zu denken. Nach ein paar Metern bin ich nur mehr herumgehumpelt.« Worte, die man kaum glauben möchte. Aber Schild könnte es ohne Probleme beweisen. Schwarz auf Weiß. Zu 20 Prozent ist die Silbermedaillen-Gewinnerin des WM-Slaloms 2003 in St. Moritz – das haben ihre Ärzte leider längst entscheiden müssen – Invalide. Fünfmal war sie bereits am linken Knie operiert worden, während der Saison 03/04 musste sie erneut unters Messer. Wieder das »Kreuz mit dem Knie«, das sie fast täglich mit einer Spezialtherapie behandeln lässt: Dabei wird Fischöl injiziert, damit die durch den Knorpelschaden so starke Reibung und somit die Schmerzen wenigstens etwas reduziert werden. Und dann rast sie ausgerechnet einen Monat nach ihrer bislang letzten Operation zu ihrem ersten Weltcupsieg. Beeindruckend und viel versprechend … Aber Marlies Schild, eine der »jungen Wilden« des selbst noch sehr jungen österreichischen Slalomtrainers Bernd Brunner, ist nur die »Speerspitze« für eine Erfolg versprechende rot-weiß-rote Damenzukunft. Wie die Salzburgerin haben viele unserer Talente mit dem Verletzungsteufel zu kämpfen: Christine Sponring war bei der Heim-WM in St. Anton 2001 nicht einmal noch 18, als sie mit Kombi-Silber ihre erste Medaille von einem Großereignis heimbrachte. In der Saison 03/04 wurde die Tirolerin leider von einem Kreuz-

linke Seite: Ingrid Rumpfhuber, Silvia Berger, Christine Sponring und Carina Raich (u.)
rechte Seite: Marlies Schild

Statistik ➤ S. 171

Marlies Schild, Christine Sponring, Silvia Berger, Michaela Kirchgasser, Carina Raich, Ingrid Rumpfhuber und Katja Wirth

»Speerspitze« für eine glorreiche Zukunft

»Mit ihnen sind wir in allen Disziplinen gut abgedeckt. Einige haben den großen Erfolg schon geschmeckt und wenn sie von weiteren Verletzungen verschont bleiben, brauchen wir keine Angst haben. Dann schon eher die Gegner.«

Armin Assinger

bandriss weit zurückgeworfen.
Auch Silvia Berger musste nach einem Kreuzbandriss lange um ihr Comeback kämpfen. Davor war sie als erst 19-Jährige mit dem zweiten Platz im Riesentorlauf von Val-d'Isère mitten in die Weltklasse geplatzt.
Ingrid Rumpfhuber ist in ihrer jungen Karriere auch eher Stammgast bei Ärzten als auf Rennpisten. Letzter trauriger Höhepunkt: Als sie sich im Jänner 2004 bei den Heimrennen in Haus/Ennstal einen offenen Unterschenkelbruch zuzog.
Carina Raich, jüngere Schwester von Benni, musste im Frühjahr 2004, nicht einmal ein Jahr nach ihrem Kreuzbandriss, an der Schulter operiert werden.
Michaela Kirchgasser, mit 19 derzeit das Kücken im Weltcupteam der österreichischen Damen, konnte die Saison 03/04 wegen einer Knieverletzung ebenfalls nicht fertig fahren. Auch Katja Wirth zog sich 1997 einen Kreuzbandriss zu. Ihr gelang nach harter Arbeit ein Comeback über den Europacup zur Weltspitze.
Angesichts dieser »schwarzen Liste« verblüffen die Worte des rot-weiß-roten Damen-Cheftrainers Herbert Mandl nur wenig. Wie viele andere fordert auch er immer vehementer: »Bremst endlich die Geschwindigkeiten und die Taillierung der Ski wieder ein!«

Manni Pranger sitzt in der gemütlichen Stube seines Elternhauses in Gschnitz in Tirol und zeigt aus dem Fenster. Rauf auf den Berg, wo das Tribulaunhaus der Prangers steht, in dem er im Sommer selbst immer noch aushilft. »Aber die Oma schimpft mit mir, wenn ich davon red. Weil s' meint, dass ich viel zu wenig arbeit.« Ebenfalls oben auf dem Berg, etwas weiter rechts, beginnt schon Italien. »Für die Schmuggler war das früher ein Paradies. Von hier bist zu Fuß in rund eineinhalb Stunden in Italien – da hat das Gschäft natürlich geblüht«, erzählt Pranger weiter.
Die Schmuggel-Hochblüte gehört längst der Vergangenheit an, die fast paradiesische Idylle des Gschnitztals nicht. Schon nach wenigen Minuten versteht man, warum es vor allem im Sommer beliebtes Ausflugsziel ist. Auf dem einzigen

Lift von Gschnitz hat Pranger damals das Skifahren gelernt. Von dort ist er bis in die Slalomweltklasse gefahren. Mit einigen »Umwegen«. Er war nicht in den Nachwuchskadern des ÖSV, hat seinen Präsenzdienst noch ganz normal mit Grenzschutz absolviert. »Eigentlich wollt ich mit dem Sport schon aufhören.« Um 12.000 Schilling hat er mit seinem Vater dann aber vier Paar Rennski gekauft und es nochmals probiert. Von da an ist es steil bergauf gegangen. Jetzt ist Pranger längst Fixstern am Slalomhimmel. Nur mit dem ersten Sieg wollte es lange nicht klappen: Viermal ging er in der Saison 03/04 als »Halbzeitführender« ins Finale, für ganz oben hat es nie gereicht. Doch die Zeit läuft für Pranger. Wie für viele andere im österreichischen Team, die Rot-Weiß-Rot

»Eines ist allen gemein: Sie wollen ganz nach oben! Wie junge Boxer lauern sie in ihren Ecken, bereit, nach vorne zu stürmen, sobald sich die Chance ergibt.«

Armin Assinger

auch eine erfolgreiche Zukunft versprechen:

Klaus Kröll, von Exabfahrtstrainer Robert Trenkwalder steirische Eiche genannt, hat sich längst in der Downhillwelt etabliert. Der Rambo aus Öblarn besticht nicht nur durch große Gleitfähigkeit, wie es sein Körperbau vermuten lässt, sondern auch durch enormes technische Können.

Johann Grugger war die große Sensation in der Saison 03/04: Gleich in seinem ersten Jahr fuhr der Salzburger, für den seit der WM 2001 Stephan Eberharter das große Vorbild ist, unter die Top-15 der Abfahrtswelt vor. »Ich bin halt ein Gleit-Spezialist«, ließ er die Fachwelt in Lake Louise nach dem ersten Platz unter den besten zehn wissen. Um dann in Beaver Creek ebenfalls zweimal in die Top 10, in St. Anton sogar aufs Stockerl zu fahren – diese beiden Abfahrten zählen ohne Frage zu den kurvenreichsten der Welt und sind alles andere als eine Angelegenheit für Gleiter …

Auch Hannes Reichelt tauchte wie ein Komet im Skiweltcup auf. 2002 bewahrte er Österreich im Super-G von Gröden als Zweiter vor einer Blamage. Bei der WM in St. Moritz war er schon auf Medaillenkurs, bevor ihn ein Sturz stoppte. Ein paar Monate später warf ihn leider eine schwere Schulterverletzung zurück.

Und im Slalomteam ist Pranger ebenfalls nicht die einzige Zukunftshoffnung. Auch der Vorarlberger Martin Marinac und der Salzburger Kurt Engl nähern sich immer mehr der absoluten Spitze. Engls kleines Geheimnis, an das sich heute kaum noch einer erinnert: Er war im Jänner 1996 beim Riesentorlauf als Vorläufer im Einsatz. Wie Hermann Maier, der an diesem Tag endgültig entdeckt wurde.

Das Rennen dürfte Glück bringen …

linke Seite: Manfred Pranger (o.) und Klaus Kröll
rechte Seite: Johann Grugger (o.) und Kurt Engl

Statistik ➤ S. 171

Manfred Pranger, Klaus Kröll, Johann Grugger, Hannes Reichelt, Kurt Engl und Martin Marinac

Von Schmugglern, Rambos und »Gleitern«

Austria
ALPHA
PAN
TELE
KOM
AUS
TRIA
asics
austria.info
WKO
reusch
Eisbär

BTM
POWER house
REMUS
SPORTAUSPUFF
Eisbär
asics
austria.info
WKO
TELE
KOM
AUS
TRIA
asics
austria.info
reusch

100 Fragen – 100 Antworten

Wer gewann das erste Weltcuprennen?
M: Heini Messner 5. 1. 1967 Slalom Berchtesgaden
F: Nancy Greene 7. 1. 1967 Slalom Oberstaufen

Wer bestritt bisher die meisten Weltcuprennen?
M: Marc Girardelli (insg. 436)
F: Anita Wachter (insg. 387)

Wer gewann bisher die meisten Weltcuprennen?
M: Ingemar Stenmark (insg. 86)
F: Annemarie Moser-Pröll (insg. 62)

Wer gewann bisher die meisten Abfahrten?
M: Franz Klammer (insg. 25)
F: Annemarie Moser-Pröll (insg. 36)

Wer gewann bisher die meisten Super-G?
M: Hermann Maier (insg. 20)
F: Katja Seizinger (insg. 16)

Wer gewann bisher die meisten Riesentorläufe?
M: Ingemar Stenmark (insg. 46)
F: Vreni Schneider (insg. 20)

Wer gewann bisher die meisten Slaloms?
M: Ingemar Stenmark (insg. 40)
F: Vreni Schneider (insg. 34)

Wer gewann bisher die meisten Kombinationen?
M: Phil Mahre / Pirmin Zurbriggen / Marc Girardelli (je 11)
F: Hanni Wenzel (insg. 8)

Wer hat bisher die meisten Top-3-Plätze?
M: Ingemar Stenmark (insg. 155)
F: Annemarie Moser-Pröll (insg. 114)

Wer hat bisher die meisten Top-10-Plätze?
M: Marc Girardelli (insg. 214)
F: Hanni Wenzel (insg. 189)

Wer holte die meisten Podestplätze in einer Saison?
M: Hermann Maier in der Saison 1999/2000 (insg. 22)
F: Hanni Wenzel in der Saison 1979/80 und Pernilla Wiberg in der Saison 1996/97 (je 18)

Wer hatte bisher die meisten Ausfälle in Weltcuprennen?
M: Johann Wallner (insg. 157)
F: Renate Götschl (insg. 117)

Wer fuhr die meisten Weltcuprennen ohne Sieg?
M: Harald Strand-Nilsen (insg. 214)
F: Steffi Schuster (insg. 253)

Wer gewann die meisten Weltcupgesamtsiege?
M: Marc Girardelli (insg. 5)
F: Annemarie Moser-Pröll (insg. 6)

Wie viele Österreicher haben den Gesamtweltcup gewonnen?
M: insg. 3 (Hermann Maier 4 x, Stephan Eberharter und Karl Schranz je 2 x)
F: insg. 7 (Annemarie Moser-Pröll 6 x, Petra Kronberger 3 x, Alexandra Meissnitzer, Anita Wachter, Renate Götschl, Michaela Dorfmeister und Gertrud Gabl je 1 x)

Wer gewann die meisten Weltcupdisziplinensiege?
M: Ingemar Stenmark (insg. 15)
F: Vreni Schneider (insg. 11)

Wann war das erstes Rennen von Ingemar Stenmark?
Am 16. 12. 1973 (Riesentorlauf in Val-d'Isère; Platz 46)

Wann gewann Franz Klammer seine erste Abfahrt?
Am 22. 12. 1973 (in Schladming)

Wann war der erste Weltcupsieg von Hermann Maier?
Am 23. 2. 1997 (Super-G in Garmisch)

Was war der letzte Weltcupsieg von Marc Girardelli?
Die Kombination in Veysonnaz 1996

Wann war der erste Slalomeinsatz von Stephan Eberharter?
Am 15. 1. 1989 Kitzbühel (DNF; Sieger: Armin Bittner)

Wie viele Läufer gewannen in allen Disziplinen?
M: insg. 4 (Kjetil-Andre Aamodt, Marc Girardelli, Günther Mader, Pirmin Zurbriggen)
F: insg. 2 (Petra Kronberger, Pernilla Wiberg)

Wie viele Weltcup-Super-G bestritt bisher Kjetil-Andre Aamodt?
74 (zuletzt in Kvitfjell 2003, Platz 4)

Wann war Günther Maders erster Riesentorlaufsieg?
Am 2. 12. 1989 (in Mount St. Anne)

Wann war der erste Abfahrtssieg von Lasse Kjus?
Am 29. 12. 1995 (in Bormio)

Wann war das letzte Abfahrtsrennen von Leonhard Stock?
Am 16. 1. 1993 (in St. Anton; Sieger: Franz Heinzer)

Hat Renate Götschl einen Weltcupslalom gewonnen?
Ja, am 14. 3. 1993 in Hafjell (2. Weltcupeinsatz)

Wann war der letzte Weltcupabfahrtssieg von Annemarie Moser-Pröll?
Am 6. 1. 1980 (in Pfronten)

Wann war das erste Weltcuprennen von Michaela Dorfmeister?
Am 6. 1. 1991 (Abfahrt in Bad Kleinkirchheim, Platz 44)

Wer hatte den größten zeitlichen Abstand zwischen zwei Weltcupsiegen?
Sylvia Eder (19. 1. 1982 DH in Bad Gastein bzw. 13. 12. 1994 SG in Vail)

Wie viele Slalomsiege hat Janica Kostelic?
16 (zuletzt Are 2003)

Wann war der letzte Weltcupriesentorlauf von Anita Wachter?
Am 21. 1. 2001 (in Cortina, Platz 15)

Wann hat Pernilla Wiberg ihren ersten Super-G gewonnen?
Am 17. 1. 1994 in Cortina (ex aequo mit Alenka Dovzan)

Wann war der erste Abfahrtssieg von Kristian Ghedina?
Am 3. 2. 1990 (Heimrennen in Cortina)

Wie viele Kombinationssiege hat Martina Ertl?
Keinen (bestes Resultat: 2. Platz in Lenzerheide 2002)

Wer errang die meisten Siege im Nationencup?
Österreich (insg. 25)

In welchem Ort wurden die meisten Weltcuprennen gefahren?
M: Kitzbühel (insg. 115 inkl. Kombination)
F: Val-d'Isère (insg. 64 inkl. Kombinationen)

In welchem Ort wurden die meisten Weltcupabfahrten gefahren?
M: Kitzbühel (insg. 47; letzter Sieger war 2004 Stephan Eberharter)
F: Val-d'Isère (insg. 22; letzte Siegerin war 1997 Katja Seizinger)

In welchem Ort wurden die meisten Weltcupriesentorläufe gefahren?
M: Adelboden (insg. 34; letzter Sieger war 2004 Kalle Palander)
F: Maribor (insg. 22; letzte Siegerin war 2004 Anja Paerson)

In welchem Ort wurden die meisten Weltcupslaloms gefahren?
M: Kitzbühel (insg. 37; letzter Sieger war 2004 Kalle Palander)
F: Maribor (insg. 29; letzte Siegerin war 2004 Anja Paerson)

Wer gewann bisher die meisten Abfahrten in Kitzbühel?
Franz Klammer (insg. 4: 1975, 1976, 1977 und 1984)

Wer gewann bisher die meisten Slaloms in Kitzbühel?
Ingemar Stenmark (insg. 5: 1976, 1977, 1981, 1982 und 1983)

Wer gewann bisher die meisten Kombinationen in Kitzbühel?
Kjetil-Andre Aamodt (insg. 4: 1998, 1999, 2000 und 2002)

Wer gewann bisher die meisten Super-G in Kitzbühel?
Hermann Maier (insg. 3: 2000, 2001 und 2003)

Wer gewann bisher die meisten Abfahrten in Gröden?
Franz Klammer und Kristian Ghedina (je 4)

Wer gewann bisher die meisten Riesentorläufe in Val-d'Isère?
Michael von Grünigen (insg. 4: 1994, 1997, 2000 und 2002)

Wer errang bisher die meisten Siege in Maribor?
Anja Paerson (insg. 6: 4 Slalom, 2 Riesentorlauf)

Wer gewann am öftesten in Adelboden?
Ingemar Stenmark (insg. 5: 1979, 1980, 1981, 1982 und 1984)

Wer errang die meisten Weltcupabfahrtssiege in Wengen?
Franz Klammer (insg. 3: 1975, 1976 und 1977)

Wer errang die meisten Slalomsiege in Schladming?
Benjamin Raich (insg. 3: 1999, 2001 und 2004)

Wer gewann am öftesten in Garmisch?
Hermann Maier (insg. 4: 1 Abfahrt, 3 Super-G)

Wer errang die meisten Riesentorlaufsiege in Cortina?
Anita Wachter (insg. 3: 1994, 1995 und 1996)

Wie viele Parallelbewerbe zählten zum Einzelweltcup?
M: 2 (Gröden 1975, Tignes 1997)
F: 3 (Gröden 1975, Tignes 1997, Mammoth Mtn. 1997)

Wie viele Kombinationsentscheidungen gab es bisher?
M: 86 (zuletzt Kitzbühel 2004, Sieger: Bode Miller)
F: 72 (zuletzt Lenzerheide 2002, Siegerin: Janica Kostelic)

Wer gewann die erste Kombination im Weltcup?
M: Gustav Thöni 1975 in Wengen
F: Annemarie Moser-Pröll in Grindelwald 1975

Wie viele Ex-aequo-Siege gab es bisher im Weltcup?
M: 4 (zuletzt Slalom in Shigakogen 2003 mit Kalle Palander und Rainer Schönfelder)
F: 9 (in Sölden 2002 gab es sogar einen Triple-Sieg von Nicole Hosp, Tina Maze und Andrine Flemmen)

Wie viele Doppelabfahrten gab es bisher?
M: 66 (zuletzt in Garmisch 2004)
F: 48 (zuletzt in Haus 2004)

Wie oft gab es zwei Weltcuprennen an einem Tag am gleichen Ort?
M: 6 (zuletzt Kvitfjell 1997 Abfahrt und Super-G)
F: 8 (zuletzt St. Anton 1999 Abfahrt und Super-G)

Wie oft wurden bisher Sprint-Abfahrten im Weltcup durchgeführt (2 Durchgänge)?
M: 6 (zuletzt Kitzbühel 1999)
F: 8 (zuletzt Are 2002)

Wie viele Weltcupabfahrten gab es bisher?
M: 347
F: 287

Wie viele Weltcupriesentorläufe wurden bisher ausgetragen?
M: 295
F: 293

Wie viele Slaloms wurden bisher im Weltcup gefahren?
M: 342
F: 330

Wer holte die meisten Siege bei Junioren-Weltmeisterschaften?
M: Benjamin Raich (insg. 4)
F: Sabine Ginther (insg. 6)

Wer schaffte die meisten Starts bei Olympischen Spielen und Weltmeisterschaften?
M: Hubertus von Hohenlohe (insg. 49)
F: Anita Wachter (insg. 37)

Wer gewann die meisten Goldmedaillen bei Olympischen Spielen und Weltmeisterschaften?
M: Toni Sailer (insg. 10)
F: Christl Cranz (insg. 13)

Wer gewann die meisten Medaillen bei Olympischen Spielen und Weltmeisterschaften?
M: Kjetil-Andre Aamodt (insg. 19)
F: Christl Cranz (insg. 16)

Wer gewann die meisten WM-Medaillen?
M: Kjetil-Andre Aamodt (insg. 12)
F: Christl Cranz (insg. 15)

Wer gewann die meisten Medaillen bei Olympischen Spielen?
M: Kjetil-Andre Aamodt (insg. 7)
F: Vreni Schneider und Katja Seizinger (je 5)

Wie oft veranstaltete Österreich Olympische Spiele und Weltmeisterschaften?
8 x (Olympische Spiele 1964 und 1976 in Innsbruck, Weltmeisterschaften 1933 und 1936 in Innsbruck, 1958 in Bad Gastein, 1982 in Schladming, 1991 in Saalbach und 2001 in St. Anton)

Welche Nation gewann die meisten Goldmedaillen bei Olympischen Spielen?
Österreich (insg. 25)

Welche Nation gewann die meisten WM-Goldmedaillen?
Österreich (insg. 60)

Wer waren die erfolgreichsten österreichischen Medaillengewinner bei Olympischen Spielen und Weltmeisterschaften?
M: Toni Sailer (insg. 11)
F: Annemarie Moser-Pröll (insg. 12)

Wer hatte den größten zeitlichen Abstand zwischen zwei Weltmeistertiteln?
Stephan Eberharter (SG in Saalbach 1991 bzw. in St. Moritz 2003)

Wer war Weltmeister oder Olympiasieger ohne Unterbrechung?
Deborah Compagnoni (insg. 4 GS 1994, 1996, 1997 und 1998)
Christl Cranz (insg. 4 KO 1936, 1937, 1938 und 1939)
Vreni Schneider (insg. 3 GS 1987, 1988 und 1989)
Marielle Goitschel (insg. 3 KO 1962, 1964 und 1966)
Ingemar Stemark (insg. 3 SL 1978, 1980 und 1982)
Kjetil-Andre Aamodt (insg. 3 KO 1999, 2001 und 2002)

Wer war Doppelweltmeister oder Olympiasieger und Weltmeister in darauf folgenden Jahren?
Erika Hess, Michela Figini, Isolde Kostner, Ulli Maier, Pernilla Wiberg, Annemarie Moser-Pröll, Janica Kostelic, Christl Haas, Trude Jochum-Beiser, Zeno Colo, Stein Eriksen, Toni Sailer, Jean-Claude Killy, Rudi Nierlich, Lasse Kjus, Attle Skaardal, Emile Allais, Bernhard Russi, Gustav Thöni und Rudolf Rominger

Wie viele WM-Medaillen gewann Hermann Maier?
5 (2 x Gold DH/99, SG/99, 2 x Silber DH/01, SG/03, 1 x Bronze SG/03)

Wo holte Karl Schranz seine ersten WM-Medaillen?
1962 Chamonix (Gold bei DH und KO, Bronze bei GS)

Wie oft hat Ingemar Stenmark einen WM-Slalom nicht beendet?
1 x (den letzten 1989 in Vail)

Wann war der erste olympische Einsatz von Anita Wachter?
1988 in Calgary (Gold bei KO, 5. Platz bei SG, 7. Platz bei GS, DNF bei SL und DH)

Wo errang Renate Götschl die ersten olympischen Medaillen?
Salt Lake City 2002 (2. Platz KO, 3. Platz DH)

Wie oft war Stephan Eberharter bei Olympischen Spielen und Weltmeisterschaften schon am Start?
19 x

Wie viele Hundertstelsekunden fehlten Hans Knauß zu Gold?
insg. 0,04 Sekunden (in 2 Entscheidungen 1999 und 2003)

Wie heißen die Olympiasieger und Weltmeister ohne Weltcupsieg?
Frank Wörndl (SL/1987), Hansjörg Tauscher (DH/1989), Urs Lehmann (DH/1993), Josef Polig (KO/1992), Jean-Luc Cretier (DH/1998), Kerrin Lee-Gartner (DH/1992), Daniela Ceccarelli (SG/2002)

Wer war der jüngste Weltcupsieger?
M: Piero Gros war beim GS in Val-d'Isère 1972 18 Jahre und 1 Monat alt.
F: Christa Zechmeister war beim SL in Val-d'Isère 1973 16 Jahre und 3 Tage alt.

Wer war der älteste Weltcupsieger?
M: Stephan Eberharter war beim DH in Kitzbühel 34 Jahre und 10 Monate alt.
F: Anita Wachter war beim GS in Lienz 1999 32 Jahre und 10 Monate alt.

Wer errang einen Sieg gleich beim ersten Weltcuprennen?
Josef Strobl (DH/Val-d'Isère 1994) und Piero Gros (GS/Val-d'Isère 1972)

Wer errang einen Sieg beim letzten Weltcuprennen?
Marielle Goitschel (SL/Rossland 1968), Annerösli Zryd (DH/Gröden 1970), Karl Schranz (DH/Kitzbühel 1972), Roswitha Steiner (SL/Aspen 1988), Diane Roffe (SG/Vail 1994) und Vreni Schneider (SL/Bormio 1995)

Wie viele Nationen haben bisher beim Saisonauftakt in Sölden gewonnen?
7 (Österreich, Frankreich, Deutschland, Schweiz, USA, Slowenien und Norwegen)

Wie viele Orte haben in Österreich Weltcuprennen organisiert?
21 (Altenmarkt/Zauchensee, Bad Gastein, Flachau, Fulpmes, Bad Kleinkirchheim, Haus, Hinterstoder, Innsbruck, Kirchberg, Kitzbühel, Lech, Lienz, Mellau/Schwarzenberg, Saalbach, St. Anton, Schladming, Schruns, Semmering, Sölden, Steinach und Zell am See)

Wie lautete die höchste Startnummer bei einem Weltcupsieg?
M: 66 (Markus Foser bei der Abfahrt in Gröden 1993)
F: 66 (Katja Koren beim Super-G in Flachau 1993)

Wie oft hat Hermann Maier mit Startnummer 8 gewonnen?
14 x

Was war der größte Mannschaftserfolg im Weltcup?

9 Österreicher belegten am 21. 12. 1998 beim Super-G in Innsbruck die Plätze 1 bis 9.

Wie groß war der größte Zeitvorsprung in einem Weltcup-rennen?

M: 4,06 Sekunden (GS in Jasna 1979: Ingemar Stenmark vor Bojan Krizaj)

F: 5,20 Sekunden (GS in Furano 1978: Marie-Therese Nadig vor Annemarie Moser-Pröll)

Was war die schlechteste Weltcupplatzierung von Hermann Maier?

36. Platz (Abfahrt Val-d'Isère 1998)

Was war die schlechteste Abfahrtsplatzierung von Franz Klammer?

43. Platz (Kitzbühel 1983)

Was war die schlechteste Abfahrtsplatzierung von Renate Götschl?

36. Platz (Garmisch 1994)

Wer sind die Europacup-Gesamtsieger 2003/2004?

Mathias Lanzinger und Karin Blaser aus Österreich

Wo werden die Weltmeisterschaften 2007 bzw. die Olympischen Spiele 2010 ausgetragen?

In Are/Schweden bzw. in Vancouver/Kanada.

Wer war der ÖSV-Cheftrainer mit den meisten Weltcupsiegen?

Toni Giger (insg. 95 Siege (= 50 % der Rennen) + 6 x Gold bei Olympischen Spielen und 1 x Weltmeisterschaft)

Seit wann ist Prof. Peter Schröcksnadel ÖSV-Präsident?

Seit 23. 6. 1990.

Statistik

Hermann Maier Alle Rennen

Porträt ➤ S. 13

1.	10.02.1996	HINTERSTODER	GS	26. - 4,48/VON GRÜNIGEN
2.	07.03.1996	KVITFJELL	SG	11. - 1,64/AAMODT
3.	09.03.1996	HAFJELL	GS	DNF/KÄLIN
4.	27.10.1996	SÖLDEN	GS	DNF/LOCHER
5.	25.11.1996	PARK CITY	GS	6. - 1,18/STROBL J.
6.	30.11.1996	BRECKENRIDGE	GS	22. - 2,76/NYBERG
7.	22.12.1996	ALTA BADIA	GS	16. - 3,50/VON GRÜNIGEN
8.	05.01.1997	KRANJSKA GORA	GS	14. - 3,01/VON GRÜNIGEN
9.	11.01.1997	CHAMONIX	DH	DNF/GHEDINA
10.	21.02.1997	GARMISCH	SG	2. - 0,55/ALPHAND
11.	23.02.1997	GARMISCH	SG	1. + 0,52/GHEDINA
12.	02.03.1997	KVITFJELL	SG	4. - 1,07/STROBL J.
13.	08.03.1997	SHIGAKOGEN	GS	12. - 1,79/VON GRÜNIGEN
14.	13.03.1997	VAIL	SG	19. - 1,54/SCHIFFERER
15.	15.03.1997	VAIL	GS	5. - 2,20/VON GRÜNIGEN
16.	24.10.1997	TIGNES	PL	3./STROBL J.
17.	26.10.1997	TIGNES	GS	3. - 0,98/VON GRÜNIGEN
18.	20.11.1997	PARK CITY	GS	1. + 1,80/AAMODT
19.	04.12.1997	BEAVER CREEK	DH	9. - 0,92/GHEDINA
20.	05.12.1997	BEAVER CREEK	DH	2. - 0,36/SCHIFFERER
21.	06.12.1997	BEAVER CREEK	SG	1. + 0,36/EBERHARTER
22.	14.12.1997	VAL D´ISERE	GS	DSQ/VON GRÜNIGEN
23.	21.12.1997	ALTA BADIA	GS	3. - 0,66/MAYER CH.
24.	29.12.1997	BORMIO	DH	1. + 0,03/SCHIFFERER
25.	30.12.1997	BORMIO	DH	4. - 0,75/SCHIFFERER
26.	03.01.1998	KRANJSKA GORA	GS	2. - 0,52/MAYER CH:
27.	06.01.1998	SAALBACH	GS	1. + 2,44/TOMBA
28.	10.01.1998	SCHLADMING	SG	1. + 1,15/EBERHARTER
29.	11.01.1998	SCHLADMING	SG	1. + 1,19/SCHIFFERER
30.	13.01.1998	ADELBODEN	GS	1. + 1,24/VON GRÜNIGEN
31.	16.01.1998	WENGEN	DH	1. + 0,68/BURTIN
32.	17.01.1998	WENGEN	DH	3. - 1,33/SCHIFFERER
33.	18.01.1998	VEYSONNAZ	SL	10. - 2,00/STANGASSINGER
34.	31.01.1998	GARMISCH	DH	3. - 0,75/SCHIFFERER
35.	01.02.1998	GARMISCH	SG	1. +0,91/KNAUSS
36.	28.02.1998	YONG PYONG	GS	3. - 0,66/VON GRÜNIGEN
37.	14.03.1998	CRANS-MONTANA	GS	3. - 0,92/EBERHARTER
38.	25.10.1998	SÖLDEN	GS	1. + 1,60/EBERHARTER
39.	20.11.1998	PARK CITY	GS	DNF/EBERHARTER
40.	27.11.1998	ASPEN	SG	2. - 0,52/EBERHARTER
41.	12.12.1998	VAL D`ISERE	DH	36. - 2,41/KJUS
42.	13.12.1998	VAL D'ISERE	SG	1. + 1,18/EBERHARTER
43.	18.12.1998	GRÖDEN	DH	3. - 1,10/KJUS
44.	19.12.1998	GRÖDEN	DH	4. - 0,48/GHEDINA
45.	20.12.1998	ALTA BADIA	GS	4. - 1,83/VON GRÜNIGEN
46.	21.12.1998	INNSBRUCK	SG	1. + 0,76/MAYER CH.
47.	29.12.1998	BORMIO	DH	1. + 0,70/STROBL F.
48.	05.01.1999	KRANJSKA GORA	GS	20. - 2,87/HOLZER P.
49.	09.01.1999	SCHLADMING	SG	1. + 0,58/SALZGEBER
50.	10.01.1999	FLACHAU	GS	3. - 0,41/RAICH
51.	12.01.1999	ADELBODEN	GS	1. + 0,28/AAMODT
52.	16.01.1999	WENGEN	DH	4. - 0,65/KJUS
53.	17.01.1999	WENGEN	SL	DNQ/RAICH
54.	22.01.1999	KITZBÜHEL	DH	DNF/KJUS
55.	23.01.1999	KITZBÜHEL	DH	8. - 0,98/KNAUSS
56.	24.01.1999	KITZBÜHEL	SL	DNF/KOSIR
57.	27.02.1999	OFTERSCHWANG	GS	4. - 0,34/EBERHARTER
58.	05.03.1999	KVITFJELL	DH	16. - 2,07/SCHIFFERER
59.	06.03.1999	KVITFJELL	DH	11. - 1,65/SCHIFFERER
60.	07.03.1999	KVITFJELL	SG	1. + 0,47/EBERHARTER
61.	10.03.1999	SIERRA NEVADA	DH	9. - 0,78/KJUS
62.	11.03.1999	SIERRA NEVADA	SG	7. - 1,24/MAYER CH.
63.	13.03.1999	SIERRA NEVADA	SL	16. - 5,98/STANGASSINGER
64.	14.03.1999	SIERRA NEVADA	GS	DNF/VON GRÜNIGEN
65.	31.10.1999	TIGNES	GS	1. + 0,75/VON GRÜNIGEN
66.	24.11.1999	BEAVER CREEK	GS	1. + 0,28/VON GRÜNIGEN
67.	27.11.1999	BEAVER CREEK	DH	1. + 0,91/EBERHARTER
68.	28.11.1999	BEAVER CREEK	SG	1. + 0,94/EBERHARTER
69.	04.12.1999	LAKE LOUISE	DH	2. - 0,03/TRINKL
70.	05.12.1999	LAKE LOUISE	SG	1. + 0,85/NYBERG
71.	17.12.1999	GRÖDEN	DH	6. - 1,45/GHEDINA
72.	18.12.1999	GRÖDEN	DH	3. - 0,22/SCHIFFERER
73.	19.12.1999	ALTA BADIA	GS	2. - 0,08/CHENAL
74.	22.12.1999	SAALBACH	GS	2. - 0,03/MAYER CH.
75.	08.01.2000	CHAMONIX	DH	1. + 0,05/EBERHARTER
76.	09.01.2000	CHAMONIX	SL	DNQ/WEISS
77.	15.01.2000	WENGEN	DH	2. - 0,16/STROBL J.
78.	21.01.2000	KITZBÜHEL	SG	1. +0,62/FRANZ
79.	22.01.2000	KITZBÜHEL	DH	4. - 0,95/STROBL F.
80.	23.01.2000	KITZBÜHEL	SL	DNQ/MATT
81.	29.01.2000	GARMISCH	DH	1. + 0,32/GHEDINA
82.	05.02.2000	TODTNAU	GS	1. + 0,86/NYBERG
83.	12.02.2000	ST. ANTON	SG	DNF/STROBL J.
84.	13.02.2000	ST. ANTON	SG	3. - 0,26/FRANZ-STROBL F.
85.	03.03.2000	KVITFJELL	DH	3. - 0,26/RAHLVES
86.	04.03.2000	KVITFJELL	DH	4. - 0,45/RAHLVES
87.	05.03.2000	KVITFJELL	SG	2. - 0,38/GHEDINA
88.	08.03.2000	KRANJSKA GORA	GS	DNF/MAYER CH.
89.	11.03.2000	HINTERSTODER	GS	3. - 1,29/MAYER CH.
90.	15.03.2000	BORMIO	DH	2. - 0,40/TRINKL
91.	16.03.2000	BORMIO	SG	1. + 1,91/STROBL F.
92.	18.03.2000	BORMIO	GS	DNF/RAICH
93.	29.10.2000	SÖLDEN	GS	1. + 1,01/EBERHARTER
94.	17.11.2000	PARK CITY	GS	3. - 0,58/VON GRÜNIGEN
95.	25.11.2000	LAKE LOUISE	DH	15. - 1,22/EBERHARTER
96.	26.11.2000	LAKE LOUISE	SG	1. + 0,32/KJUS
97.	02.12.2000	BEAVER CREEK	DH	1. + 0,49/KJUS
98.	03.12.2000	BEAVER CREEK	SG	6. - 0,94/NYBERG
99.	09.12.2000	VAL D´ISERE	DH	1. + 0,31/EBERHARTER
100.	10.12.2000	VAL D´ISERE	GS	1. + 1,36/SCHILCHEGGER
101.	16.12.2000	VAL D´ISERE	DH	16. - 1,64/FATTORI
102.	17.12.2000	VAL D´ISERE	GS	DSQ/VON GRÜNIGEN
103.	21.12.2000	BORMIO	GS	10. - 1,03/GRUBER CH.
104.	06.01.2001	LES ARCS	GS	7. - 2,58/VON GRÜNIGEN
105.	09.01.2001	ADELBODEN	GS	1. + 0,53/VON GRÜNIGEN
106.	19.01.2001	KITZBÜHEL	SG	1. + 0,95/STROBL J.
107.	20.01.2001	KITZBÜHEL	DH	1. + 0,27/TRINKL
108.	27.01.2001	GARMISCH	DH	DNF/STROBL F.
109.	28.01.2001	GARMISCH	SG	2. - 0,01 GRUBER CH.
110.	15.02.2001	SHIGAKOGEN	GS	1. + 1,74/BÜCHEL
111.	02.03.2001	KVITFJELL	DH	1. + 0,15/ECKERT
112.	03.03.2001	KVITFJELL	DH	5. - 0,44/EBERHARTER
113.	04.03.2001	KVITFJELL	SG	1. + 0,06/TRINKL
114.	08.03.2001	ARE	DH	1. + 0,35/EBERHARTER
115.	10.03.2001	ARE	GS	1. + 1,14/SCHLOPY
116.	14.01.2003	ADELBODEN	GS	DNQ/KNAUSS
117.	17.01.2003	WENGEN	DH	22. - 3,15/EBERHARTER
118.	18.01.2003	WENGEN	DH	7. - 1,91/KERNEN
119.	25.01.2003	KITZBÜHEL	DH	6. - 0,46/RAHLVES
120.	27.01.2003	KITZBÜHEL	SG	1. + 0,11/GRUBER CH.
121.	26.10.2003	SÖLDEN	GS	16. - 3,09/MILLER
122.	22.11.2003	PARK CITY	GS	7. - 1,38/MILLER
123.	29.11.2003	LAKE LOUISE	DH	9. - 1,21/WALCHHOFER
124.	30.11.2003	LAKE LOUISE	SG	1. + 0,26/WALCHHOFER
125.	05.12.2003	BEAVER CREEK	DH	5. - 0,79/RAHLVES
126.	06.12.2003	BEAVER CREEK	DH	1. + 0,95/KNAUSS
127.	07.12.2003	BEAVER CREEK	SG	2. - 0,39/SOLBAKKEN
128.	14.12.2003	ALTA BADIA	GS	DNF/PALANDER
129.	19.12.2003	GRÖDEN	SG	3. - 0,48/KJUS
130.	20.12.2003	GRÖDEN	DH	5. - 1,19/DENERIAZ

Hermann Maier Alle Rennen

131.	21.12.2003	ALTA BADIA	GS	26. - 4,64/SIMONCELLI
132.	03.01.2004	FLACHAU	GS	DNQ/RAICH
133.	10.01.2004	CHAMONIX	DH	13. - 1,33/EBERHARTER
134.	11.01.2004	CHAMONIX	SL	DNQ/ROCCA
135.	22.01.2004	KITZBÜHEL	DH	9. - 2,19/KJUS
136.	23.01.2004	KITZBÜHEL	SG	2. - 0,03/RAHLVES
137.	24.01.2004	KITZBÜHEL	DH	9. - 2,19/EBERHARTER
138.	25.01.2004	KITZBÜHEL	SL	DNQ/PALANDER
139.	30.01.2004	GARMISCH	DH	5. - 0,83/CUCHE
140.	31.01.2004	GARMISCH	DH	5. - 0,79/EBERHARTER
141.	01.02.2004	GARMISCH	SG	1. + 0,07/DALCIN
142.	07.02.2004	ADELBODEN	GS	8. - 1,55/PALANDER
143.	14.02.2004	ST. ANTON	DH	1. + 0,32/EBERHARTER
144.	28.02.2004	KRANJSKA GORA	GS	12. - 1,60/MILLER
145.	06.03.2004	KVITFJELL	DH	9. - 0,86/EBERHARTER
146.	07.03.2004	KVITFJELL	SG	3. - 0,17/RAHLVES
147.	10.03.2004	SESTRIERE	DH	18. - 2,08/RAHLVES
148.	11.03.2004	SESTRIERE	SG	1. + 0,63/EBERHARTER
149.	13.03.2004	SESTRIERE	GS	ABBRUCH 2. DG./NEBEL

	BILANZ	ALLE RENNEN
	53	Abfahrten
	35	Super-G
	52	Riesentorläufe
	8	Slaloms
	1	Parallel
TOTAL	149	Weltcup-Rennen

	KOMBINATION
1.	WENGEN/VESONNAZ 1998
2.	CHAMONIX 2000
3.	WENGEN 1999
3.	KITZBÜHEL 2000
13.	CHAMONIX 2004
14.	KITZBÜHEL 2004

	WELTCUP-POKALE
	GESAMT-WELTCUP
1.	1998 + 2000 + 2001 + 2004 (4)
	ABFAHRT
1.	2000 + 2001 (2)
	SUPER-G
1.	1998 + 1999 + 2000 + 2001 + 2004 (5)
	RIESENTORLAUF
1.	1998 + 2000 + 2001 (3)

	WELTMEISTERSCHAFT
	VAIL 1999
1.	ABFAHRT + 0,31/KJUS
1.	SUPER-G EX EQUO/KJUS +0,01/KNAUSS
DNF	RIESENTORLAUF/KJUS
	ST. ANTON 2001
2.	ABFAHRT - 0,20/TRINKL
3.	SUPER-G - 0,23/RAHLVES
4.	RIESENTORLAUF - 0,30/VON GRÜNIGEN
	ST. MORITZ 2003
2.	SUPER-G - 0,77/EBERHARTER
8.	ABFAHRT - 1,22/WALCHHOFER

	OLYMPISCHE SPIELE
	NAGANO 1998
1.	SUPER-G + 0,61/KNAUSS-CUCHE
1.	RIESENTORLAUF + 0,85/EBERHARTER
DNF	ABFAHRT/CRETIER
DNF	KOMBINATION/REITER

Toni Sailer Medaillen und Siege Porträt ➤ S. 17

OLYMPISCHE SPIELE	1. ABFAHRT	CORTINA 1956 + 3,50/FELLAY
	1. RIESENTORLAUF	CORTINA 1956 + 6,20/MOLTERER
	1. SLALOM	CORTINA 1956 + 4,00/IGAYA
WELTMEISTERSCHAFT	1. ABFAHRT	CORTINA 1956 (AUCH WM)
	1. RIESENTORLAUF	CORTINA 1956 (AUCH WM)
BIS 1980 WURDEN BEI	1. SLALOM	CORTINA 1956 (AUCH WM)
OLYMPISCHEN SPIELEN	1. KOMBINATION	CORTINA 1956/ BOZON
AUCH WM-MEDAILLEN	1. ABFAHRT	BAD GASTEIN 1958 + 2,00/STAUB
VERGEBEN	1. RIESENTORLAUF	BAD GASTEIN 1958 + 3,80/RIEDER
	1. KOMBINATION	BAD GASTEIN 1958/RIEDER
	2. SLALOM	BAD GASTEIN 1958 - 0,70/RIEDER
KLASSIKER VOR WELTCUP	1. ABFAHRT	WENGEN 1955
		WENGEN 1956
		KITZBÜHEL 1956
		WENGEN 1957
		KITZBÜHEL 19657
		WENGEN 1958
	1. SLALOM	KITZBÜHEL 1956
	1. RIESENTORLAUF	KITZBÜHEL 1958
	1. KOMBINATION	WENGEN 1955
		KITZBÜHEL 1956

Annemarie Moser-Pröll 62 Weltcupsiege

Porträt ➤ S. 15

	ABFAHRT
1.	SUGARLOAF 1971
2.	SUGARLOAF 1971
3.	ST. MORITZ 1971
4.	SESTRIERE 1971
5.	BAD GASTEIN 1972
6.	GRINDELWALD 1972
7.	CRYSTAL MTN. 1972
8.	VAL D´ISERE 1972
9.	SAALBACH 1972
10.	PFRONTEN 1973
11.	PFRONTEN 1973
12.	GRINDELWALD 1973
13.	CHAMONIX 1973
14.	SCHRUNS 1973
15.	ST. MORITZ 1973
16.	VAL D´ISERE 1973
17.	ZELL AM SEE 1973
18.	PFRONTEN 1974
19.	BAD GASTEIN 1974
20.	CORTINA 1974
21.	GRINDELWALD 1975
22.	CORTINA 1976
23.	PFRONTEN 1977
24.	GARMISCH 1977
25.	PFRONTEN 1978
26.	PFRONTEN 1978
27.	LES DIABLERETS 1978
28.	KLEINKIRCHHEIM 1978
29.	KLEINKIRCHHEIM 1978
30.	PIANCAVALLO 1978
31.	VAL D´ISERE 1978
32.	LES DIABLERETS 1979
33.	MEIRINGEN 1979
34.	SCHRUNS 1979
35.	LAKE PLACID 1979
36.	PFRONTEN 1980

	RIESENTORLAUF
1.	MARIBOR 1970
2.	ABETONE 1971
3.	ABETONE 1971
4.	ARE 1971
5.	ST. GERVAIS 1972
6.	BANFF 1972
7.	HEAVENLY VALLEY 1972
8.	SAALBACH 1972
9.	ST. GERVAIS 1973
10.	MOUNT ST. ANNE 1973
11.	VAL D´ISERE 1974
12.	GRINDELWALD 1975
13.	GRINDELWALD 1975
14.	JAHORINA 1975
15.	NAEBA 1975
16.	AROSA 1978

	SLALOM
1.	MARIBOR 1971
2.	ST. GERVAIS 1971
3.	PIANCAVALLO 1978

	KOMBINATION
1.	GRINDELWALD 1975
2.	SCHRUNS 1975
3.	CHAMONIX 1975
4.	CORTINA 1976
5.	SCHRUNS 1979
6.	MEIRINGEN 1979
7.	AROSA 1980

GESAMT-WELTCUP
1. - 1971
1. - 1972
1. - 1973
1. - 1974
1. - 1975
1. - 1979

ABFAHRTS-WELTCUP
1. - 1971
1. - 1972
1. - 1973
1. - 1974
1. - 1975
1. - 1979

	ABFAHRT
2.	ST. GERVAIS 1969
	BARDONECCHIA 1970
	PRA LOUP 1971
	VAL D´ISERE 1971
	CRYSTAL MTN. 1972
	GRINDELWALD 1974
	INNSBRUCK 1975
	CHAMONIX 1975
	ZELL AM SEE 1976
	BAD GASTEIN 1978
	PIANCAVALLO 1979
	AROSA 1980
	BAD GASTEIN 1980
3.	GRÖDEN 1970
	JACKSON HOLE 1975
	CRANS-MONTANA 1977
	ZELL AM SEE 1979
4.	SCHRUNS 1971
	PFRONTEN 1980
5.	GRINDELWALD 1970
	VAL D´ISERE 1970
	SCHRUNS 1975
	HEAVENLY VALLEY 1975
	VAL D´ISERE 1979

RIESENTORLAUF-WELTCUP
1. - 1971
1. - 1972
1. - 1975

	RIESENTORLAUF
2.	ST. GERVAIS 1970
	SUGARLOAF 1971
	OBERSTAUFEN 1972
	PRA LOUP 1972
	VYSOKE TATRY 1974
	VAL D´ISERE 1977
	MEGEVE 1978
	FURANO 1979
3.	VOSS 1970
	MARIBOR 1971
	MARIBOR 1972
	NAEBA 1973
	VAL D´ISERE 1976
	MEGEVE 1977
	FURANO 1977
	BERCHTESGADEN 1979
4.	VAL D ISERE 1969
	MOUNT ST. ANNE 1969
	BAD GASTEIN 1974
	SIERRA NEVADA 1977
5.	OBERSTAUFEN 1970
	SUN VALLEY 1975
	MADONNA 1977

	SLALOM
2.	ABETONE 1974
	SCHRUNS 1975
	SUN VALLEY 1975
	GRÖDEN 1975
	FURANO 1977
	MELLAU 1979
	ST. GERVAIS 1980
3.	HEAVENLY VALLEY 1971
	BAD GASTEIN 1972
	LES GETS 1973
	LES GETS 1979
	SCHRUNS 1979
	FURANO 1979
	MARIBOR 1980
4.	SQUAW VALLEY 1969
	VOSS 1970
	MOUNT ST. ANNE 1971
	CORTINA 1974
	MARIBOR 1978
	BAD GASTEIN 1980
5.	MARIBOR 1970
	ABETONE 1970
	OBERSTAUFEN 1977
	CERVINIA 1977
	BERCHTESGADEN 1980

	KOMBINATION
2.	CRANS-MONTANA 1977
	VAL D´ISERE 1978
	PIANCAVALLO/LIMONE 1979
	BAD GASTEIN 1980
3.	VAL D´ISERE 1979

	OLYMPISCHE SPIELE
	SAPPORO 1972
1.	KOMBINATION/STEURER
2.	ABFAHRT - 0,32/NADIG
2.	RIESENTORLAUF - 0,85/NADIG
5.	SLALOM - 2,79/COCHRAN B.
	LAKE PLACID 1980
1.	ABFAHRT + 0,70/WENZEL
6.	RIESENTORLAUF - 1,53/WENZEL
DNF	SLALOM/WENZEL

	WELTMEISTERSCHAFTEN
	GRÖDEN 1970
3.	ABFAHRT -2,09/ZRYD
6.	KOMBINATION/JACOT
	ST. MORITZ 1974
1.	ABFAHRT + 0,94/CLIFFORD
4.	RIESENTORLAUF - 1,06/SERRAT
DNF	SLALOM/WENZEL
	GARMISCH 1978
1.	ABFAHRT + 0,24/EPPLE I.
1.	KOMBINATION/WENZEL H.
3.	RIESENTORLAUF - 0,75/EPPLE M.
19.	SLALOM - 6,75/SÖLKNER

Renate Götschl 86 Weltcup-Abfahrten

Porträt > S. 19

1.	18.12.1993	ST. ANTON	2. - 0,10/HAAS A.	30.	16.03.1997	VAIL	2. - 0,03/WIBERG	59.	17.12.2000	ST. MORITZ	1. + 0,10/KOSTNER
2.	14.01.1994	CORTINA	10. - 0,95/SEIZINGER	31.	04.12.1997	LAKE LOUISE	3. - 0,57/SEIZINGER	60.	13.01.2001	HAUS	1. + 0,05/KOSTNER
3.	29.01.1994	GARMISCH	36.- 3,83/KOSTNER	32.	05.12.1997	LAKE LOUISE	6. - 0,68/SEIZINGER	61.	19.01.2001	CORTINA	2. - 0,02/KOSTNER
4.	06.03.1994	WHISTLER MTN.	DNF/SEIZINGER	33.	17.12.1997	VAL D´ISERE	8. - 1,97/SEIZINGER	62.	24.02.2001	LENZERHEIDE	12. - 1,06/CLARK
5.	02.12.1994	VAIL	33. - 2,42/LINDH	34.	18.01.1998	ALTENMARKT	1. + 0,63/SEIZINGER	63.	08.03.2001	ARE	DNF/GERG H.
6.	09.12.1994	LAKE LOUISE	20. - 2,04/STREET	35.	22.01.1998	CORTINA	2. - 0,15/KOSTNER	64.	29.11.2001	LAKE LOUISE	10. - 0,95/KOSTNER
7.	10.12.1994	LAKE LOUISE	DNF/LINDH	36.	31.01.1998	ARE	2. - 0,17/SEIZINGER	65.	30.11.2001	LAKE LOUISE	10. - 0,67/KOSTNER
8.	20.01.1995	CORTINA	5. - 0,37/GERG M.	37.	27.11.1998	LAKE LOUISE	1. + 0,31/KOSTNER	66.	21.12.2001	ST. MORITZ	6. - 0,47/BERTHOD
9.	22.01.1995	CORTINA	4. - 0,68/STREET	38.	28.11.1998	LAKE LOUISE	1. + 0,56/KOSTNER	67.	11.01.2002	SAALBACH	7. - 0,27/GERG H.
10.	17.10.1995	ARE	13. - 1,43/STREET	39.	18.12.1998	VEYSONNAZ	14. - 2,11/GERG H.	68.	12.01.2002	SAALBACH	2. - 0,05/GERG H.
11.	05.03.1995	SAALBACH	4. - 0,23/STREET	40.	19.12.1998	VEYSONNAZ	3. - 0,49/MEISSNITZER	69.	26.01.2002	CORTINA	1. + 0,21/KOSTNER
12.	11.03.1995	LENZERHEIDE	3. - 0,14/STREET	41.	15.01.1999	ST. ANTON	4. - 0,68/REY-BELLET	70.	02.02.2002	ARE	1. + 0,08/HEREGGER
13.	15.03.1995	BORMIO	DNF/STREET	42.	21.01.1999	CORTINA	8. - 0,53/CAVAGNOUD	71.	02.03.2002	LENZERHEIDE	DNF/REY-BELLET
14.	03.12.1995	LAKE LOUISE	8. - 1,07/STREET	43.	27.02.1999	ARE	1. + 0,07/DORFMEISTER	72.	06.12.2002	LAKE LOUISE	7. -0,83 /GERG H.
15.	15.12.1995	ST. ANTON	8. - 1,32/DORFMEISTER	44.	05.03.1999	ST. MORITZ	1. + 0,30/DORFMEISTER	73.	07.12.2002	LAKE LOUISE	3. - 1,28/MONTILLET
16.	16.12.1995	ST. ANTON	3. - 0,18/SEIZINGER	45.	10.03.1999	SIERRA NEVADA	4. - 0,81/MEISSNITZER	74.	21.12.2002	LENZERHEIDE	12. -1,32/DORFMEISTER
17.	19.01.1996	CORTINA	DNF/STREET	46.	27.11.1999	LAKE LOUISE	DNF/KOSTNER	75.	18.01.2003	CORTINA	1. + 0,29/CLARK
18.	20.01.1996	CORTINA	3. - 0,73/KOSTNER	47.	17.12.1999	ST. MORITZ	4. - 0,31/KOSTNER	76.	01.03.2003	INNSBRUCK	4. - 0,58 /DORFMEISTER
19.	03.02.1996	VAL D´ISERE	9. - 2,02/SEIZINGER	48.	18.12.1999	ST. MORITZ	2. - 0,22/WIBERG	77.	12.03.2003	KVITFJELL	1. + 0,32/JAQUEMOD
20.	29.02.1996	NARVIK	DNF/STREET	49.	15.01.2000	ALTENMARKT	14. - 1,32/REY-BELLET	78.	15.12.2003	LAKE LOUISE	13. - 1,01/MONTILLET
21.	01.03.1996	NARVIK	5. - 1,10/ZELENSKAJA	50.	21.01.2000	CORTINA	15. - 2,02/CAVAGNOUD	79.	06.12.2003	LAKE LOUISE	3. - 0,23/MONTILLET
22.	06.03.1996	KVITFJELL	4. - 0,85/ZURBRIGGEN H.	51.	10.02.2000	SANTA CATERINA	6. - 0,22/KOSTNER	80.	20.12.2003	ST. MORITZ	1. + 0,17/GERG H.
23.	30.11.1996	LAKE LOUISE	8. - 1,67/SEIZINGER	52.	17.02.2000	ARE	1. + 0,36/HÄUSL	81.	10.01.2004	VEYSONNAZ	1. + 0,49/DORFMEISTER
24.	07.12.1996	VAIL	1. + 0,82/SEIZINGER	53.	25.02.2000	INNSBRUCK	1. + 0,45/HÄUSL	82.	17.01.2004	CORTINA	2. - 0,30/GERG H.
25.	11.01.1997	BAD KLEINKIRCHHEIM	4. - 0,74/ZURBRIGGEN H.	54.	04.03.2000	LENZERHEIDE	3. - 0,33/IMLIG	83.	18.01.2004	CORTINA	2. - 0,23/MONTILLET
26.	24.01.1997	CORTINA	5. - 0,42/ZURBRIGGEN H.	55.	15.03.2000	BORMIO	3. - 0,79/CAVAGNOUD	84.	30.01.2004	HAUS	3. - 0,48/RIESCH
27.	01.02.1997	LAAX	2. - 0,09/ZELENSKAJA	56.	30.11.2000	LAKE LOUISE	3. - 0,27/HALTMAYR P.	85.	31.01.2004	HAUS	2. - 0,35/KOSTNER
28.	28.02.1997	HAKUBA	7. - 0,97/ZELENSKAJA	57.	01.12.2000	LAKE LOUISE	18. - 1,66/KOSTNER	86.	10.03.2004	SESTRIERE	1. + 0,35/BERTHOD
29.	02.03.1997	HAKUBA	3. - 0,47/ZELENSKAJA	58.	16.12.2000	ST. MORITZ	2. - 0,35/OBERMOSER				

	SUPER-G
1.	FLACHAU 1995
	CORTINA 1999
	ALTENMARKT 2000
	INNSBRUCK 2000
	BORMIO 2000
	LAKE LOUISE 2000
	CORTINA 2003
	INNSBRUCK 2003
	LAKE LOUISE 2003
	CORTINA 2004
	ARE 2004
2.	BORMIO 1995
	VAL D´ISERE 1996
	VAL D´ISERE 1997
	CORTINA 1998
	MAMMOTH MTN. 1998
	ST. MORITZ 1999
	INNSBRUCK 2000
	GARMISCH 2001
	LENZERHEIDE 2001
	VAL D´ISERE 2001
	CORTINA 2002
	CORTINA 2003
	MEGEVE 2004
3.	VAL D´ISERE 1996
	SANTA CATERINA 2000
	HAUS 2001
	CORTINA 2001
	INNSBRUCK 2003
4.	VAL D´ISERE 1996
	MAMMOTH MTN. 1997
	ALTENMARKT 1998
	VAL D´ISERE 2002
	KVITFJELL 2003
5.	LAKE LOUISE 1997
	VAL D´ISERE 1999

	RIESENTORLAUF
2.	LIENZ 2003
3.	SESTRIERE 2000
	MARIBOR 2001
	ZWIESEL 2004
5.	SERRE CHEVALIER 1999
	LIENZ 1999

	SLALOM
1.	HAFJELL 1993
4.	ST. ANTON 1993
5.	SERRE CHEVALIER 1999

	KOMBINATION
1.	ST. ANTON 1993
	SANTA CATERINA 2000
	ALTENMARKT 2002
	ARE 2002
3.	HAUS/FLACHAU 2001
5.	VEYSONNAZ 1999

	WELTCUP - POKALE
1.	GESAMT-WELTCUP 2000
1.	ABFAHRT 1997 + 1999 + 2004
1.	SUPER-G 1999 + 2004

	WELTMEISTERSCHAFT
	SIERRA NEVADA 1996
4.	KOMBINATION/WIBERG
8.	ABFAHRT - 1,12/STREET
20.	SUPER-G - 2,03/KOSTNER
	SESTRIERE 1997
1.	KOMBINATION/SEIZINGER
6.	SUPER-G - 0,74/KOSTNER
8.	ABFAHRT - 1,11/LINDH
	VAIL 1999
1.	ABFAHRT + 0,15/DORFMEISTER
2.	SUPER-G - 0,03/MEISSNITZER
2.	KOMBINATION/WIBERG
	ST. ANTON 2001
2.	ABFAHRT - 0,14/DORFMEISTER
DNF	SUPER-G/CAVAGNOUD
DNF	RIESENTORLAUF/NEF
DNF	KOMBINATION/ERTL
	ST. MORITZ 2003
5.	ABFAHRT - 0,35/TURGEON
8.	SUPER-G - 0,78/DORFMEISTER

	OLYMPISCHE SPIELE
	LILLEHAMMER 1994
DNF	ABFAHRT/SEIZINGER
	NAGANO 1998
5.	SUPER-G - 0,30/STREET
DNF	ABFAHRT/SEIZINGER
DNF	KOMBINATION/SEIZINGER
	SALT LAKE CITY 2002
2.	KOMBINATION/KOSTELIC
3.	ABFAHRT - 0,83/MONTILLET
8.	SUPER-G - 0,85/CECCARELLI
DNF	SLALOM/KOSTELIC

Franz Klammer 115 Weltcup-Abfahrten

Porträt ➤ S. 21

	WELTCUP - ABFAHRTEN	
1.	GRÖDEN 1972	30. - 5,14/RUSSI
2.	VAL D´ISERE 1972	23. - 2,45/TRITSCHER
3.	GRÖDEN 1972	5. - 1,57/COLLOMBIN
4.	GARMISCH 1973	13. - 1,58/COLLOMBIN
5.	GARMISCH 1973	13. - 1,83/COLLOMBIN
6.	GRINDELWALD 1973	5. - 1,14/RUSSI
7.	KITZBÜHEL 1973	4. - 1,27/COLLOMBIN
8.	ST. ANTON 1973	2. - 2,09/RUSSI
9.	ST. MORITZ 1973	3. - 2,12/GRISSMANN
10.	VAL D´ISERE 1973	3. - 1,03/PLANK
11.	ZELL AM SEE 1973	11. - 2,56/CORDIN
12.	SCHLADMING 1975	1. + 0,35/COLLOMBIN
13.	GARMISCH 1974	2. - 0,24/COLLOMBIN
14.	MORZINE 1974	2. - 0,54/COLLOMBIN
15.	WENGEN 1974	2. - 0,16/COLLOMBIN
16.	KITZBÜHEL 1974	5. - 1,52/COLLOMBIN
17.	VAL D´ISERE 1974	1. + 0,82/GRISSMANN
18.	ST. MORITZ 1974	1. + 1,36/PLANK
19.	GARMISCH 1975	1. + 1,39/GRISSMANN
20.	WENGEN 1975	1. + 3,54/KLAMMER
21.	KITZBÜHEL 1975	1. + 0,01/THÖNI G.
22.	INNSBRUCK 1975	1. + 0,49/RUSSI
23.	MEGEVE 1975	DNF/VESTI
24.	JACKSON HO. 1975	1. + 2,18/VEITH
25.	GRÖDEN 1975	1. + 0,62/HAKER
26.	VAL D´ISERE 1975	DNF/READ
27.	MADONNA 1975	1. + 0,94/ROUX
28.	SCHLADMING 1975	4. - 1,84/IRVIN
29.	WENGEN 1976	2. - 0,20/PLANK
30.	WENGEN 1976	1. + 2,22/ROUX
31.	MORZINE 1976	1. + 0,09/RUSSI
32.	KITZBÜHEL 1976	1. + 2,06/HAKER
33.	ASPEN 1976	1. + 0,12/BERTHOD
34.	GRÖDEN 1976	1. + 1,08/PLANK
35.	GRÖDEN 1976	1. + 0,95/WALCHER
36.	GARMISCH 1977	1. + 0,75/WINKLER
37.	KITZBÜHEL 1977	1. + 0.93/BERTHOD
38.	WENGEN 1977	1. + 0,99/FERSTL
39.	MORZINE 1977	4. - 0,70/RUSSI
40.	MORZINE 1977	4. - 0,77/WALCHER
41.	LAAX 1977	1. + 0,41/FERSTL
42.	HEAVENLY 1977	5. - 1,60/WALCHER
43.	HEAVENLY 1977	15. - 4,03/GENSBICHLER
44.	VAL D´ISERE 1977	1. + 0,28/PLANK
45.	GRÖDEN 1977	3. - 1,85/PLANK
46.	CORTINA 1977	8. - 1,20/PLANK
47.	KITZBÜHEL 1978	4. - 0,35/WALCHER
48.	KITZBÜHEL 1978	4. - 0,09/WALCHER-FERSTL
49.	CHAMONIX 1978	13. - 2,12/MURRAY
50.	LAAX 1978	2. - 0,22/SPIESS
51.	LAAX 1978	1. + 0,03/HAKER
52.	GRÖDEN 1978	5. - 1,32/WALCHER
53.	GRÖDEN 1978	5. - 2,11/HAKER
54.	MORZINE 1979	DNF/PODBORSKI
55.	CRANS-MONTANA 1979	29. - 3,41/BÜRGLER
56.	KITZBÜHEL 1979	11. - 1,90/FERSTL
57.	GARMISCH 1979	DNF/WIRNSBERGER
58.	VILLARS 1979	40. - 3,21/MÜLLER
59.	LAKE PLACID 1979	19. - 2,55/WIRNSBERGER
60.	VAL D´ISERE 1979	23. - 3,01/WIRNSBERGER
61.	GRÖDEN 1979	5. - 1,57/MÜLLER
62.	PRA LOUP 1980	12. - 2,00/MÜLLER
63.	KITZBÜHEL 1980	6. - 1,18/READ

64.	WENGEN 1980	17. - 2,17/READ
65.	WENGEN 1980	14. - 2,40/MÜLLER
66.	VAL D´ISERE 1980	20. - 2,27/SPIESS
67.	GRÖDEN 1980	10. - 1,74/MÜLLER
68.	GRÖDEN 1980	6. - 0,94/WEIRATHER
69.	ST. MORITZ 1980	8. - 0,96/PODBORSKI
70.	GARMISCH 1980	15. - 2,99/PODBORSKI
71.	KITZBÜHEL 1981	22. - 4,81/PODBORSKI
72.	WENGEN 1981	7. - 1,27/BÜRGLER
73.	ST. ANTON 1981	15. - 1,76/WEIRATHER
74.	ASPEN 1981	15. - 2,93/TSYGANOV
75.	ASPEN 1981	12. - 1,84/WEIRATHER
76.	VAL D´ISERE 1981	1. - 0,26/MÜLLER
77.	GRÖDEN 1981	7. - 1,20/RESCH
78.	CRANS-MONTANA 1981	22. - 2,64/PODBORSKI
79.	KITZBÜHEL 1982	11. - 1.67/WEIRATHER
80.	KITZBÜHEL 1982	2. .- 0,54/PODBORSKI
81.	WENGEN 1982	4. - 0,91/WEIRATHER
82.	GARMISCH 1982	22. - 2,50/PODBORSKI
83.	WHISTLER MTN. 1982	12. - 3,10/MÜLLER
84.	ASPEN 1982	31. - 3,10/MÜLLER
85.	ASPEN 1982	29. - 3,65/MÜLLER
86.	LAGALP 1982	2. - 1,02/WEIRATHER
87.	GRÖDEN 1982	3. - 0,55/CATHOMEN
88.	GRÖDEN 1982	1. + 0,48/MÜLLER
89.	VAL D´ISERE 1983	12. - 1,35/RESCH
90.	VAL D´ISERE 1983	5. - 0,55/CATHOMEN
91.	KITZBÜHEL 1983	43. - 5,08/KERNEN
92.	KITZBÜHEL 1983	6. - 0,83/BROOKER
93.	SARAJEVO 1983	3. - 0,26/PFAFFENBICHLER
94.	ST. ANTON 1983	8. - 1,45/LÜSCHER
95.	ASPEN 983	13. - 1,55/BROOKER
96.	LAKE LOUISE 1983	2. - 0,23/HÖFLEHNER
97.	SCHLADMING 1983	5. - 0,63/RESCH
98.	VAL D´ISERE 1983	10. - 1,14/HEINZER
99.	GRÖDEN 1983	8. - 1,72/RÄBER
100.	LAAX 1984	2. - 0,11/RÄBER
101.	WENGEN 1984	13. - 1,38/JOHNSON
102.	KITZBÜHEL 1984	1. + 0,57/RESCH
103.	GARMISCH 1984	3. - 0,49/PODBORSKI
104.	CORTINA 1984	14. - 2,76/HÖFLEHNER
105.	ASPEN 1984	29. - 2,50/JOHNSON
106.	WHISTLER MTN. 1984	10. - 1,99/JOHNSON
107.	GRÖDEN 1984	16. - 2,62/HÖFLEHNER
108.	KITZBÜHEL 1985	DNF/ZURBRIGGEN
109.	KITZBÜHEL 1985	11. - 3,10/ZURBRIGGEN
110.	WENGEN 1985	7. - 1,51/HÖFLEHNER
111.	WENGEN 1985	DNF/WIRNSBERGER
112.	GARMISCH 1985	13. - 1,97/WIRNSBERGER
113.	BAD KLEINKIRCHHEIM 1985	10. - 2,09/ALPIGER
114.	FURANO 1985	28. - 5,09/BROOKER
115.	ASPEN 1985	34. - 3,25/MÜLLER
	115 ABFAHRTEN	
	25 SIEGE	
	41 PODESTPLÄTZE	
	70 PLÄTZE 1–10	
	6 AUSFÄLLE	

	WELTCUP RIESENTORLAUF
3.	QUEBECK 1973
4.	SAALBACH 1973
	MADONNA 1974
5.	MADONNA 1972
	VAL D´ISERE 1974
	KOMBINATION
1.	WENGEN 1976
3.	KITZBÜHEL 1977
	ST. ANTON/LAAX 1977
5.	KITZBÜHEL 1976
	WELTCUP-POKALE
1.	ABFAHRT 1975 + 1976 + 1977 + 1978 + 1983
	OLYMPISCHE SPIELE
	INNSBRUCK 1976
1.	ABFAHRT + 0,33/RUSSI
DNF	RIESENTORLAUF/HEMMI H.
	SARAJEVO 1984
10.	ABFAHRT - 1,45/JOHNSON
	WELTMEISTERSCHAFT
	ST. MORITZ 1974
2.	ABFAHRT - 1,03/ZWILLING
10.	RIESENTORLAUF - 5,97/THÖNI G.
20.	SLALOM - 9,33/THÖNI G.
1.	KOMBINATION/BACHLEDA
	GARMISCH 1978
5.	ABFAHRT - 0,65/WALCHER
	SCHLADMING 1982
7.	ABFAHRT - 1,06/WEIRATHER
	BORMIO 1985
5.	ABFAHRT - 0,96/ZURBRIGGEN

Petra Kronberger

Porträt ➤ S. 23

	WELTCUP				OLYMPISCHE SPIELE
	ABFAHRT		SUPER-G		ALBERTVILLE 1992
1.	PANORAMA 1989	1.	ALTENMARKT 1990	1.	SLALOM + 0,42 COBERGER
	MORZINE 1990		MERIBEL 1991	1.	KOMBINATION/WACHTER
	MERIBEL 1991	2.	MEIRINGEN 1990	4.	SUPER-G - 1,98/COMPAGNONI
	SERRE CHEVALIER 1991		SANTA CATERINA 1991	5.	ABFAHRT - 0,18/LEE-GARTNER
	PANORAMA 1991		VAIL 1992		CALGARY 1988
2.	HAUS 1989	3.	LAS LENAS 1989	6.	ABFAHRT - 1,17/KIEHL
	ALTENMARKT 1990		SANTA CATERINA 1990	11.	KOMBINATION/WACHTER
3.	ZINAL 1988		ARE 1990	14.	RIESENTORLAUF - 5,82/SCHNEIDER
	SANTA CATERINA 1990	4.	MERIBEL 1990		
4.	MORZINE 1992				WELTMEISTERSCHAFT
	VAIL 1992		RIESENTORLAUF		SAALBACH 1991
5.	BAD GASTEIN 1988	1.	HINTERSTODER 1990	1.	ABFAHRT + 0,44/BOUVIER
	GRINDELWALD 1992		SANTA CATERINA 1990	6.	SUPER-G - 0,57/MAIER U.
			VALZOLDANA 1990		VAIL 1989
	SLALOM	3.	KRANJSKA GORA 1991	7.	KOMBINATION/MC KINNEY
1.	VEMDALEN 1990	4.	MARIBOR 1990	8.	SUPER-G - 0,92/MAIER U.
	VALZOLDANA 1990			12.	ABFAHRT - 2,33/WALLISER
	KRANJSKA GORA 1991		KOMBINATION		
2.	LECH 1991	1.	HAUS 1990		
3.	WATERVILLE 1991		BAD KLEINKIRCHHEIM 1991		
	LECH 1991	2.	GRINDELWALD 1992		
	NARVIK 1992	3.	BAD GASTEIN 1988		
	STEAMBOAT 1992		ALTENMARKT 1988		
4.	PARK CITY 1989				
	BAD KLEINKIRCHHEIM 1991		WELTCUP-POKALE		
	HINTERSTODER 1992	1.	GESAMT 1990 + 1991 + 1992		
		1.	SLALOM 1991		

Michaela Dorfmeister

Porträt ➤ S. 31

	WELTCUP						OLYMPISCHE SPIELE
	ABFAHRT		SUPER-G		RIESENTORLAUF		NAGANO 1998
1.	ST. ANTON 1995	1.	ST. MORITZ 1999	1.	SERRE CHEVALIER 1999	2.	SUPER-G - 0,01/STREET
	ALTENMARKT 2002		SANTA CATERINA 2000		VAL D´ISERE 1999	18.	ABFAHRT - 2,28/SEIZINGER
	LENZERHEIDE 2002		ASPEN 2000		MARIBOR 2000	DNF	KOMBINATION/SEIZINGER
	INNSBRUCK 2003		ALTENMARKT 2002		BERCHTESGADEN 2000		SALT LAKE CITY 2002
2.	ST. ANTON 1999	2.	VAL D´ISERE 2000		SESTRIERE 2000	4.	RIESENTORLAUF - 1,94/KOSTELIC
	ARE 1999		LAKE LOUISE 2003		SÖLDEN 2001	5.	KOMBINATION/KOSTELIC
	ST. MORITZ 1999		VEYSONNAZ 2004		BERCHTESGADEN 2002	6.	SUPER-G - 0,49/CECARELLI
	LAKE LOUISE 2001	3.	VEYSONNAZ 1996		ARE 2002	9.	ABFAHRT - 1,27/MONTILLET
	LAKE LOUISE 2003		MARIBOR 1999	2.	BORMIO 2000		
	VEYSONNAZ 2004		ST. ANTON 1999		MARIBOR 2004		WELTMEISTERSCHAFT
3.	INNSBRUCK 2000		CORTINA 1999	3.	COPPER MTN. 1999		SIERRA NEVADA 1996
	LAKE LOUISE 2001		VAL D´ISERE 2002		SESTRIERE 2000	9.	RIESENTORLAUF - 2,29/COMPAGNONI
	SAALBACH 2002		MEGEVE 2004		CORTINA 2001	11.	ABFAHRT - 1,72/STREET
	CORTINA 2003		HAUS 2004		VAL D´ISERE 2001	12.	KOMBINATION/WIBERG
4.	LAKE LOUISE 1997		SESTRIERE 2004		VAL D´ISERE 2002	29.	SUPER-G - 3,20/KOSTNER
	LAKE LOUISE 1997	4.	GARMISCH 1996		CORTINA 2003		SESTRIERE 1997
	LAKE LOUISE 1998		HAUS 2001	4.	PARK CITY 2000	8.	SUPER-G - 1,03/KOSTNER
	LAKE LOUISE 2002		INNSBRUCK 2003		SEMMERING 2000	12.	KOMBINATION/GÖTSCHL
	ARE 2000	5.	BORMIO 1995		CORTINA 2002	16.	ABFAHRT - 2,41/LINDH
	ST. MORITZ 2000		VAIL 1995		MARIBOR 2003	17.	RIESENTORLAUF - 5,50/COMPAGNONI
	CORTINA 2004		CORTINA 1997		ZWIESEL 2004		VAIL 1999
5.	LILLEHAMMER 1996		VAL D´ISERE 1997	5.	CORTINA 2003	2.	ABFAHRT - 0,15/GÖTSCHL
	ST. MORITZ 1999		LAKE LOUISE 1998			3.	SUPER-G - 0,21/MEISSNITZER
	SANTA CATERINA 2000		CORTINA 1999		KOMBINATION	6.	KOMBINATION/WIBERG
			LAKE LOUISE 2002	3.	SAALBACH 2002		ST. ANTON 2001
			KVITFJELL 2003	4.	ST. ANTON 1999	1.	ABFAHRT + 0,14/GÖTSCHL
				5.	SANTA CATERINA 2000	8.	RIESENTORLAUF - 2,92/PAERSON
						24.	SUPER-G - 1,48/CAVAGNOUD
					WELTCUP-POKALE		ST. MORITZ 2003
				1.	GESAMT 2002	1.	SUPER-G + 0,02/CLARK
				1.	RIESENTORLAUF 2000	4.	RIESENTORLAUF - 1,86/PAERSON
				1.	ABFAHRT 2003	12.	ABFAHRT - 0,79/TURGEON

Anita Wachter

Porträt ➤ S. 27

	WELTCUP				OLYMPISCHE SPIELE
	RIESENTORLAUF		SLALOM		CALGARY 1988
1.	VAIL 1989	1.	COURMAYEUR 1987	1.	KOMBINATION/OERTLI
	ZWIESEL 1991	2.	ASPEN 1988	5.	SUPER-G - 1,33/WOLF
	STEAMBOAT 1992		HINTERSTODER 1990	7.	RIESENTORLAUF - 1,89/SCHNEIDER
	SÖLDEN 1993		HAUS 1993	DNF	ABFAHRT/KIEHL
	SANTA CATERINA 1993		SANTA CATERINA 1993	DNF	SLALOM/SCHNEIDER
	CORTINA 1994	3.	PARK CITY 1989		ALBERTVILLE 1992
	ARE 1995		STRANDA 1990	2.	RIESENTORLAUF - 0,97/WIBERG
	CORTINA 1995		LAKE LOUISE 1991	2.	KOMBINATION/KRONBERGER
	CORTINA 1996		SEMMERING 1996	9.	SUPER-G - 2,98/COMPAGNONI
	SEMMERING 1998	4.	WATERVILLE 1986		LILLEHAMMER 1994
	MARIBOR 1999		KRANJSKA GORA 1988	4.	RIESENTORLAUF - 2,09/COMPAGNONI
	ARE 1999		COURMAYEUR 1988	9.	SUPER-G - 0,86/ROFFE
	SIERRA NEVADA 1999		PIANCAVALLO 1990	DNF	SLALOM/SCHNEIDER
	LIENZ 1999		SUNDSVALL 1992		
2.	WATERVILLE 1986		STEAMBOAT 1992		WELTMEISTERSCHAFT
	SAALBACH 1988		MERIBEL 1994		BORMIO 1985
	LES MENUIRES 1988	5.	ZWIESEL 1987	17.	RIESENTORLAUF - 3,61/ROFFE
	HINTERSTODER 1990		MARIBOR 1989	DNF	SLALOM/PELEN
	MARIBOR 1990		VEMDALEN 1993		CRANS-MONTANA 1987
	SANTA CATERINA 1990		MARIBOR 1996	5.	KOMBINATION/HESS E.
	VEYSONNAZ 1990		SUPER-G	17.	SUPER-G - 3,33/WALLISER
	NARVIK 1992	1.	LAS LENAS 1989		VAIL 1989
	MARIBOR 1993		HAUS 1995	5.	KOMBINATION/MC KINNEY
	CORTINA 1993	2.	VAIL 1986	9.	SUPER-G - 0,93/MAIER U.
	SANTA CATERINA 1993		VAIL 1987	13.	RIESENTORLAUF - 4,92/SCHNEIDER
	TIGNES 1994		TIGNES 1989	DNF	KOMBINATION/MC KINNEY
	MORZINE 1994		STEAMBOAT 1989		SAALBACH 1991
	ALTA BADIA 1994		VEYSONNAZ 1993	3.	SUPER-G - 0,13/MAIER U.
	PARK CITY 1996	3.	VAIL 1987	11.	RIESENTORLAUF - 2,04/WIBERG
	MARIBOR 1997		ROSSLAND 1988	12.	SLALOM - 2,22/SCHNEIDER
	ZWIESEL 1997		SCHLADMING 1988	3.	KOMBINATION/VOGT M.
	ZWIESEL 1997		ALTENMARKT 1990		MORIOKA 1993
	ARE 1999		VAIL 1992	2.	RIESENTORLAUF - 0,40/MERLE
	SERRE CHEVALIER 1999		MORZINE 1993	3.	KOMBINATION/VOGT M.
	ARE 2000		VAIL 1994	6.	SUPER-G - 1,00/SEIZINGER
3.	KRANJSKA GORA 1988	4.	MERIBEL 1990	DNF	SLALOM/BUDER
	VALZOLDANA 1988		VAIL 1995		SIERRA NEVADA 1996
	PARK CITY 1989		VEYSONNAZ 1995	2.	KOMBINATION/WIBERG
	VAIL 1991	5.	CORTINA 1993	4.	RIESENTORLAUF - 1,16/COMPAGNONI
	ARE 1993		CORTINA 1994	16.	SUPER-G - 1,84/KOSTNER
	VEYSONNAZ 1995		GARMISCH 1996	DNF	SLALOM/WIBERG
	VAL D´ISERE 1998		KOMBINATION		SESTRIERE 1997
	CORTINA 1999	1.	CORTINA 1993	4.	RIESENTORLAUF - 1,91/COMPAGNONI
	TIGNES 1999		ST. ANTON 1995	10.	KOMBINATION/GÖTSCHL
	MARIBOR 2000	2.	LEUKERBAD 1988	22.	SLALOM - 6,44/COMPAGNONI
4.	PIANCAVALLO 1987		HAUS 1990		VAIL 1999
	VAIL 1994	3.	ST. GERVAIS 1986	3.	RIESENTORLAUF - 0,59/MEISSNITZER
5.	OBERSTAUFEN 1986		STEAMBOAT 1989	9.	SLALOM - 1,62/STEGGALL
	ZWIESEL 1987		LAAX 1997		ST. ANTON 2001
	VALZOLDANA 1990	4.	BAD GASTEIN 1988	DNF	RIESENTORLAUF/NEF
	LAKE LOUISE 1991		MORZINE 1991		
	PARK CITY 1992		GRINDELWALD 1992		
	MARIBOR 1994		HAFJELL 1993		
	VAL D´ISERE 1995		ST. ANTON 1993		
	MARIBOR 1996	5.	SCHRUNS 1992		
	HAFJELL 1996		VAL D`ISERE 1997		
	BORMIO 1998				
	VAL D´ISERE 1999		WELTCUP-POKALE		
	BORMIO 2000	1.	GESAMT 1993		
		1.	RIESENTORLAUF 1990 + 1994		

Rainer Salzgeber

Porträt ➤ S. 27

	WELTCUP
	WELTMEISTERSCHAFT
	MORIOKA 1993
2.	RIESENTORLAUF - 0,00/AAMODT
	SUPER-G
2.	SCHLADMING 1999
4.	LAKE LOUISE 1991
	SCHLADMING 1998
	ASPEN 1998
5.	INNSBRUCK 1998
	RIESENTORLAUF
2.	VAIL 1997
3.	CRANS-MONTANA 1994
	BORMIO 1995
	SAALBACH 1998
	ALTA BADIA 1999
5.	KRANJSKA GORA 1995
	ALTA BADIA 1996
	YONG PYONG 1998
	ALTA BADIA 1998

Stephan Eberharter Porträt ➤ S. 29

	WELTCUP						OLYMPISCHE SPIELE
	ABFAHRT		ABFAHRT		RIESENTORLAUF		ALBERTVILLE 1992
1.	LAKE LOUISE 2000	4.	BORMIO 1997	1.	CRANS-MONTANA 1998	DNF	KOMBINATION/POLIG J.
	KVITFJELL 2001		GARMISCH 1998		PARK CITY 1998		NAGANO 1998
	VAL D´ISERE 2001		GARMISCH 2001		OFTERSCHWANG 1999	2.	RIESENTORLAUF-0,85/MAIER H.
	GRÖDEN 2001		GRÖDEN 2001		ST. MORITZ 2002	DNF	SUPER-G /MAIER H.
	WENGEN 2002		KITZBÜHEL 2003		SÖLDEN 2002		SALT LAKE CITY 2002
	KITZBÜHEL 2002	5.	WENGEN 1998	2.	VAL D´ISERE 1997	1.	RIESENTORLAUF +0,88/Miller
	ST. MORITZ 2002		WENGEN 1998		SÖLDEN 1998	2.	SUPER-G - 0,10/AAMODT
	ALTENMARKT 2002		GRÖDEN 1999		SÖLDEN 2000	3.	ABFAHRT - 0,28/STROBL F.
	LAKE LOUISE 2002		SUPER-G		SÖLDEN 2001		
	VAL D´ISERE 2002	1.	ASPEN 1998	3.	HAFJELL 1991		WELTMEISTERSCHAFT
	BEAVER CREEK 2002		VAL D´ISERE 2001		TIGNES 1999		SAALBACH 1991
	BORMIO 2003		KITZBÜHEL 2002		VAL D´ISERE 2001	1.	SUPER-G + 1,54/AAMODT
	WENGEN 2003		GARMISCH 2002		FLACHAU 2002	1.	KOMBINATION/GHEDINA
	GARMISCH 2003		LAKE LOUISE 2002	4.	ASPEN 1991	17.	RIESENTORLAUF - 4,20/NIERLICH
	CHAMONIX 2004		KVITFJELL 2003		TIGNES 1997		MORIOKA 1993
	KITZBÜHEL 2004	2.	ASPEN 1993		PARK CITY 1997	DNF	KOMBINATION/KJUS
	GARMISCH 2004		BEAVER CREEK 1997		ALTA BADIA 1997		SIERRA NEVADA 1996
	KVITFJELL 2004		SCHLADMING 1998		SIERRA NEVADA 1999	DNF	SUPER-G /SKAARDAL
2.	KVITFJELL 1999		VAL D´ISERE 1998		BEAVER CREEK 1999		VAIL 1999
	BEAVER CREEK 1999		KVITFJELL 1999	5.	MOUNT ST. ANNE 1989	4.	SUPER-G - 0,22/MAIER H./KJUS
	CHAMONIX 2000		BEAVER CREEK 1999		KOMBINATION	5.	ABFAHRT - 0,80/MAIER H.
	VAL D´ISERE 2000		GARMISCH 2003	4.	GARMISCH 1999	DNF	RIESENTORLAUF/KJUS
	ARE 2001		GRÖDEN 2003		KITZBÜHEL 1999		ST. ANTON 2001
	KVITFJELL 2003		SESTRIERE 2004		CHAMONIX 2000	2.	SUPER-G -0,08/RAHLVES
	BEAVER CREEK 2003	3.	VALLOIRE 1990	5.	KITZBÜHEL 1991	7.	ABFAHRT - 1,09/TRINKL
	KITZBÜHEL 2004		LAKE LOUISE 1991		WENGEN/VEYSONNAZ 1998		ST. MORITZ 2003
	ST. ANTON 2004		SCHLADMING 1998			1.	SUPER-G + 0,77/MAIER H./MILLER
3.	BEAVER CREEK 1997		ST. ANTON 2000		WELTCUP-POKALE	5.	ABFAHRT - 1,14/WALCHHOFER
	BORMIO 1998		KVITFJELL 2001	1.	GESAMT 2002 + 2003	23.	RIESENTORLAUF - 2,03/MILLER
	KVITFJELL 1999		GARMISCH 2002	1.	ABFAHRT 2002 + 2003 + 2004		
	LAKE LOUISE 1999		KVITFJELL 2002	1.	SUPER-G 2002 + 2003		
	BEAVER CREEK 2000		KITZBÜHEL 2003				
	KITZBÜHEL 2001		LAKE LOUISE 2003				
	BORMIO 2001	4.	INNSBRUCK 1998				
	BORMIO 2001		LAKE LOUISE 1999				
	WENGEN 2003		GARMISCH 2001				
	GARMISCH 2004		ALTENMARKT 2002				
	SESTRIERE 2004	5.	LAKE LOUISE 2000				

Karl Schranz Die größten Erfolge

Porträt ➤ S. 25

WELTMEISTERSCHAFT			
	1.	ABFAHRT	CHAMONIX 1962 + 0,49/VIOLLAT
	1.	KOMBINATION	CHAMONIX 1962/NENNING
	2.	RIESENTORLAUF	CHAMONIX 1962 - 0,33/ZIMMERMANN E.
	4.	SLALOM	CHAMONIX 1962 - 2,56/BOZON
	3.	RIESENTORLAUF	PORTILLO 1966 - 0,98/PERILLAT
	9.	ABFAHRT	PORTILLO 1966 - 2,13/KILLY
	DNF	DNF/SLALOM	PORTILLO 1966/SENONER
	1.	RIESENTORLAUF	GRÖDEN 1970 + 0,39/BLEINER
	4.	ABFAHRT	GRÖDEN 1970 - 0,89/RUSSI
	DNF	SLALOM	GRÖDEN 1970/AUGERT J.-N.
OLYMPISCHE SPIELE	7.	ABFAHRT	SQUAW VALLEY 1960 - 3,20/VUARNET
	7.	RIESENTORLAUF	SQUAW VALLEY 1960 - 2,50/STAUB
BIS 1980 GAB ES BEI	2.	RIESENTORLAUF	INNSBRUCK 1964 - 0,38/BONLIEU
OLYMPISCHEN SPIELEN	6.	KOMBINATION	INNSBRUCK 1964 (NUR WM)/LEITNER
AUCH WM-MEDAILLEN	11.	ABFAHRT	INNSBRUCK 1964 - 2,82/ZIMMERMANN E.
	24.	SLALOM	INNSBRUCK 1964 - 10,45/STIEGLER
	5.	ABFAHRT	GRENOBLE 1968 - 2,04/KILLY
	6.	RIESENTORLAUF	GRENOBLE 1968 - 3,80/KILLY
	DSQ	SLALOM	GRENOBLE 1968/KILLY

	KLASSIKER VOR WELTCUP	WELTCUP-POKALE
1. ABFAHRT	1. SLALOM	1. GESAMT 1969 + 1970
A.K. CHAMONIX 1957	A.K. ST. ANTON 1958	1. ABFAHRT 1969 + 1970
A.K. ST ANTON 1958	CRYSTAL MTN. 1965	1. RIESENTORLAUF 1969
WENGEN 1959	MEGEVE 1966	
A.K. GARMISCH 1959	TAHOE CITY 1967	
MADONNA 1959	VAL D´ISERE 1967	
A.K. SESTRIERE 1962	TOYAMA 1968	
G.P. MEGEVE 1962	ÄTNA 1969	
WENGEN 1963	1. KOMBINATION	
A.K. ST. ANTON 1965	A.K. CHAMONIX 1957	
SUN VALLEY 1965	A.K. ST. ANTON 1958	
KITZBÜHEL 1966	A.K. GARMISCH 1959	
WENGEN 1966	MADONNA 1959	
MEGEVE 1966	A.K. SESTRIERE 1962	
1. RIESENTORLAUF	MEGEVE 1962	
MADONNA 1959	MEGEVE 1964	
KITZBÜHEL 1960	WENGEN 1965	
G.P. MEGEVE 1962	WENGEN 1966	
THREDBO 1966	MEGEVE 1966	
SUN VALLEY 1966	KITZBÜHEL 1966	
TAHOE CITY 1967	VAL D´ISERE 1967	

	WELTCUP
	ABFAHRT
1.	KITZBÜHEL 1969
	WENGEN 1969
	ST. ANTON 1969
	GARMISCH 1970
	MEGEVE 1970
	VAL D´ISERE 1971
	KITZBÜHEL 1972
	KITZBÜHEL 1972
2.	WENGEN 1968
3.	VAL D´ISERE 1969
	SESTRIERE 1970
	VAL D´ISERE 1970
4.	KITZBÜHEL 1968
	GRÖDEN 1970
5.	GRENOBLE 1968
	ASPEN 1968
	WENGEN 1970
	MEGEVE 1971
	ST. MORITZ 1971
	RIESENTORLAUF
1.	VAL D´ISERE 1969
	MOUNT ST. ANNE 1969
	ADELBODEN 1970
	GRÖDEN 1970
2.	WATERVILLE 1969
3.	ADELBODEN 1969
	KITZBÜHEL 1970
	HEAVENLY VALLEY 1970
	VOSS 1970
4.	VAIL 1967
	HINDELANG 1968
	SQUAW VALLEY 1969
	MADONNA 1971
5.	ADELBODEN 1968
	VANCOUVER 1970
	VAL D´ISERE 1970
	SLALOM
2.	BERCHTESGADEN 1969
3.	MEGEVE 1967
4.	KITZBÜHEL 1967
	KRANJSKA GORA 1969
5.	KITZBÜHEL 1968
	KITZBÜHEL 1970

Rudi Nierlich

Porträt ➤ S. 33

	RIESENTORLAUF
1.	SCHLADMING 1988
	KIRCHBERG 1989
	FURANO 1989
2.	ALTA BADIA 1987
	VAL THORENS 1988
	HAFJELL 1991
	ASPEN 1991
3.	SARAJEVO 1987
	ALTA BADIA 1990
	VEYSONNAZ 1990
	ADELBODEN 1991
	WATERVILLE 1991
4.	ADELBODEN 1987
	MOUNT ST. ANNE 1989
	KRANJSKA GORA 1990
5.	ALTA BADIA 1990

	SLALOM
1.	WENGEN 1989
	SHIGAKOGEN 1989
	KITZBÜHEL 1990
	OPDAL 1991
	ASPEN 1991
2.	MADONNA 1987
	SÄLEN 1990
	WATERVILLE 1991
3.	KITZBÜHEL 1989
	SESTRIERE 1990
	KITZBÜHEL 1991
4.	KITZBÜHEL 1987
	KRANJSKA GORA 1990

	WELTMEISTERSCHAFT
	CRANS-MONTANA 1987
7.	SUPER-G -2,27/ZURBRIGGEN
DNF	RIESENTORLAUF/WASMEIER
DNF	SLALOM/WÖRNDL
	VAIL 1989
1.	RIESENTORLAUF + 0,62/MAYER H.
1.	SLALOM + 0,44/BITTNER
	SAALBACH 1991
1.	RIESENTORLAUF + 0,35/KÄLIN
DNF	SLALOM/GIRARDELLI

	OLYMPISCHE SPIELE
	CALGARY 1988
5.	RIESENTORLAUF - 2,55/TOMBA
DNF	SLALOM/TOMBA

Ulrike Maier

Porträt ➤ S. 35

	SUPER-G
1.	VAIL 1992
	HAUS 1995
2.	ROSSLAND 1988
	SCHLADMING 1988
	MORZINE 1992
	ARE 1993
	CORTINA 1994
3.	CORTINA 1994
4.	GRINDELWALD 1989
5.	VAIL 1992

	RIESENTORLAUF
1.	PARK CITY 1992
	SANTA CATERINA 1993
	MARIBOR 1994
2.	MELLAU 1989
	MELLAU 1989
	WATERVILLE 1991
3.	ASPEN 1988
	SAALBACH 1988
	LES MENUIRES 1988
	SANTA CATERINA 1993
4.	CRANS-MONTANA 1992
	CORTINA 1994
5.	HAFJELL 1993

	SLALOM
3.	COURMAYEUR 1987
5.	COURMAYEUR 1988

	KOMBINATION
2.	ALTENMARKT 1988
5.	GRINDELWALD 1989
	ST. ANTON 1993

	WELTMEISTERSCHAFT
	VAIL 1989
1.	SUPER-G + 0,03/WOLF S.
6.	KOMBINATION/MC KINNEY
8.	RIESENTORLAUF - 4,08/SCHNEIDER
DNF	SLALOM/SVET
	SAALBACH 1991
1.	SUPER-G + 0,11/MERLE
2.	RIESENTORLAUF - 0,16/WIBERG
	MORIOKA 1993
8.	KOMBINATION/VOGT
14.	SUPER-G - 1,46/SEIZINGER
15.	RIESENTORLAUF - 3,04/MERLE

	OLYMPISCHE SPIELE
	CALGARY 1988
6.	RIESENTORLAUF - 1,61/SCHNEIDER
10.	SLALOM - 3,85/SCHNEIDER
DNF	KOMBINATION/WACHTER
	ALBERTVILLE 1992
4.	RIESENTORLAUF - 1,03/WIBERG
5.	SUPER-G - 2,13/COMPAGNONI
DNF	KOMBINATION/KRONBERGER

Alexandra Meissnitzer

Porträt ➤ S. 39

	ABFAHRT
1.	VEYSONNAZ 1998
	SIERRA NEVADA 1999
2.	ST. ANTON 1995
3.	ST. ANTON 1995
	ALTENMARKT 1998
	LAKE LOUISE 1998
4.	VAIL 1996
	VEYSONNAZ 1998
5.	LAKE LOUISE 1997
	LAKE LOUISE 1998
	ST. MORITZ 2000
	LAKE LOUISE 2002

	SUPER-G
1.	VAL D´ISERE 1995
	VEYSONNAZ 1996
	LAKE LOUISE 1998
	VAL D´ISERE 1998
	MEGEVE 2004
2.	ST. ANTON 1999
	ALTENMARKT 2002
	CORTINA 2003
	KVITFJELL 2003
3.	GARMISCH 1996
	CORTINA 2002
	INNSBRUCK 2003
4.	FLACHAU 1995
	ST. MORITZ 1999
	CORTINA 2001
	VAL D´ISERE 2001
	INNSBRUCK 2003
5.	CORTINA 2003
	HAUS 2004

	PARALLEL
3.	TIGNES 1997
	MAMMOTH MTN. 1997

	RIESENTORLAUF
1.	CRANS-MONTANA 1998
	PARK CITY 1998
	VAL D´ISERE 1998
	CORTINA 1999
	ARE 1999
2.	PARK CITY 1997
	VAL D´ISERE 1997
	SÖLDEN 1999
	SEMMERING 1999
	PARK CITY 2002
3.	VAL D´ISERE 1995
	HAFJELL 1996
	BORMIO 1998
	MARIBOR 1999
	VAL D´ISERE 2002
	SESTRIERE 2004
4.	ARE 2002
5.	CORTINA 2002

	KOMBINATION
5.	ST. ANTON 1999

	OLYMPISCHE SPIELE
	NAGANO 1998
2.	RIESENTORLAUF - 1,80/COMPAGNONI
3.	SUPER-G - 0,07/STREET
	SALT LAKE CITY 2002
4.	SUPER-G - 0,36/CECCARELLI
4.	RIESENTORLAUF - 1,94/KOSTELIC

	WELTMEISTERSCHAFT
	VAIL 1999
1.	SUPER-G + 0,03/GÖTSCHL
1.	RIESENTORLAUF + 0,30/FLEMMEN
4.	ABFAHRT - 0,27/GÖTSCHL
	ST. ANTON 2001
8.	SUPER-G - 0,39/CAVAGNOUD
	ST. MORITZ 2003
2.	ABFAHRT - 0,11/TURGEON
5.	SUPER-G - 0,58/DORFMEISTER

Patrick Ortlieb

Porträt ➤ S. 37

	ABFAHRT
1.	GRÖDEN 1993
	KITZBÜHEL 1994
	GRÖDEN 1995
2.	GRÖDEN 1988
	GARMISCH 1992
	VEYSONNAZ 1993
	VAL D´ISERE 1994
	KITZBÜHEL 1995
	VEYSONNAZ 1996
3.	LAKE LOUISE 1991
	KITZBÜHEL 1992
	ASPEN 1994
	GRÖDEN 1994
	VAIL 1994
	WHISTLER MTN. 1995
	KVITFJELL 1995
	VAIL 1995
	VAL D´ISERE 1996
4.	VAL D´ISERE 1994
5.	GRÖDEN 1988
	KITZBÜHEL 1990
	VAL D´ISERE 1990
	ASPEN 1991
	LAKE LOUISE 1991
	GRÖDEN 1991
	ST. ANTON 1993
	BORMIO 1993
	BORMIO 1995
	SUPER-G
1.	TIGNES 1994
3.	WHISTLER MTN. 1993
4.	VAL D´ISERE 1996
5.	VAL D´ISERE 1992
	ARE 1993
	OLYMPISCHE SPIELE
	ALBERTVILLE 1992
1.	ABFAHRT + 0,05/PICCARD F.
18.	SUPER-G - 2,62/AAMODT
	LILLEHAMMER 1994
4.	ABFAHRT - 0,26/MOE
	WELTMEISTERSCHAFT
	SAALBACH 1991
7.	ABFAHRT - 1,26/HEINZER
	MORIOKA 1993
8.	ABFAHRT - 1,35/LEHMANN
	SIERRA NEVADA 1996
1.	ABFAHRT + 0,27/GHEDINA
	SESTRIERE 1997
8.	ABFAHRT - 1,14/KERNEN

Fritz Strobl

Porträt ➤ S. 41

	ABFAHRT
1.	VAL D´ISERE 1996
	KITZBÜHEL 1997
	VAIL 1997
	KITZBÜHEL 2000
	GARMISCH 2001
	BORMIO 2001
2.	BORMIO 1998
	BORMIO 2001
	ST. MORITZ 2002
	BORMIO 2002
	GARMISCH 2004
	KVITFJELL 2004
	SESTRIERE 2004
3.	WENGEN 1997
	CRANS-MONTANA 1998
	VAL D´ISERE 2000
	KVITFJELL 2001
4.	BEAVER CREEK 1997
	GRÖDEN 1999
	KVITFJELL 2000
	BORMIO 2000
	KVITFJELL 2001
	ALTENMARKT 2002
	BEAVER CREEK 2002
	GRÖDEN 2002
	GRÖDEN 2003
	GARMISCH 2004
5.	KITZBÜHEL 1997
	WENGEN 2000
	BEAVER CREEK 2000
	KITZBÜHEL 2002
	KVITFJELL 2002
	LAKE LOUISE 2002
	SUPER-G
1.	ST. ANTON 2000
	GARMISCH 2002
2.	BORMIO 2000
	ALTENMARKT 2002
3.	INNSBRUCK 1998
4.	KVITFJELL 2000
	GARMISCH 2002
	GARMISCH 2003
5.	LAKE LOUISE 1999
	VAL D´ISERE 2001
	KOMBINATION
4.	KITZBÜHEL 1998
	KITZBÜHEL 2000
	OLYMPISCHE SPIELE
	NAGANO 1998
11.	ABFAHRT - 1,23/CRETIER
	SALT LAKE CITY 2002
1.	ABFAHRT + 0,22/KJUS
4.	SUPER-G - 0,34/AAMODT
	WELTMEISTERSCHAFT
	SESTRIERE 1997
4.	ABFAHRT - 0,36/KERNEN
	ST. ANTON 2001
6.	ABFAHRT - 0,92/TRINKL
	ST. MORITZ 2003
10.	ABFAHRT - 1,24/WALCHHOFER

Olga Pall

Porträt ➤ S. 43

	ABFAHRT
1.	BAD GASTEIN 1968
	GRENOBLE 1968
	ST. ANTON 1969
2.	ASPEN 1968
4.	ST. GERVAIS 1969
5.	BAD GASTEIN 1970
	RIESENTORLAUF
2.	OBERSTAUFEN 1969
5.	OBERSTAUFEN 1968
	GRENOBLE 1968
	OLYMPISCHE SPIELE
	GRENOBLE 1968
1.	ABFAHRT + 0,46/MIR
5.	RIESENTORLAUF - 3,64/GREENE
5.	KOMBINATION/GREENE
9.	SLALOM - 5,25/GOITSCHEL M.

Christl Haas

Porträt ➤ S. 43

	ABFAHRT
2.	BAD GASTEIN 1968
	CHAMONIX 1968
3.	ST. GERVAIS 1968
	GRENOBLE 1968
	SLALOM
4.	MONTE BONDONE 1967
	KLASSIKER VOR WELTCUP
1.	A.K. MÜRREN ABFAHRT
1.	A.K. MÜRREN SLALOM
1.	A.K. MÜRREN KOMBINATION
	OLYMPISCHE SPIELE
	INNSBRUCK 1964
1.	ABFAHRT + 1,03/ZIMMERMANN E.
2.	KOMBINATION/GOITSCHEL M.
4.	RIESENTORLAUF - 1,62/GOITSCHEL M.
6.	SLALOM - 5,25/GOITSCHEL CH.
	GRENOBLE 1968
3.	ABFAHRT - 0,54/GOITSCHEL M.
	WELTMEISTERSCHAFT
	CHAMONIX 1962
1.	ABFAHRT + 3,23/RIVA
	PORTILLO 1966
6.	ABFAHRT - 2,18/SCHINEGGER
24.	SLALOM - 8,03/GOITSCHEL M.

Thomas Stangassinger

Porträt ➤ S. 45

	SLALOM
1.	MOUNT ST. ANNE 1989
	VEYSONNAZ 1993
	PARK CITY 1993
	KITZBÜHEL 1994
	SHIGAKOGEN 1997
	PARK CITY 1997
	VEYSONNAZ 1998
	KITZBÜHEL 1998
	ASPEN 1998
	SIERRA NEVADA 1999
2.	BAD KLEINKIRCHHEIM 1988
	HAFJELL 1991
	GARMISCH 1993
	STONEHAM 1993
	SESTRIERE 1993
	BORMIO 1995
	PARK CITY 1996
	CHAMONIX 1997
	WENGEN 1997
	SCHLADMING 1997
	VAIL 1997
	SESTRIERE 1998
	KRANJSKA GORA 1999
	OFTERSCHWANG 1999
	BEAVER CREEK 1999
3.	KRANJSKA GORA 1985
	KRANJSKA GORA 1990
	ARE 1993
	SESTRIERE 1996
	BRECKENRIDGE 1996
	KRANJSKA GORA 1997
	KRANJSKA GORA 1998
	KITZBÜHEL 1998
	MADONNA 1999
	KRANJSKA GORA 1999
	SCHLADMING 2000
4.	THREDBO 1989
	GEILO 1990
	MADONNA 1990
	LECH 1993
	KITZBÜHEL 1997
	KITZBÜHEL 1999
5.	MADONNA 1984
	MADONNA 1993
	SESTRIERE 1994
	WENGEN 1995
	YONG PYONG 1998
	KITZBÜHEL 2000
	KOMBINATION
2.	MADONNA 1984
	WELTCUP-POKAL
1.	SLALOM 1999
	OLYMPISCHE SPIELE
	CALGARY 1988
DNF	SLALOM /TOMBA
13.	KOMBINATION/STROLZ
	ALBERTVILLE 1992
9.	SLALOM - 2,26/JAGGE
	LILLEHAMMER 1994
1.	SLALOM + 0,15/TOMBA
	NAGANO 1998
6.	SLALOM - 1,94/BURAAS
	WELTMEISTERSCHAFT
	BORMIO 1985
DNF	KOMBINATION/ZURBRIGGEN
	VAIL 1989
9.	SLALOM - 4,40/NIERLICH
	SAALBACH 1991
2.	SLALOM - 0,58/GIRARDELLI
	MORIOKA 1993
3.	SLALOM - 0,11/AAMODT
	SESTRIERE 1997
6.	SLALOM - 1,32/STIANSEN
	VAIL 1999
6.	SLALOM - 0,70/PALANDER

Sigrid Wolf

Porträt ➤ S. 47

	ABFAHRT
1.	VAIL 1987
	VAIL 1987
2.	LEUKERBAD 1987
3.	SAALBACH 1981
4.	VEYSONNAZ 1990
5.	MOUNT ALLEN 1987
	ZINAL 1988
	GRINDELWALD 1989
	HAUS 1990
	SUPER-G
1.	SESTRIERE 1987
	STEAMBOAT 1989
	SANTA CATERINA 1990
2.	VAIL 1987
	GRINDELWALD 1989
	VAIL 1989
	ALTENMARKT 1990
3.	VAIL 1987
	TIGNES 1989
5.	ROSSLAND 1988
	SAALBACH 1988
	MERIBEL 1990
	ARE 1990
	RIESENTORLAUF
4.	VAIL 1989
	OLYMPISCHE SPIELE
	CALGARY 1988
1.	SUPER-G + 1,00/FIGINI
DNF	ABFAHRT/KIEHL
DNF	RIESENTORLAUF/SCHNEIDER
	WELTMEISTERSCHAFT
	BORMIO 1985
4.	ABFAHRT - 1,62/FIGINI
19.	KOMBINATION/HESS E.
	CRANS-MONTANA 1987
7.	SUPER-G - 2,67/WALLISER
15.	ABFAHRT - 2,67/WALLISER
DNF	RIESENTORLAUF/SCHNEIDER
	VAIL 1989
2.	SUPER-G - 0,03/MAIER U.
27.	ABFAHRT - 4,13/WALLISER
DNF	RIESENTORLAUF/SCHNEIDER

Harti Weirather

Porträt ➤ S. 49

	ABFAHRT
1.	GRÖDEN 1980
	ST. ANTON 1981
	ASPEN 1981
	KITZBÜHEL 1982
	WENGEN 1982
	LAGALP 1982
2.	KITZBÜHEL 1980
	LAKE LOUISE 1980
	GRÖDEN 1980
	WENGEN 1981
	ASPEN 1981
	ASPEN 1982
	SCHLADMING 1983
3.	GARMISCH 1981
	GARMISCH 1982
	ST. ANTON 1983
	VAL D´ISERE 1983
4.	PRA LOUP 1980
	WENGEN 1980
	ASPEN 1982
	ASPEN 1983
5.	VAL D´ISERE 1979
	KITZBÜHEL 1981
	CRANS-MONTANA 1981
	GRÖDEN 1982
	KITZBÜHEL 1983
	PANORAMA 1985
	KOMBINATION
4.	GRÖDEN/VAL D´ISERE 1982
	WELTMEISTERSCHAFT
	SCHLADMING 1982
1.	ABFAHRT + 0,48/CATHOMEN
	BORMIO 1985
17.	ABFAHRT - 2,84/ZURBRIGGEN
	OLYMPISCHE SPIELE
	LAKE PLACID 1980
9.	ABFAHRT - 2,20/STOCK

Lea Sölkner Porträt ➤ S. 51

	ABFAHRT
2.	BAD GASTEIN 1982
	VAL D´ISERE 1982
3.	VAL D´ISERE 1983
4.	VAL D`ISERE 1980
	SAALBACH 1981
	GRINDELWALD 1982
	VAL D´ISERE 1983
5.	BAD GASTEIN 1982
	BAD GASTEIN 1984
	RIESENTORLAUF
2.	COURMAYEUR 1976
4.	MARIBOR 1977
5.	VAL D´ISERE 1977
	LES MOSSES 1978
	LES MOSSES 1978
	SLALOM
1.	SCHRUNS 1979
2.	BERCHTESGADEN 1978
3.	BAD GASTEIN 1978
4.	FURANO 1977
	CERVINIA 1977
	STRATTON MTN. 1978
	PFRONTEN 1979
5.	BERCHTESGADEN 1978
	VYSOKE TATRY 1980
	KOMBINATION
2.	SAALBACH 1982
	VAL D´ISERE 1983
3.	BAD GASTEIN 1982
4.	BAD GASTEIN 1976
	BAD GASTEIN 1984
	WELTMEISTERSCHAFT
	GARMISCH 1978
1.	SLALOM + 0,48/BEHR
11.	RIESENTORLAUF - 3,81/EPPLE M.
	SCHLADMING 1982
14.	SLALOM - 4,27/HESS E.
22.	ABFAHRT - 2,21/SÖRENSEN
DNF	KOMBINATION/HESS E.
	OLYMPISCHE SPIELE
	LAKE PLACID 1980
DNF	SLALOM/WENZEL
DNF	RIESENTORLAUF/WENZEL
	SARAJEVO 1984
8.	ABFAHRT - 1,03/FIGINI
DNF	SLALOM/MAGONI P.

Karin Buder Porträt ➤ S. 51

	WELTCUP
	SLALOM
1.	STRANDA 1990
3.	WATERVILLE 1986
	STEAMBOAT 1989
	SUNDSVALL 1992
	CORTINA 1993
4.	PARK CITY 1986
	ASPEN 1988
	HINTERSTODER 1990
	VEMDALEN 1990
	ARE 1990
	HAUS 1993
5.	VALZOLDANA 1986
	PARK CITY 1989
	VALZOLDANA 1990
	MORZINE 1990
	GRINDELWALD 1992
	PARK CITY 1992
	WELTMEISTERSCHAFT
	CRANS-MONTANA 1987
4.	SLALOM - 1,38/HESS E.
	SAALBACH 1991
DNF	SLALOM/SCHNEIDER
	MORIOKA 1993
1.	SLALOM + 0,21/PARISIEN J.
	OLYMPISCHE SPIELE
	ALBERTVILLE 1992
5.	SLALOM - 1,00/KRONBERGER

Leonhard Stock Porträt ➤ S. 53

	ABFAHRT
1.	LAAX 1989
	VAL D´ISERE 1990
	GRÖDEN 1993
2.	VILLARS 1979
	MORZINE 1986
	LAS LENAS 1986
	VAL D´ISERE 1991
	GRÖDEN 1991
3.	GRÖDEN 1981
	ASPEN 1986
	WHISTLER MTN. 1986
	ST. ANTON 1988
4.	GARMISCH 1979
	LAKE PLACID 1979
	GARMISCH 1982
	GRÖDEN 1985
	ARE 1986
	BAD KLEINKIRCHHEIM 1988
	ASPEN 1991
	ASPEN 1992
	GRÖDEN 1992
5.	HEAVENLY VALLEY 1977
	WENGEN 1980
	GRÖDEN 1980
	ST. MORITZ 1980
	MORZINE 1986
	LAS LENAS 1986
	WENGEN 1992
	SUPER-G
2.	BAD KLEINKIRCHHEIM 1992
3.	GRÖDEN 1983
	HEMSEDAL 1986
	FURANO 1987
	MOUNT ALLEN 1987
	SCHLADMING 1988
5.	CRANS-MONTANA 1986
	RIESENTORLAUF
4.	ARE 1979
5.	VAL D´ISERE 1977
	MADONNA 1977
	AROSA 1978
	STEINACH 1979
	FURANO 1981

	KOMBINATION
2.	SCHLADMING 1978
	MADONNA/GRÖDEN 1980
	MORZINE/ST. ANTON 1986
	MORZINE 1986
3.	VAL D´ISERE/APRICA 1981
	VAL ´ISERE 1983
	ARE 1986
4.	CRANS-MONTANA 1979
	GRÖDEN/ALTA BADIA 1985
	ARE/WENGEN 1986
5.	WENGEN 1977
	GARMISCH 1979
	OLYMPISCHE SPIELE
	LAKE PLACID 1980
1.	ABFAHRT + 0,05/WIRNSBERGER
3.	KOMBINATION/MAHRE P.
18.	SLALOM - 6,15/STENMARK
26.	RIESENTORLAUF - 6,76/STENMARK
	CALGARY 1988
4.	ABFAHRT - 1,93/ZURBRIGGEN
8.	SUPER-G - 2,70/PICCARD F.
	ALBERTVILLE 1992
DNF	ABFAHRT/ORTLIEB
	WELTMEISTERSCHAFT
	GARMISCH 1978
26.	RIESENTORLAUF - 7,08/STENMARK
	SCHLADMING 1982
15.	ABFAHRT - 2,15/WEIRATHER
	CRANS-MONTANA 1987
4.	SUPER-G - 1,35/ZURBRIGGEN
8.	ABFAHRT - 1,38/MÜLLER
8.	KOMBINATION/GIRARDELLI
	VAIL 1989
9.	SUPER-G - 1,26/HANGL
22.	ABFAHRT - 2,45/TAUSCHER
	SAALBACH 1991
4.	ABFAHRT - 0,99/HEINZER

Hannes Trinkl

Porträt ➤ S. 55

	ABFAHRT
1.	BORMIO 1993
	ASPEN 1994
	LAKE LOUISE 1999
	BORMIO 2000
	KVITFJELL 2002
2.	WHISTLER MTN. 1994
	VAIL 1994
	WENGEN 1999
	KITZBÜHEL 2001
	WENGEN 2002
	LAKE LOUISE 2002
3.	SIERRA NEVADA 1993
	KVITFJELL 1993
	CHAMONIX 1994
	WENGEN 1995
	VAL D´ISERE 1996
	VAIL 1997
	CHAMONIX 2000
	GARMISCH 2000
	KITZBÜHEL 2002
	ALTENMARKT 2002
	BORMIO 2002
4.	GARMISCH 1993
	WENGEN 1995
	WENGEN 1998
	KVITFJELL 1999
	BEAVER CREEK 2000
	ST. MORITZ 2002
5.	ASPEN 1992
	KITZBÜHEL 1995
	BEAVER CREEK 1997
	BORMIO 1997
	WENGEN 2000
	KITZBÜHEL 2000
	KITZBÜHEL 2003
	CHAMONIX 2004
	GARMISCH 2004
	SUPER-G
1.	LECH 1993
2.	KVITFJELL 2001
3.	BEAVER CREEK 2002
5.	KITZBÜHEL 2001
	KVITFJELL 2003
	OLYMPISCHE SPIELE
	LILLEHAMMER 1994
6.	ABFAHRT - 0,47/MOE
DNF	SUPER-G/WASMEIER
	NAGANO 1998
3.	ABFAHRT - 0,72/CRETIER J.-L.
	WELTMEISTERSCHAFT
	MORIOKA 1993
12.	ABFAHRT - 1,62/LEHMANN
	SIERRA NEVADA 1996
9.	ABFAHRT - 1,66/ORTLIEB
	ST. ANTON 2001
1.	ABFAHRT + 0,20/MAIER H.
	ST. MORITZ 2003
31.	ABFAHRT - 3,37/WALCHHOFER

Josef Walcher

Porträt ➤ S. 57

	ABFAHRT
1.	MORZINE 1977
	HEAVENLY VALLEY 1977
	KITZBÜHEL 1978
	KITZBÜHEL 1978
	GRÖDEN 1978
2.	ST. MORITZ 1973
	GRÖDEN 1976
	MORZINE 1977
	WENGEN 1980
3.	ZELL AM SEE 1973
	GARMISCH 1975
	KITZBÜHEL 1976
	VAL D´ISERE 1977
4.	VAL D´ISERE 1974
	WENGEN 1977
5.	GARMISCH 1977
	WENGEN 1980
	ST. ANTON 1981
	WELTMEISTERSCHAFT
	GARMISCH 1978
1.	ABFAHRT + 0,07/VEITH
	OLYMPISCHE SPIELE
	INNSBRUCK 1976
9.	ABFAHRT - 1,72/KLAMMER

Michael Walchhofer

Porträt ➤ S. 59

	ABFAHRT
1.	LAKE LOUISE 2003
2.	GRÖDEN 2001
	BEAVER CREEK 2002
	GRÖDEN 2002
	BORMIO 2003
	WENGEN 2003
	GRÖDEN 2003
3.	VAL D´ISERE 2001
	ST. MORITZ 2002
	CHAMONIX 2004
4.	BEAVER CREEK 2003
5.	KITZBÜHEL 2004
	SESTRIERE 2004
	SUPER-G
2.	LAKE LOUISE 2003
3.	KITZBÜHEL 2004
5.	KVITFJELL 2004
	KOMBINATION
1.	KITZBÜHEL 2003
2.	KITZBÜHEL 2001
3.	KITZBÜHEL 2002
4.	KITZBÜHEL 2004
	WELTMEISTERSCHAFT
	VAIL 1999
6.	KOMBINATION/AAMODT
DNF	SLALOM/PALANDER
	ST. ANTON 2001
DNF	KOMBINATION/AAMODT
	ST. MORITZ 2003
1.	ABFAHRT + 0,51/AAMODT
DNF	KOMBINATION/MILLER
	OLYMPISCHE SPIELE
DNF	KOMBINATION/AAMODT

David Zwilling

Porträt ➤ S. 61

	ABFAHRT
2.	VAL D´ISERE 1972
3.	GRÖDEN 1972
4.	ST. MORITZ 1973
5.	GARMISCH 1973
	GARMISCH 1973
	ST. ANTON 1973
	SCHLADMING 1973
	RIESENTORLAUF
1.	ARE 1971
	MADONNA 1972
3.	BERCHTESGADEN 1971
	HEAVENLY VALLEY 1977
4.	SUGARLOAF 1971
	GRÖDEN 1972
	MEGEVE 1973
5.	PRA LOUP 1972
	NAEBA 1973
	SLALOM
3.	WENGEN 1974
4.	LIENZ 1969
	MADONNA 1971
	ST. MORITZ 1971
	HEAVENLY VALLEY 1971
	ARE 1971
	MEGEVE 1973
	GARMISCH 1974
5.	ST. ANTON 1973
	KOMBINATION
2.	WENGEN 1975
	WELTMEISTERSCHAFT
	GRÖDEN 1970
14.	RIESENTORLAUF - 5,82/SCHRANZ
	ST. MORITZ 1974
1.	ABFAHRT + 1,02/KLAMMER
2.	SLALOM - 0,78/THÖNI G.
	OLYMPISCHE SPIELE
	SAPPORO 1972
7.	RIESENTORLAUF - 2,70/THÖNI G.
7.	SLALOM - 2,70/FERN.-OCHOA

Hubert Strolz

Porträt ➤ S. 63

	RIESENTORLAUF		SLALOM
2.	ADELBODEN 1984	2.	KRANJSKA GORA 1990
	ARE 1984		GARMISCH 1992
	ADELBODEN 1985	3.	SAALBACH 1988
	ALTA BADIA 1985		WENGEN 1989
	KRANJSKA GORA 1986		VEYSONNAZ 1990
	LAKE PLACID 1986		SESTRIERE 1992
	SESTRIERE 1986		VAL D´ISERE 1992
	SCHLADMING 1988	4.	ARE 1986
	SHIGAKOGEN 1989		KITZBÜHEL 1992
	VEYSONNAZ 1990	5.	MADONNA 1985
	VEYSONNAZ 1990		BAD KLEINKIRCHHEIM 1988
3.	KRANJSKA GORA 1985		KRANJSKA GORA 1988
	ADELBODEN 1986		
	HEMSEDAL 1986		**SUPER-G**
	LAKE PLACID 1986	2.	SAALBACH 1988
	ADELBODEN 1987	3.	MORZINE 1986
	KRANJSKA GORA 1987	4.	COURMAYEUR 1990
	ALTA BADIA 1990	5.	MADONNA 1982
4.	ADELBODEN 1982		GARMISCH 1983
	JASNA 1982		PANORAMA 1985
	SAALBACH 1988		
5.	MORZINE 1982		**OLYMPISCHE SPIELE**
	ALTA BADIA 1986		CALGARY 1988
	ADELBODEN 1987	1.	KOMBINATION/GSTREIN B.
	ALTA BADIA 1987	2.	RIESENTORLAUF - 1,04/TOMBA
	SAAS FEE 1988	4.	SUPER-G - 1,45/PICCARD F.
	PARK CITY 1989		SARAJEVO 1984
		6.	RIESENTORLAUF - 1,53/JULEN
	KOMBINATION		
1.	BAD KLEINKIRCHHEIM 1988		**WELTMEISTERSCHAFT**
3.	ARE 1988		CRANS-MONTANA 1987
	ST. ANTON 1988	4.	RIESENTORLAUF - 0,83/ZURBRIGGEN
	GARMISCH 1992	5.	SUPER-G - 1,51/ZURBRIGGEN
	KITZBÜHEL 1992		VAIL 1989
	WENGEN 1992	4.	SUPER-G - 0,68/HANGL
	ST. ANTON/LECH 1993		SAALBACH 1991
5.	MADONNA 1982	6.	KOMBINATION/EBERHARTER
	GARMISCH 1993		MORIOKA 1993
		4.	SLALOM - 0,65/AAMODT
		6.	RIESENTORLAUF -2,80/AAMODT

Mario Reiter

Porträt ➤ S. 63

	SLALOM
1.	SESTRIERE 1996
	KITZBÜHEL 1997
2.	FURANO 1995
	FLACHAU 1996
4.	KITZBÜHEL 1995
	VAIL 1997
	YONG PYONG 2000
5.	MADONNA 1995
	KITZBÜHEL 1996
	HAFJELL 1996
	RIESENTORLAUF
1.	FURANO 1995
3.	KRANJSKA GORA 1995
	HINTERSTODER 1996
5.	VAIL 1995
	OLYMPISCHE SPIELE
	NAGANO 1998
1.	KOMBINATION/KJUS
DNF	SLALOM/BURAAS
	WELTMEISTERSCHAFT
	SIERRA NEVADA 1996
2.	SLALOM - 0,31/TOMBA
4.	KOMBINATION/GIRARDELLI
	SESTRIERE 1997
3.	KOMBINATION/AAMODT

Mario Matt

Porträt ➤ S. 65

	SLALOM
1.	KITZBÜHEL 2000
	SCHLADMING 2000
	MADONNA 2000
	ASPEN 2001
2.	PARK CITY 2000
	ARE 2001
	KRANJSKA GORA 2001
3.	ADELBODEN 2000
	YONG PYONG 2000
	WENGEN 2001
	ASPEN 2001
	ST. ANTON 2004
	KRANJSKA GORA 2004
4.	TODTNAU 2000
	SHIGAKOGEN 2001
	ADELBODEN 2004
	WELTMEISTERSCHAFT
	ST. ANTON 2001
1.	SLALOM + 0,15/RAICH
2.	KOMBINATION/AAMODT
	ST. MORITZ 2003
DNF	SLALOM/KOSTELIC
DNF	KOMBINATION/MILLER

Stars der 50er- und 60er-Jahre Männer Porträt ➤ S. 67

MARTIN BURGER		
WELTMEISTERSCHAFT	3. RIESENTORLAUF	CHAMONIX 1962
ERNST HINTERSEER		
OLYMPISCHE SPIELE	1. SLALOM	SQUAW VALLEY 1960
	3. RIESENTORLAUF	SQUAW VALLEY 1960
	6. RIESENTORLAUF	CORTINA 1956
ANDERL MOLTERER		
KLASSIKER VOR WELTCUP	1. ABFAHRT	WENGEN 1953
		A.K. MÜRREN 1956
		KITZBÜHEL 1958
	1. SLALOM	KITZBÜHEL 1953
		A.K. ST. ANTON 1953
		WENGEN 1953
		A.K. MÜRREN 1956
		WENGEN 1956
		WENGEN 1957
		KITZBÜHEL 1958
		KITZBÜHEL 1959
	1. KOMBINATION	A.K. ST. ANTON 1953
		WENGEN 1953
		KITZBÜHEL 1953
		A.K. GARMISCH 1954
		A.K. MÜRREN 1956
		KITZBÜHEL 1958
		KITZBÜHEL 1959
OLYMPISCHE SPIELE	2. RIESENTORLAUF	CORTINA 1956
	3. ABFAHRT	CORTINA 1956
	12. RIESENTORLAUF	SQUAW VALLEY 1960
	19. ABFAHRT	SQUAW VALLEY 1960
	DNF SLALOM	CORTINA 1956
WELTMEISTERSCHAFT	3. RIESENTORLAUF	ARE 1954
	5. SLALOM	ARE 1954
	5. ABFAHRT	BAD GASTEIN 1958
	5. KOMBINATION	BAD GASTEIN 1958
	6. RIESENTORLAUF	BAD GASTEIN 1958
ERNST OBERAIGNER		
KLASSIKER VOR WELTCUP	1. ABFAHRT	A.K. GARMISCH 1954
WELTMEISTERSCHAFT	3. ABFAHRT	ARE 1954
OLYMPISCHE SPIELE	DNF SLALOM	SQUAW VALLEY 1960
CHRISTIAN PRAVDA		
KLASSIKER VOR WELTCUP	1. ABFAHRT	KITZBÜHELL 1951
		KITZBÜHEL 1954
		WENGEN 1954
	1. SLALOM	KITZBÜHEL 1951
		A.K. GARMISCH 1954
	1. KOMBINATION	KITZBÜHEL 1951
		KITZBÜHEL 1954
		WENGEN 1954
WELTMEISTERSCHAFT	1. ABFAHRT	ARE 1954
	2. KOMBINATION	ARE 1954
	4. ABFAHRT	ASPEN 1950
	4. SLALOM	ARE 1954
OLYMPISCHE SPIELE	2. RIESENTORLAUF	OSLO 1952
	3. ABFAHRT	OSLO 1952
	DNF SLALOM	ST. MORITZ 1948
	DNF SLALOM	OSLO 1952
JOSL RIEDER		
KLASSIKER VOR WELTCUP	1. SLALOM	KITZBÜHEL 1957
		WENGEN 1958
	1. KOMBINATION	WENGEN 1956
		WENGEN 1957
WELTMEISTERSCHAFT	1. SLALOM	BAD GASTEIN 1958
	2. RIESENTORLAUF	BAD GASTEIN 1958
	3. KOMBINATION	BAD GASTEIN 1958
OLYMPISCHE SPIELE	DNF ABFAHRT	CORTINA 1956
	DNF SLALOM	CORTINA 1956
OTHMAR SCHNEIDER		
KLASSIKER VOR WELTCUP	1. ABFAHRT	WENGEN 1951
		WENGEN 1952
	1. SLALOM	A.K. SESTRIERE 1951
	1. KOMBINATION	WENGEN 1951
		WENGEN 1952

OTHMAR SCHNEIDER		
OLYMPISCHE SPIELE	1. SLALOM	OSLO 1952
	2. ABFAHRT	OSLO 1952
	12. SLALOM	CORTINA 1956
WELTMEISTERSCHAFT	4. RIESENTORLAUF	ARE 1954
HIAS LEITNER		
OLYMPISCHE SPIELE	2. SLALOM	SQUAW VALLEY 1960
	21. SLALOM	INNSBRUCK 1964
WELTMEISTERSCHAFT	6. ABFAHRT	BAD GASTEIN 1958
	10. ABFAHRT	CHAMONIX 1962
GERHARD NENNING		
WELTCUP	1. ABFAHRT	WENGEN 1968
		KITZBÜHEL 1968
		ASPEN 1968
	4. ABFAHRT	KITZBÜHEL 1967
		MEGEVE 1967
		SESTRIERE 1967
		SESTRIERE 1968
	4. SLALOM	WENGEN 1968
	5. RIESENTORLAUF	ADELBODEN 1969
KLASSIKER VOR WELTCUP	1. SLALOM	KITZBÜHEL 1961
		KITZBÜHEL 1965
		A.K. MÜRREN 1966
	1. KOMBINATION	KITZBÜHEL 1961
		KITZBÜHEL 1965
		A.K. MÜRREN 1966
WELTMEISTERSCHAFT	2. KOMBINATION	CHAMONIX 1962
	3. SLALOM	CHAMONIX 1962
	5. ABFAHRT	CHAMONIX 1962
	7. ABFAHRT	PORTILLO 1966
	8. RIESENTORLAUF	CHAMONIX 1962
	13. SLALOM	PORTILLO 1966
OLYMPISCHE SPIELE	2. KOMBINATION	INNSBRUCK 1964
	6. RIESENTORLAUF	INNSBRUCK 1964
	7. SLALOM	INNSBRUCK 1964
	7. ABFAHRT	INNSBRUCK 1964
	8. RIESENTORLAUF	GRENOBLE 1968
	9. ABFAHRT	GRENOBLE 1968
WALTER SCHUSTER		
KLASSIKER VOR WELTCUP	1. KOMBINATION	A.K. MÜRREN 1955
OLYMPISCHE SPIELE	3. RIESENTORLAUF	CORTINA 1956
	DNF ABFAHRT	CORTINA 1956
TONI SPIESS		
OLYMPISCHE SPIELE	3. RIESENTORLAUF	OSLO 1952
	DNF SLALOM	OSLO 1952
WELTMEISTERSCHAFT	3. SLALOM	ARE 1954
JOSEF STIEGLER		
KLASSIKER VOR WELTCUP	1. SLALOM	A.K. MÜRREN 1961
		WENGEN 1961
	1. KOMBINATION	WENGEN 1960
OLYMPISCHE SPIELE	2. RIESENTORLAUF	SQUAW VALLEY 1960
	1. SLALOM	INNSBRUCK 1964
	3. RIESENTORLAUF	INNSBRUCK 1964
	5. SLALOM	SQUAW VALLEY 1960
	15. ABFAHRT	SQUAW VALLEY 1960
MARTIN STROLZ		
WELTMEISTERSCHAFT	2. ABFAHRT	ARE 1954
EGON ZIMMERMANN		
KLASSIKER VOR WELTCUP	1. ABFAHRT	KITZBÜHEL 1963
		WENGEN 1964
	1. SLALOM	A.K. SESTRIERE 1962
	1. KOMBINATION	KITZBÜHEL 1963
WELTMEISTERSCHAFT	1. RIESENTORLAUF	CHAMONIX 1962
	3. ABFAHRT	CHAMONIX 1962
	12. ABFAHRT	PORTILLO 1966
	DNF RIESENTORLAUF	PORTILLO 1966
OLYMPISCHE SPIELE	1. ABFAHRT	INNSBRUCK 1964
	10. ABFAHRT	SQUAW VALLEY 1960
	13. ABFAHRT	GRENOBLE 1968
	DNF RIESENTORLAUF	INNSBRUCK 1964
WELTCUP	4. ABFAHRT	WENGEN 1967
	5. ABFAHRT	KITZBÜHEL 1967

Stars der 50er-und 60er-Jahre Frauen PorträtS ➤ S. 69

JOSEFINE FRANDL		
KLASSIKER VOR WELTCUP	1. SLALOM	KITZBÜHEL 1955
		KITZBÜHEL 1957
		A.K. ST. ANTON 1958
	1. KOMBINATION	A.K. ST. ANTON 1958
		GRINDELWALD 1958
OLYMPISCHE SPIELE	2. RIESENTORLAUF	CORTINA1956
	5. SLALOM	CORTINA 1956
	5. KOMBINATION	CORTINA 1956
	13. ABFAHRT	CORTINA 1956
	17. SLALOM	SQUAW VALLEY 1960
	21. RIESENTORLAUF	SQUAW VALLEY 1960
	39. ABFAHRT	SQUAW VALLEY 1960
WELTMEISTERSCHAFT	2. SLALOM	BAD GASTEIN 1958
	3. KOMBINATION	BAD GASTEIN 1958
	5. ABFAHRT	BAD GASTEIN 1958

THEA HOCHLEITNER		
KLASSIKER VOR WELTCUP	1. ABFAHRT	A.K. ST. ANTON 1953
OLYMPISCHE SPIELE	3. RIESENTORLAUF	CORTINA 1956
	4. KOMBINATION	CORTINA 1956
	7. ABFAHRT	CORTINA 1956
	12. SLALOM	CORTINA 1956

RESI HAMMERER		
WELTMEISTERSCHAFT	3. ABFAHRT ST. MORITZ 1948	

TRUDE KLECKER		
KLASSIKER VOR WELTCUP	1. SLALOM	KITZBÜHEL 1953
		GRINDELWALD 1953
	1. KOMBINATION	KITZBÜHEL 1953
		GRINDELWALD 1953
WELTMEISTERSCHAFT	1. SLALOM	ARE 1954
	2. ABFAHRT	ARE 1954
	6. KOMBINATION	ARE 1954
OLYMPISCHE SPIELE	12. ABFAHRT	CORTINA 1956
	24. ABFAHRT	OSLO 1952
	33. RIESENTORLAUF	CORTINA 1956

ERIKA MAHRINGER		
KLASSIKER VOR WELTCUP	1. ABFAHRT	GRINDELWALD 1949
		KITZBÜHEL 1953
		KITZBÜHEL 1954
	1. RIESENTORLAUF	GRINDELWALD 1953
		GRINDELWALD 1954
	1. SLALOM	A.K. CHAMONIX 1952
	1. KOMBINATION	GRINDELWALD 1949
		A.K. CHAMONIX 1952
		KITZBÜHEL 1954
OLYMPISCHE SPIELE	3. SLALOM	ST. MORITZ 1948
	3. KOMBINATION	ST. MORITZ 1948
	4. ABFAHRT	OSLO 1952
	17. RIESENTORLAUF	OSLO 1952
	19. ABFAHRT	ST. MORITZ 1948
	21. SLALOM	OSLO 1952
WELTMEISTERSCHAFT	2. ABFAHRT	ASPEN 1950
	2. SLALOM	ASPEN 1950
	4. RIESENTORLAUF	ASPEN 1950
	4. KOMBINATION	ARE 1954

ERKA NETZER		
KLASSIKER VOR WELTCUP	1. ABFAHRT	A.K. GARMISCH 1959
		KITZBÜHEL 1962
	1. KOMBINATION	KITZBÜHEL 1963
WELTMEISTERSCHAFT	2. RIESENTORLAUF	CHAMONIX 1962
	3. SLALOM	CHAMONIX 1962
	3. KOMBINATION	CHAMONIX 1962
	10. ABFAHRT	CHAMONIX 1962
OLYMPISCHE SPIELE	8. ABFAHRT	SQUAW VALLEY 1960
	DNF RIESENTORLAUF	SQUAW VALLEY 1960

MARIANNE JAHN		
KLASSIKER VOR WELTCUP	1. RIESENTORLAUF	SCHRUNS 1963
	1. SLALOM	A.K. SESTRIERE 1960
		A.K. MÜRREN 1961
		GRINDELWALD 1962
		BAD GASTEIN 1962
		SCHRUNS 1963
	1. KOMBINATION	BAD GASTEIN 1962
		A.K. SESTRIERE 1960
WELTMEISTERSCHAFT	1. RIESENTORLAUF	CHAMONIX 1962
	1. SLALOM	CHAMONIX 1962
	2. KOMBINATION	CHAMONIX 1962
OLYMPISCHE SPIELE	12. SLALOM	SQUAW VALLEY 1960
	13. RIESENTORLAUF	INNSBRUCK 1964
	DNF SLALOM	INNSBRUCK 1964

TRUDE JOCHUM-BEISER		
KLASSIKER VOR WELTCUP	1. ABFAHRT	GRINDELWALD 1947
		GRINDELWALD 1952
	1. SLALOM	A.K. MÜRREN 1947
		KITZBÜHEL 1961
OLYMPISCHE SPIELE	1. KOMBINATION	ST. MORITZ 1948
	2. ABFAHRT	ST. MORITZ 1948
	1. ABFAHRT	OSLO 1952
	8. SLALOM	OSLO 1952
	11. RIESENTORLAUF	OSLO 1952
WELTMEISTERSCHAFT	1. ABFAHRT	ASPEN 1950
	2. RIESENTORLAUF	ASPEN 1950

DAGMAR ROM		
OLYMPISCHE SPIELE	2. RIESENTORLAUF	OSLO 1952
	5. ABFAHRT	OSLO 1952
	DNF SLALOM	OSLO 1952
WELTMEISTERSCHAFT	1. RIESENTORLAUF	ASPEN 1950
	1. SLALOM	ASPEN 1950

ERIKA SCHINEGGER		
WELTCUP	1. RIESENTORLAUF	ST. GERVAIS 1967
	2. RIESENTORLAUF	VAIL 1967
		JACKSON HOLE 1967
	2. ABFAHRT	SESTRIERE 1967
		BAD GASTEIN 1967
	4. RIESENTORLAUF	FRANCONIA 1967
WELTMEISTERSCHAFT	1. ABFAHRT	PORTILLO 1966
	11. RIESENTORLAUF	PORTILLO 1966
WM-MEDAILLE WURDE SPÄTER ABERKANNT.		
1996 ERHIELT M. GOITSCHEL DIE MEDAILLE.		

REGINE SCHÖPF		
OLYMPISCHE SPIELE	2. SLALOM	CORTINA 1956
	9. RIESENTORLAUF	CORTINA 1956
WELTMEISTERSCHAFT	4. SLALOM	ARE 1954

HEIDI ZIMMERMANN		
WELTMEISTERSCHAFT	2. RIESENTORLAUF	PORTILLO 1966
	3. KOMBINATION	PORTILLO 1966
	9. ABFAHRT	PORTILLO 1966
	19. SLALOM	PORTILLO 1966

EDITH ZIMMERMANN		
OLYMPISCHE SPIELE	2. ABFAHRT	INNSBRUCK 1964
	3. KOMDINATION	INNSBRUCK 1964
	5. SLALOM	INNSBRUCK 1964
	6. RIESENTORLAUF	INNSBRUCK 1964
	4. RIESENTORLAUF	MOUNT ST. ANNE 1969
	5. RIESENTORLAUF	FRANCONIA 1967

Günther Mader

Porträt ➤ S. 71

	ABFAHRT
1.	KITZBÜHEL 1996
2.	PANORAMA 1992
	KVITFJELL 1996
3.	GARMISCH 1993
	ST. ANTON 1993
	VAL D´ISERE 1994
4.	VAL D´ISERE 1994
	VAL D´ISERE 1995
5.	GARMISCH 1996

	SUPER-G
1.	LES MENUIRES 1990
	GARMISCH 1991
	PANORAMA 1992
	WHISTLER MTN. 1993
	VAL D´ISERE 1994
	KITZBÜHEL 1995
2.	COURMAYEUR 1990
	ASPEN 1992
	ARE 1993
	VAL D´ISERE 1996
3.	VAL D´ISERE 1990
	ST. ANTON 1993
4.	MORZINE 1986
	VAL D´ISERE 1988
	MEGEVE 1992
	VALLOIRE 1996
	HAKUBA 1996
5.	WHISTLER MTN. 1995
	KVITFJELL 1995

	RIESENTORLAUF
1.	MOUNT ST. ANNE 1989
	PARK CITY 1993
2.	SAAS FEE 1988
	ALTA BADIA 1990
	BORMIO 1995
3.	THREDBO 1989
	WATERVILLE 1989
	VAL D´ISERE 1994
4.	SCHLADMING 1985
	SCHLADMING 1988
	ALTA BADIA 1993
5.	LES DIABLERETS 1983
	VEYSONNAZ 1990
	ADELBODEN 1991
	ASPEN 1991
	SÖLDEN 1993
	KRANJSKA GORA 1994
	SÖLDEN 1993
	KRANJSKA GORA 1994

	SLALOM
1.	GEILO 1986
3.	MARKSTEIN 1987
	SESTRIERE 1987
	KRANJSKA GORA 1987
	ARE 1988
4.	LILLEHAMMER 1986
	KRANJSKA GORA 1986
5.	MADONNA 1986
	OPDAL 1988
	MOUNT ST. ANNE 1989
	PARK CITY 1993

	KOMBINATION
1.	ARE/WENGEN 1986
	ARE 1988
	KITZBÜHEL 1996
	CHAMONIX 1997
2.	WENGEN 1992
	ST. ANTON/LECH 1993
	VEYSONNAZ 1996
3.	SCHLADMING 1990
	KITZBÜHEL 1991
	GARMISCH 1993
	VEYSONNAZ 1993
	KITZBÜHEL 1994
	KITZBÜHEL 1995
4.	BAD KLEINKIRCHHEIM 1988
5.	MADONNA/GRÖDEN 1983

	WELTMEISTERSCHAFT
	BORMIO 1985
8.	KOMBINATION/ZURBRIGGEN
DNF	RIESENTORLAUF/WASMEIER
	CRANS-MONTANA 1987
2.	SLALOM - 0,19/WÖRNDL
3.	KOMBINATION/GIRARDELLI
13.	SUPER-G - 2,81/ZURBRIGGEN
	VAIL 1989
3.	KOMBINATION/GIRARDELLI
	SAALBACH 1991
3.	KOMBINATION/EBERHARTER
12.	SUPER-G - 2,87/EBERHARTER
13.	SLALOM - 4,18/GIRARDELLI
14.	RIESENTORLAUF - 3,82/ZURBRIGGEN
	MORIOKA 1993
4.	KOMBINATION/KJUS
17.	ABFAHRT - 1,99/LEHMANN
18.	RIESENTORLAUF - 4,20/AAMODT
	SIERRA NEVADA 1996
3.	KOMBINATION/GIRARDELLI
6.	ABFAHRT - 1,11/ORTLIEB
7.	SUPER-G - 0,79/SKAARDAL
12.	RIESENTORLAUF - 3,73/TOMBA
	SESTRIERE 1997
3.	SUPER-G - 0,33/SKAARDAL
DNF	KOMBINATION/AAMODT

	OLYMPISCHE SPIELE
	CALGARY 1988
5.	SUPER-G - 2,30/PICCARD F.
11.	RIESENTORLAUF - 3,67/TOMBA
19.	ABFAHRT - 4,33/ZURBRIGGEN
DNF	SLALOM/TOMBA
DNF	KOMBINATION/STROLZ
	ALBERTVILLE 1992
3.	ABFAHRT - 0,10/ORTLIEB
6.	RIESENTORLAUF - 1,88/TOMBA
7.	SUPER-G - 1,04/AAMODT
DNF	KOMBINATION/POLIG J.
	LILLEHAMMER 1994
4.	KOMBINATION/KJUS
9.	SUPER-G - 0,97/WASMEIER
11.	RIESENTORLAUF - 1,20/WASMEIER
19.	ABFAHRT - 1,12/MOE
DNF	SLALOM/STANGASSINGER
	NAGANO 1998
4.	KOMBINATION/REITER

Benjamin Raich

Porträt ➤ S. 75

	RIESENTORLAUF
1.	FLACHAU 1999
	YONG PYONG 2000
	BORMIO 2000
	KRANJSKA GORA 2001
	FLACHAU 2004
2.	LES ARCS 2001
	KRANJSKA GORA 2001
	FLACHAU 2002
	HAFJELL 2003
3.	ADELBODEN 1999
	SAALBACH 2000
	SHIGAKOGEN 2001
	ARE 2001
	PARK CITY 2002
4.	KRANJSKA GORA 1999
	ALTA BADIA 2001
	KRANJSKA GORA 2003
5.	TIGNES 1999
	TODTNAU 2000
	ADELBODEN 2002
	SÖLDEN 2003
	ALTA BADIA 2003

	KOMBINATION
2.	CHAMONIX 2004
	KITZBÜHEL 2004

	SLALOM
1.	SCHLADMING 1999
	WENGEN 1999
	WENGEN 2001
	KITZBÜHEL 2001
	SCHLADMING 2001
	ARE 2001
	WENGEN 2004
	SCHLADMING 2004
2.	MADONNA 1999
	KRANJSKA GORA 1999
	BORMIO 2000
	SCHLADMING 2003
3.	KRANJSKA GORA 1999
	KITZBÜHEL 2000
	SHIGAKOGEN 2001
	PARK CITY 2002
	YONG PYONG 2003
	ADELBODEN 2004
4.	MADONNA 2003
	FLACHAU 2004
5.	MADONNA 2000
	KITZBÜHEL 2003

	SUPER-G
4.	LAKE LOUISE 2003
	KVITFJELL 2004
	SESTRIERE 2004

	WELTMEISTERSCHAFT
	VAIL 1999
5.	SLALOM - 0,43/PALANDER
DNF	RIESENTORLAUF/KJUS
	ST. ANTON 2001
2.	SLALOM - 0,15/MATT M.
DNF	RIESENTORLAUF/VON GRÜNIGEN
	ST. MORITZ 2003
4.	SLALOM - 0,46/KOSTELIC
9.	RIESENTORLAUF - 1,06/MILLER
DNF	KOMBINATION/MILLER

	OLYMPISCHE SPIELE
	SALT LAKE CITY 2002
3.	SLALOM - 1,35/VIDAL
3.	KOMBINATION/AAMODT
4.	RIESENTORLAUF - 1,12/EBERHARTER

Katrin Gutensohn

Porträt ➤ S. 77

	ABFAHRT
1.	VAIL 1985
	BAD GASTEIN 1986
	PUY ST. VINCENT 1986
	CRANS-MONTANA 1986
	VEYSONNAZ 1990 (GER)
	VEYSONNAZ 1990 (GER)
	ALTENMARKT 1990 (GER)
	BAD KLEINKIRCHHEIN 1990 (GER)
2.	SUNSHINE 1986
	PANORAMA 1989 (GER)
	MORZINE 1992 (GER)
	VAIL 1992 (GER)
	LAKE LOUISE 1997 (GER)
3.	SANTA CATERINA 1984
	BAD GASTEIN 1986
	CRANS-MONTANA 1986
4.	VAL D´ISERE 1985
	VAL D´ISERE 1986
	ROSSLAND 1988
	PANORAMA 1989 (GER)
	MERIBEL 1991 (GER)
	LAKE LOUISE 1992 (GER)
5.	SUNSHINE 1985
	VAL D`ISERE 1985
	FURANO 1986
	ZINAL 1988
	STEAMBOAT 1989 (GER)

	WELTCUP-POKAL
1.	ABFAHRT 1990 (GER)

ÜBERTRITT ZUM DSV AM 10. 4. 1989

	SUPER-G
3.	SIERRA NEVADA 1994 (GER)
	MAMMOTH MTN. 1997 (GER)
4.	MEGEVE 1986
5.	HAUS 1995 (GER)
	KVITFJELL 1996 (GER)
	MAMMOTH MTN. 1997 (GER)
	CORTINA 1998 (GER)

	KOMBINATION
4.	SUNSHINE 1986

	WELTMEISTERSCHAFT
	BORMIO 1985
2.	ABFAHRT - 1,61/FIGINI
31.	RIESENTORLAUF - 7,87/ROFFE
	SAALBACH 1991
8.	ABFAHRT - 1,11/KRONBERGER (GER)
DNF	SUPER-G/MAIER U. (GER)
	SIERRA NEVADA 1996
7.	SUPER-G - 1,28/KOSTNER (GER)
15.	ABFAHRT - 1,89/STREET (GER)
	SESTRIERE 1997
5.	SUPER-G - 0,50/KOSTNER (GER)
9.	ABFAHRT - 1,58/LINDH (GER)

	OLYMPISCHE SPIELE
	ALBERTVILLE 1992
6.	ABFAHRT - 1,16/LEE-GARTNER (GER)
	LILLEHAMMER 1994
6.	SUPER-G - 0,69/ROFFE (GER)
18.	ABFAHRT - 2,21/SEIZINGER (GER)

Roswitha Steiner

Porträt ➤ S. 73

	SLALOM
1.	WATERVILLE 1983
	PIANCAVALLO 1983
	JASNA 1984
	SESTRIERE 1985
	MARIBOR 1986
	ST. GERVAIS 1986
	WATERVILLE 1986
	ASPEN 1988
2.	SESTRIERE 1983
	BAD GASTEIN 1984
	COURMAYEUR 1986
	KRANJSKA GORA 1988
3	PARK CITY 1986
	ZWIESEL 1987
4.	LES DIABLERETS 1983
	VYSOKE TATRY 1983
	ST. GERVAIS 1987
	FLUEHLI 1987
5.	SCHRUNS 1983
	COURMAYEUR 1986
	SESTRIERE 1987
	LEUKERBAD 1987
	PIANCAVALLO 1987

	WELTCUP-POKAL
1.	SLALOM 1986 + 1988

	OLYMPISCHE SPIELE/ WELTMEISTERSCHAFT
2.	SLALOM CRANS-MONTANA 1987 -0,25/HESS E.
4.	SLALOM SARAJEVO 1984 -1,37/MAGONI P.
4.	SLALOM CALGARY 1988 -2,08/SCHNEIDER
7.	SLALOM SCHLADMING 1982 - 2,39/HESS E.
10.	RIESENTORLAUF SCHLADMING 1984 -2,68/HESS E.
27.	RIESENTORLAUF SARAJEVO 1984 -5,58/ARMSTRONG
DNF	SLALOM BORMIO 1985/PELEN

Thomas Sykora

Porträt ➤ S. 79

	SLALOM
1.	KITZBÜHEL 1996
	HAFJELL 1996
	PARK CITY 1996
	MADONNA 1996
	KRANJSKA GORA 1996
	CHAMONIX 1997
	WENGEN 1997
	KRANJSKA GORA 1998
	KITZBÜHEL 1998
2.	VAL D´ISERE 1992
	KITZBÜHEL 1994
	LECH 1994
	LECH 1994
	SESTRIERE 1996
	BRECKENRIDGE 1996
	SESTRIERE 1997
	SCHLADMING 1998
	KITZBÜHEL 1998
3.	MADONNA 1992
	CHAMONIX 1994
	VEYSONNAZ 1996
4.	BORMIO 1995
	FLACHAU 1996
	SCHLADMING 1997
5.	KRANJSKA GORA 1994
	CRANS-MONTANA 1998

	WELTCUP-POKALE
1.	SLALOM 1997 + 1998

	OLYMPISCHE SPIELE
	LILLEHAMMER 1994
DNF	SLALOM /STANGASSINGER
	NAGANO 1998
3.	SLALOM - 1,37/BURAAS

	WELTMEISTERSCHAFT
	MORIOKA 1993
9.	SLALOM - 1,49/AAMODT
	SIERRA NEVADA 1996
DNF	SLALOM/ TOMBA
	SESTRIERE 1997
9.	SLALOM - 1,60/STIANSEN

Brigitte Habersatter

Porträt ➤ S. 81

	ABFAHRT
1.	APRICA 1975
	MEIRINGEN 1976
	ASPEN 1976
	ZELL AM SEE 1976
	ZELL AM SEE 1976
	CRANS-MONTANA 1977
	HEAVENLY VALLEY 1977
2.	CORTINA 1975
3.	SAALBACH 1972
	GRINDELWALD 1973
	CORTINA 1976
4.	VAL D´ISERE 1975
	PFRONTEN 1977
	SCHRUNS 1977
	PFRONTEN 1978
5.	GRINDELWALD 1972
	VAL D´ISERE 1972

	RIESENTORLAUF
1.	COURMAYEUR 1976
4.	COPPER MTN. 1976
	SUN VALLEY 1977
5.	LES GETS 1976

	KOMBINATION
2.	CORTINA 1975

	WELTCUP-POKALE
1.	ABFAHRT 1976 - 1977

	OLYMPISCHE SPIELE
	INNSBRUCK 1976
2.	ABFAHRT - 0,52/MITTERMAIER R.
16.	RIESENTORLAUF - 2,35/KREINER
DNF	SLALOM/MITTERMAIER R.
	SAPPORO 1972
15.	ABFAHRT - 4,05/NADIG

	WELTMEISTERSCHAFT
	GARMISCH 1978
7.	ABFAHRT - 2,16/MOSER-PRÖLL

Peter Wirnsberger

Porträt ➤ S. 83

	ABFAHRT
1.	GARMISCH 1979
	LAKE PLACID 1979
	VAL D´ISERE 1979
	WENGEN 1985
	GRÖDEN 1985
	SCHLADMING 1985
	KITZBÜHEL 1986
	KITZBÜHEL 1986
2	GRÖDEN 1977
	KITZBÜHEL 1979
	ST. MORITZ 1980
	ST. ANTON 1981
	ASPEN 1986
	LAAX 1987
	LAAX 1989
3.	GARMISCH 1977
	CORTINA 1977
	WENGEN 1980
	KITZBÜHEL 1981
	WENGEN 1982
	GRÖDEN 1984
	KITZBÜHEL 1985
	WENGEN 1985
	VAL D´ISERE 1985
	MORZINE 1986
	KITZBÜHEL 1989
	VAL D´ISERE 1990
4.	GRÖDEN 1978
	CRANS-MONTANA 1981
	LAAX 1984
	LAS LENAS 1985
	KITZBÜHEL 1987
	VAIL 1988
	ARE 1990
5.	MORZINE 1977
	SCHLADMING 1978
	KITZBÜHEL 1984
	CORTINA 1984
	WENGEN 1989

	KOMBINATION
4.	KITZBÜHEL 1985
5.	KITZBÜHEL 1986

	WELTCUP-POKAL
1.	ABFAHRT 1986

	OLYMPISCHE SPIELE/ WELTMEISTERSCHAFT
2.	ABFAHRT LAKE PLACID 1980 -0,61/STOCK
6.	ABFAHRT BORMIO 1985 -1,02/ZURBRIGGEN
8.	ABFAHRT 1989 VAIL -1,13/TAUSCHER
10.	ABFAHRT 1991 SAALBACH -1,68/HEINZER
12.	ABFAHRT 1982 SCHLADMING -2,04/WEIRATHER
19.	ABFAHRT 1978 GARMISCH -3,56/WALCHER
24.	ABFAHRT 1987 CRANS-MONTANA -2,90/MÜLLER

Monika Kaserer

Porträt ➤ S. 85

	RIESENTORLAUF
1.	LES CONTAMINES 1973
	ABETONE 1973
	GRINDELWALD 1974
	VYSOKE TATRY 1974
	MEIRINGEN 1976
	MOUNT ST. ANNE 1976
	MEGEVE 1977
	MARIBOR 1977
2.	ST. GERVAIS 1972
	PRA LOUP 1972
	SAALBACH 1972
	ST. GERVAIS 1973
	ANCHORAGE 1973
	HEAVENLY VALLEY 1973
	VAL D´ISERE 1974
	NAEBA 1975
	SUN VALLEY 1975
	MARIBOR 1977
	MADONNA 1977
	LES MOSSES 1978
3.	BANFF 1972
	PRA LOUP 1972
	VAL D´ISERE 1975
	LES GETS 1975
	BERCHTESGADEN 1975
	ASPEN 1976
	AROSA 1977
4.	VAL D´ISERE 1977
5.	HEAVENLY VALLEY 1971
	BAD GASTEIN 1974
	GRINDELWALD 1975
	SUN VALLEY 1977

	SLALOM
1.	GRINDELWALD 1973
2.	GRINDELWALD 1972
	COPPER MTN. 1976
	MARIBOR 1977
3.	SESTRIERE 1971
	CHAMONIX 1973
	BAD GASTEIN 1974
	GRÖDEN 1975
	ST. GERVAIS 1977
	SUN VALLEY 1977
	CERVINIA 1977
4.	HEAVENLY VALLEY 1973
	OBERSTAUFEN 1977
5.	VAL D´ISERE 1972
	NAEBA 1973
	ABETONE 1974
	CORTINA 1974
	MARIBOR 1978

	ABFAHRT
2.	PFRONTEN 1973
4.	BAD GASTEIN 1974
	ASPEN 1976
5.	PFRONTEN 1973

	KOMBINATION
2.	BAD GASTEIN 1976
3.	SCHRUNS 1977
4.	CRANS-MONTANA 1977

	PARALLEL
1.	GRÖDEN 1975

	OLYMPISCHE SPIELE
	SAPPORO 1972
4.	KOMBINATION/MOSER-PRÖLL
7.	SLALOM - 3,12/COCHRAN B.
13.	RIESENTORLAUF - 3,47/NADIG
30.	ABFAHRT - 7,98/NADIG
	INNSBRUCK 1976
6.	RIESENTORLAUF - 1,36/KREINER
9.	ABFAHRT - 2,65/MITTERMAIER R.
DNF	SLALOM/MITTERMAIER R.

	WELTMEISTERSCHAFT
	ST. MORITZ 1974
3.	KOMBINATION/SERRAT
4.	ABFAHRT - 1,56/MOSER-PRÖLL
5.	RIESENTORLAUF - 1,17/SERRAT
7.	SLALOM - 1,98/WENZEL H.
	GARMISCH 1978
3.	SLALOM - 0,52/SÖLKNER
DNF	RIESENTORLAUF/EPPLE M.

Helmut Höflehner

Porträt ➤ S. 87

	ABFAHRT
1.	LAKE LOUISE 1983
	CORTINA 1984
	GRÖDEN 1984
	WENGEN 1985
	GARMISCH 1985
	GRÖDEN 1988
	ST. ANTON 1989
	VAL D´ISERE 1990
	VAL D´ISERE 1990
	CORTINA 1990
2.	ASPEN 1984
	WHISTLER MTN. 1984
	KITZBÜHEL 1985
	KITZBÜHEL 1990
	ARE 1990
3.	ASPEN 1982
	ASPEN 1983
	PANORAMA 1985
	LAS LENAS 1985
	LAAX 1989
	CORTINA 1990
	ARE 1990
	ASPEN 1991
	LAKE LOUISE 1991
	WENGEN 1992
4.	GARMISCH 1981
	KITZBÜHEL 1985
	WENGEN 1985
	ASPEN 1985
	WHISTLER MTN. 1989
	GARMISCH 1991
	KITZBÜHEL 1992
	CHAMONIX 1994
5.	ASPEN 1982
	LAGALP 1982
	ARE 1986
	ASPEN 1989
	SCHLADMING 1990
	KITZBÜHEL 1991
	LAKE LOUISE 1991

	KOMBINATION
5.	GARMISCH 1984
	MORZINE 1986

	WELTCUP - POKALE
1.	ABFAHRT 1985 + 1990

	OLYMPISCHE SPIELE / WELTMEISTERSCHAFT
5.	ABFAHRT SARAJEVO 1984 - 0,73/JOHNSON
7.	ABFAHRT VAIL 1989 - 0,85/TAUSCHER
7.	ABFAHRT BORMIO 1985 -1,33/ZURBRIGGEN
14.	ABFAHRT CRANS-MONTANA 1987 -1,90/MÜLLER
17.	ABFAHRT ALBERTVILLE 1992 -2,73/ORTLIEB
17.	KOMBINATION SCHLADMING 1982/VION
DNF	ABFAHRT SAALBACH 1991/HEINZER

Wiltrud Drexel

Porträt ➤ S. 89

	ABFAHRT
1.	GRINDELWALD 1969
	SCHRUNS 1969
	PRA LOUP 1971
	CRYSTAL MTN. 1972
	VAL D´ISERE 1974
2.	GARMISCH 1970
	VAL D´ISERE 1970
	BAD GASTEIN 1972
	CRYSTAL MTN. 1972
	GRINDELWALD 1973
	CHAMONIX 1973
	SCHRUNS 1973
	ZELL AM SEE 1973
	PFRONTEN 1974
3.	ST. ANTON 1969
	SCHRUNS 1971
	ST. MORITZ 1973
	VAL D´ISERE 1973
	BAD GASTEIN 1974
	CORTINA 1974
4.	GRINDELWALD 1970
	SUGARLOAF 1971
	VAL D´ISERE 1971
	VAL D´ISERE 1972
	SCHRUNS 1975
	CORTINA 1975

	RIESENTORLAUF
2.	VOSS 1970
	BANFF 1972
3.	MOUNT ST. ANNE 1969
4.	SQUAW VALLEY 1969
5.	OBERSTAUFEN 1969
	WATERVILLE 1969
	ABETONE 1971
	ARE 1971
	MOUNT ST. ANNE 1973

	SLALOM
3.	VAL D´ISERE 1970
	SCHRUNS 1971
	MOUNT ST. ANNE 1971
5.	SQUAW VALLEY 1969

	KOMBINATION
3.	SCHRUNS 1975
5.	BAD GASTEIN 1976

	OLYMPISCHE SPIELE
	SAPPORO 1972
3.	RIESENTORLAUF - 2,45/NADIG
DNF	SLALOM/COCHRAN B.

	WELTMEISTERSCHAFT
	ST. MORITZ 1974
3.	ABFAHRT - 1,31/MOSER-PRÖLL

Hans Knauß

Porträt ➤ S. 91

	ABFAHRT
1.	KITZBÜHEL 1999
2.	BEAVER CREEK 2003
3.	WENGEN 1999
	GRÖDEN 2003
4.	WENGEN 1998
	CRANS-MONTANA 1998
	BORMIO 1998
	BEAVER CREEK 1999
	KITZBÜHEL 2004
5.	GRÖDEN 1996
	KITZBÜHEL 1998
	KVITFJELL 1999
	SIERRA NEVADA 1999
	KITZBÜHEL 2004
	KVITFJELL 2004

	SUPER-G
1.	VALLOIRE 1996
	VAL D´ISERE 1996
	KVITFJELL 1998
2.	GARMISCH 1998
3.	VAIL 1994
	VAL D´ISERE 1995
	HAKUBA 1996
	BEAVER CREEK 1997
	SCHLADMING 1999
	BEAVER CREEK 2003
4.	ASPEN 1992
	GRÖDEN 2003
5.	ASPEN 1998
	ALTENMARKT 2002
	KITZBÜHEL 2003

	RIESENTORLAUF
1.	ALTA BADIA 1995
	ADELBODEN 2003
	HAFJELL 2003
2.	PARK CITY 1996
	CRANS-MONTANA 1998
	OFTERSCHWANG 1999
3.	PARK CITY 1995
	BRECKENRIDGE 1996
	VAL D´ISERE 1997
	KRANJSKA GORA 1999
	ST. MORITZ 2002
	PARK CITY 2003
4.	SÖLDEN 1996
	ALTA BADIA 1996
	KRANJSKA GORA 1998
	SAALBACH 1998
	ADELBODEN 1998
5.	ALTA BADIA 1997
	FLACHAU 1999
	BORMIO 2000

	KOMBINATION
2.	KITZBÜHEL 1996
4.	KITZBÜHEL 1997

	WELTMEISTERSCHAFT
	SIERRA NEVADA 1996
9.	SUPER-G - 0,83/SKAARDAL
16.	ABFAHRT - 2,11/ORTLIEB
DNF	RIESENTORLAUF/TOMBA
DNF	KOMBINATION/GIRARDELLI
	SESTRIERE 1997
4.	SUPER-G - 0,39/SKAARDAL
7.	RIESENTORLAUF - 1,99/VON GRÜNIGEN
	VAIL 1999
3.	SUPER-G - 0,01/MAIER H./KJUS
4.	ABFAHRT - 0,59/MAIER H.
	ST. MORITZ 2003
2.	RIESENTORLAUF - 0,03/MILLER

	OLYMPISCHE SPIELE
	LILLEHAMMER 1994
20.	SUPER-G - 2,12/WASMEIER
DNF	KOMBINATION/KJUS
	NAGANO 1998
2.	SUPER-G - 0,61/MAIER H.
4.	RIESENTORLAUF - 1,20/MAIER H.
	SALT LAKE CITY 2002
DNF	RIESENTORLAUF/EBERHARTER

Sabine Ginther

Porträt ➤ S. 93

	ABFAHRT
1.	LAKE LOUISE 1991
	VAIL 1991
	GRINDELWALD 1992
2.	BAD KLEINKIRCHHEIM 1990
	SCHRUNS 1992
3.	VAIL 1991
	HAUS 1993
5.	ALTENMARKT 1990

	SUPER-G
3.	FURANO 1991

	SLALOM
1.	SCHRUNS 1992

	KOMBINATION
1.	SCHRUNS 1992
	GRINDELWALD 1992
2.	BAD KLEINKIRCHHEIM 1991
3.	MORZINE 1991
	CORTINA 1993

	WELTMEISTERSCHAFT
	SAALBACH 1991
6.	ABFAHRT - 0,85/KRONBERGER
DNF	KOMBINATION/BOURNISSEN

Rainer Schönfelder

Porträt ➤ S. 95

	SLALOM
1.	TODTNAU 2000
	KITZBÜHEL 2002
	PARK CITY 2002
	SHIGAKOGEN 2003
	ADELBODEN 2004
2.	WENGEN 2001
	KRANJSKA GORA 2003
	KITZBÜHEL 2003
	PARK CITY 2003
	WENGEN 2004
	SESTRIERE 2004
3.	MADONNA 2000
	KITZBÜHEL 2004
4.	KRANJSKA GORA 1999
	ASPEN 2001
	WENGEN 2002
	SCHLADMING 2002
	CHAMONIX 2004
	ST. ANTON 2004
5.	KITZBÜHEL 2001
	HAFJELL 2003
	SCHLADMING 2004
	KRANJSKA GORA 2004

	WELTCUP-POKAL
1.	SLALOM 2004

	WELTMEISTERSCHAFT
	ST. ANTON 2001
4.	KOMBINATION/AAMODT
6.	SLALOM - 1,20/MATT M.
	ST. MORITZ 2003
10.	KOMBINATION/MILLER
DNF	SLALOM/KOSTELIC

	OLYMPISCHE SPIELE
	SALT LAKE CITY 2002
4.	KOMBINATION/AAMODT
DNF	SLALOM/VIDAL

Gertrud Gabl

Porträt ➤ S. 97

	RIESENTORLAUF
1.	HEAVENLY VALLEY 1968
	VYSOKE TATRY 1969
2.	OBERSTAUFEN 1969
	MARIBOR 1971
3.	ROSSLAND 1968
	ABETONE 1971
	ARE 1971
4.	GRINDELWALD 1968
	ASPEN 1968
5.	SQUAW VALLEY 1969
	GRÖDEN 1970
	SLALOM
1.	GRINDELWALD 1968
	HEAVENLY VALLEY 1968
	OBERSTAUFEN 1969
	GRINDELWALD 1969
	VYSOKE TATRY 1969
2.	OBERSTAUFEN 1968
	ASPEN 1968
	SCHRUNS 1969
	OBERSTAUFEN 1971
3.	BAD GASTEIN 1969
4.	GRÖDEN 1970
	SCHRUNS 1971
5.	SCHRUNS 1967
	MONTE BONDONE 1967
	VAL D´ISERE 1969
	BANFF 1972
	WELTCUP-POKALE
1.	GESAMT 1969
1.	SLALOM 1969
	WELTMEISTERSCHAFT
	GRÖDEN 1970
4.	SLALOM - 1,82/LAFFORGUE I.
5.	RIESENTORLAUF - 0,39/CLIFFORD
	OLYMPISCHE SPIELE
	GRENOBLE 1968
9.	RIESENTORLAUF - 4,88/GREENE
12.	ABFAHRT - 2,53/PALL O.
	SAPPORO 1972
DNF	RIESENTORLAUF/NADIG
DNF	SLALOM/COCHRAN B.

Armin Assinger

Porträt ➤ S. 99

	ABFAHRT
1.	SIERRA NEVADA 1993
	KVITFJELL 1993
	VAL D´ISERE 1994
2.	GRÖDEN 1988
	KITZBÜHEL 1995
3.	ARE 1986
	WENGEN 1995
5.	WENGEN 1995
	KVITFJELL 1995
	SUPER-G
1.	BAD KLEINKIRCHHEIM 1992
3.	LECH 1993
	KITZBÜHEL 1995
4.	WENGEN 1994
	OLYMPISCHE SPIELE
	LILLEHAMMER 1994
11.	SUPER-G - 1,31/WASMEIER
15.	ABFAHRT - 0,93/MOE
	WELTMEISTERSCHAFT
	MORIOKA 1993
14.	ABFAHRT - 1,79/LEHMANN

Hansi Hinterseer

Porträt ➤ S. 99

	RIESENTORLAUF
1.	ANCHORAGE 1973
	VAL D´ISERE 1973
	FURANO 1977
2.	ADELBODEN 1973
	MEGEVE 1973
	QUEBECK 1973
	NAEBA 1973
	MORZINE 1974
	VOSS 1974
3.	SAALBACH 1973
	ADELBODEN 1974
	VYSOKE TATRY 1974
	FULPMES 1975
	NAEBA 1975
	ZWIESEL 1976
4.	VAL D´ISERE 1974
	ADELBODEN 1976
	MORZINE 1976
5.	SUN VALLEY 1975
	GARMISCH 1977
	VOSS 1977
	SLALOM
1.	KITZBÜHEL 1974
	NAEBA 1974
	SCHLADMING 1975
2.	STERZING 1975
3.	ZAKOPANE 1974
	CHAMONIX 1975
4.	KITZBÜHEL 1975
	WENGEN 1976
	BERCHTESGADEN 1977
5.	SUN VALLEY 1977
	WELTMEISTERSCHAFT
	ST. MORITZ 1974
2.	RIESENTORLAUF - 0,92/THÖNI G.
DSQ	SLALOM/THÖNI G.
	OLYMPISCHE SPIELE
	INNSBRUCK 1976
14.	RIESENTORLAUF - 6,89/HEMMI H.
DNF	SLALOM/GROS
	WELTCUP-POKAL
1.	RIESENTORLAUF 1973

Klaus Heidegger

Porträt ➤ S. 99

	RIESENTORLAUF
1.	GARMISCH 1977
	VOSS 1977
2.	ARE 1977
3.	VAL D´ISERE 1976
	ADELBODEN 1977
4.	EBNAT-KAPPEL 1977
	MADONNA 1977
5.	VAL D´ISERE 1976
	FURANO 1977
	ZWIESEL 1978
	SLALOM
1.	FURANO 1977
	WENGEN 1978
	KITZBÜHEL 1978
2.	BERCHTESGADEN 1977
	ST. ANTON 1977
	MADONNA 1977
	OBERSTAUFEN 1978
3.	WENGEN 1977
	WATERVILLE VALLEY 1980
4.	MADONNA 1976
	KITZBÜHEL 1977
	VOSS 1977
	SESTRIERE 1984
	HEAVENLY VALLEY 1985
5.	ARE 1977
	KITZBÜHEL 1979
	ARE 1984
	WELTMEISTERSCHAFT
	GARMISCH 1978
17.	RIESENTORLAUF - 6,18/STENMARK
DNF	SLALOM/STENMARK
	BORMIO 1985
DNF	SLALOM/NILSSON

Elisabeth Kirchler

Porträt ➤ S. 101

	ABFAHRT
1.	ASPEN 1981
	MEGEVE 1983
	SANTA CATERINA 1984
2.	LES DIABLERETS 1983
	SARAJEVO 1983
	MEGEVE 1984
	VAIL 1987
4.	PUY ST. VINCENT 1984
	BAD KLEINKIRCHHEIM 1985
	BAD KLEINKIRCHHEIM 1985
	LEUKERBAD 1987
5.	VAIL 1987
	SUPER-G
2.	MOUNT ST. ANNE 1984
	MEGEVE 1986
4.	PFRONTEN 1985
5.	DAVOS 1984
	VAIL 1987
	GRINDELWALD 1989
	RIESENTORLAUF
2.	ST. GERVAIS 1985
4.	VAL D`ISERE 1982
	FURANO 1983
	MADONNA 1984
	WATERVILLE VALLEY 1984
	SUNSHINE 1986
	KOMBINATION
1.	VAL D´ISERE 1982
2.	MEGEVE 1984
3.	LES DIABLERETS 1983
4.	BAD KLEINKIRCHHEIM/ST. CATERINA 1985
5.	PFRONTEN/GRINDELWALD 1982
	BAD KLEINKIRCHHEIM 1985
	WELTMEISTERSCHAFT
	SCHLADMING 1982
6.	ABFAHRT - 0,77/SÖRENSEN
8.	RIESENTORLAUF - 2,46/HESS E.
	BORMIO 1985
2.	RIESENTORLAUF 0,60/ROFFE
12.	ABFAHRT - 2,41/FIGINI
	CRANS-MONTANA 1987
DNF	SUPER-G/WALLISER
DNF	RIESENTORLAUF/SCHNEIDER
	VAIL 1989
22.	ABFAHRT - 2,74/WALLISER
	OLYMPISCHE SPIELE
	SARAJEVO 1984
DNF	RIESENTORLAUF/ARMSTRONG
	CALGARY 1988
8.	ABFAHRT - 1,33/KIEHL
15.	SUPER-G - 2,13/WOLF

Anja Haas

Porträt ➤ S. 101

	ABFAHRT
1.	FURANO 1991
	VEYSONNAZ 1993
	ST. ANTON 1993
2.	VAIL 1991
5.	MORZINE 1992
	VAIL 1992
	VEYSONNAZ 1993
	KOMBINATION
2.	SCHRUNS 1992
	WELTMEISTERSCHAFT
	MORIOKA 1993
3.	ABFAHRT - 0,46/PACE
DNF	KOMBINATION/VOGT
	OLYMPISCHE SPIELE
	LILLEHAMMER 1994
31.	ABFAHRT - 3,05/SEIZINGER
DNF	KOMBINATION/WIBERG

Andreas Schifferer

Porträt ➤ S. 103

	ABFAHRT
1.	BEAVER CREEK 1997
	BORMIO 1997
	WENGEN 1998
	GARMISCH 1998
	KVITFJELL 1999
	KVITFJELL 1999
	GRÖDEN 1999
2.	BORMIO 1995
	BORMIO 1997
3.	WENGEN 1998
	VAL D´ISERE 2002
	BEAVER CREEK 2003
4.	VAL D´ISERE 2000
	WENGEN 2003
	LAKE LOUISE 2003
	CHAMONIX 2004
5.	LAKE LOUISE 1999
	WENGEN 2003
	SUPER-G
1.	VAIL 1997
2.	KVITFJELL 1997
	SCHLADMING 1998
	SIERRA NEVADA 1999
3.	KVITFJELL 1999
	KVITFJELL 2000
	BORMIO 2000
	LAKE LOUISE 2000
	GARMISCH 2002
4.	BEAVER CREEK 1999
	GARMISCH 2002
	KITZBÜHEL 2003
	KITZBÜHEL 2004
	GARMISCH 2004
5.	GARMISCH 1998
	VAL D´ISERE 1998
	LAKE LOUISE 2002
	RIESENTORLAUF
2.	SHIGAKOGEN 1997
	PARK CITY 2003
3.	ADELBODEN 1997
	VAIL 1997
	BEAVER CREEK 1999
	ALTA BADIA 1999
	VAL D`ISERE 2000
4.	HINTERSTODER 2000
5.	ADELBODEN 1999
	OFTERSCHWANG 1999
	VAL D´ISERE 2000
	SAALBACH 2000
	WELTCUP-POKAL
1.	ABFAHRT 1998
	WELTMEISTERSCHAFT
	SESTRIERE 1997
3.	RIESENTORLAUF - 1,45/VON GRÜNIGEN
5.	ABFAHRT - 0,78/KERNEN
	OLYMPISCHE SPIELE
	NAGANO 1998
7.	ABFAHRT - 0,66/CRETIER
19.	SUPER-G - 2,18/MAIER H.
	SALT LAKE CITY 2002
3.	SUPER-G - 0,25/AAMODT

Christian Mayer

Porträt ➤ S. 107

	RIESENTORLAUF
1.	VAL D´ISERE 1993
	ALTA BADIA 1997
	KRANJSKA GORA 1998
	SAALBACH 2000
	KRANJSKA GORA 2000
	HINTERSTODER 2000
2.	HINTERSTODER 1994
	ASPEN 1994
	VAIL 1994
	YONG PYONG 1998
	PARK CITY 1998
	KRANJSKA GORA 1999
	BORMIO 2000
	PARK CITY 2002
	KRANJSKA GORA 2003
3.	ALTA BADIA 1993
	ALTA BADIA 1994
	ALTA BADIA 2002
4.	KRANJSKA GORA 1993
	BRECKENRIDGE 1996
	CRANS-MONTANA 1998
	SÖLDEN 1998
5.	PARK CITY 1995
	PARK CITY 1997
	SÖLDEN 2000
	PARK CITY 2000
	SUPER-G
1.	SIERRA NEVADA 1999
2.	INNSBRUCK 1998
3.	ASPEN 1998
5.	VAL D´ISERE 1996
	BEAVER CREEK 1999
	SLALOM
2.	PARK CITY 1995
3.	PARK CITY 1998
4.	KRANJSKA GORA 1995
	PARK CITY 1996
5.	SIERRA NEVADA 1999
	KRANJSKA GORA 1999
	WELTCUP-POKAL
1.	RIESENTORLAUF 1994
	OLYMPISCHE SPIELE
	ALBERTVILLE 1992
12.	RIESENTORLAUF - 3,08/TOMBA
	LILLEHAMMER 1994
3.	RIESENTORLAUF - 0,12/WASMEIER
DNF	KOMBINATION/KJUS
	NAGANO 1998
3.	KOMBINATION/REITER M.
5.	SLALOM - 1,78/BURAAS
9.	RIESENTORLAUF - 2,16/MAIER H.
	WELTMEISTERSCHAFT
	SIERRA NEVADA 1996
6.	RIESENTORLAUF - 2,48/TOMBA
9.	SLALOM - 2,25/TOMBA
DNF	KOMBINATION/GIRARDELLI
	SESTRIERE 1997
4.	KOMBINATION/AAMODT
10.	SUPER-G - 1,09/SKAARDAL
	VAIL 1999
3.	SLALOM - 0,13/PALANDER
4.	KOMBINATION/AAMODT
8.	RIESENTORLAUF - 1,94/VON GRÜNIGEN
	ST. MORITZ 2003
14.	RIESENTORLAUF - 1,42/MILLER

Silvia Eder

Porträt ➤ S. 105

	ABFAHRT
1.	BAD GASTEIN 1982
3.	BAD GASTEIN 1982
	MEGEVE 1984
	MOUNT ST. ANNE 1984
4.	PUY ST. VINCENT 1984
	MEGEVE 1985
	PUY ST. VINCENT 1986
5.	ASPEN 1981
	BAD GASTEIN 1986
	SUPER-G
1.	VAIL 1994
2.	LEUKERBAD 1987
3.	SESTRIERE 1987
	PANORAMA 1992
	CORTINA 1993
4.	MEIRINGEN 1990
	VAIL 1992
	LAKE LOUISE 1992
	VAIL 1994
5.	CRANS-MONTANA 1992
	MORZINE 1993
	MAMMOTH MTN.1994
	RIESENTORLAUF
3.	LAKE LOUISE 1991
4.	WATERVILLE 1986
	HINTERSTODER 1990
	ZWIESEL 1991
	WATERVILLE 1991
	STEAMBOAT 1992
5.	MELLAU 1989
	KRANJSKA GORA 1991
	CORTINA 1993
	KOMBINATION
2.	MEGEVE 1983
5.	BAD GASTEIN 1982
	VAL D´ISERE 1985

	WELTMEISTERSCHAFT
	SCHLADMING 1982
18.	ABFAHRT - 2,03/SÖRENSEN
DNF	RIESENTORLAUF/HESS E.
DNF	KOMBINATION/HESS E.
	BORMIO 1985
2.	KOMBINATION/HESS E.
10.	ABFAHRT - 2,39/FIGINI
12.	SLALOM - 2,78/PELEN
DNF	RIESENTORLAUF/ROFFE
	CRANS-MONTANA 1987
2.	KOMBINATION/HESS E.
5.	SUPER-G - 1,48/WALLISER
6.	ABFAHRT - 1,61/WALLISER
16.	RIESENTORLAUF - 4,75/SCHNEIDER
	VAIL 1989
DNF	KOMBINATION/MC KINNEY
	SAALBACH 1991
7.	SUPER-G - 0,69/MAIER U.
15.	RIESENTORLAUF - 2,55/WIBERG
	MORIOKA 1993
2.	SUPER-G - 0,13/SEIZINGER
13.	RIESENTORLAUF - 2,84/MERLE
	OLYMPISCHE SPIELE
	SARAJEVO 1984
13.	ABFAHRT - 1,61/FIGINI
34.	RIESENTORLAUF - 8,05/ARMSTRONG
	CALGARY 1988
12.	KOMBINATION/WACHTER
25.	SUPER-G - 3,36/WOLF
	ALBERTVILLE 1992
9.	RIESENTORLAUF - 2,31/WIBERG
	LILLEHAMMER 1994
14.	RIESENTORLAUF - 5,51/COMPAGNONI
15.	SUPER-G - 1,36/ROFFE

Elfi Eder

Porträt ➤ S. 105

	SLALOM
1.	VAIL 1995
	ST. ANTON 1995
	SEMMERING 1995
2.	MARIBOR 1996
	GARMISCH 1996
	ZWIESEL 1967
3.	SEMMERING 1995
4.	MARIBOR 1994
	SEMMERING 1996
	MARIBOR 1997
	MAMMOTH MTN. 1997
5.	HAUS 1993
	LAAX 1997
	WELTCUP-POKAL
1.	SLALOM 1996
	WELTMEISTERSCHAFT
	MORIOKA 1993
3.	SLALOM - 1,19/BUDER
	SIERRA NEVADA 1996
7.	SLALOM - 1,21/WIBERG
	SESTRIERE 1997
5.	SLALOM - 2,10/COMPAGNONI
	VAIL 1999
DNF	SLALOM/STEGGALL
32.	RIESENTORLAUF - 8,89/MEISSNITZER
	OLYMPISCHE SPIELE
	LILLEHAMMER 1994
2.	SLALOM - 0,34/SCHNEIDER

Hans Enn

Porträt ➤ S. 111

	RIESENTORLAUF
1.	WATERVILLE 1980
	KRANJSKA GORA 1983
	ARE 1984
	OSLO 1984
	ADELBODEN 1985
2.	LAKE PLACID 1979
	CORTINA 1980
	EBNAT-KAPPEL 1981
	SCHLADMING 1981
	JASNA 1982
	KRANJSKA GORA 1982
3.	HEAVENLY VALLEY 1979
	VAL D´ISERE 1979
	SAALBACH 1980
	VAIL 1984
	VAL THORENS 1988
4.	MADONNA 1979
	MADONNA 1980
	KIRCHBERG 1982
	SAN SICARIO 1982
	FURANO 1983
	LES DIABLERETS 1983
	SESTRIERE 1984
5.	BAD KLEINKIRCHHEIM 1982
	VAIL 1983
	SLALOM
5.	STRATTON MTN. 1978
	KOMBINATION
2.	VAL D´ISERE/EBNAT-KAPPEL 1981
4.	WENGEN 1977
5.	ST. ANTON/LAAX 1977
	GRÖDEN/MADONNA 1979
	SUPER-G
1.	VAL D´ISERE 1983
2.	MADONNA 1982
	LAAX 1989
3.	GARMISCH 1983
	GARMISCH 1984
4.	GRÖDEN 1983
	OPDAL 1984
	MADONNA 1984
	WHISTLER MTN. 1986
	SAALBACH 1988
5.	MORZINE 1986
	OLYMPISCHE SPIELE
	LAKE PLACID 1980
3.	RIESENTORLAUF -1,77/STENMARK
4.	SLALOM - 0,86/STENMARK
	SARAJEVO 1984
DNF	RIESENTORLAUF/JULEN
DNF	SLALOM/MAHRE P.
	WELTMEISTERSCHAFT
	GARMISCH 1978
6.	RIESENTORLAUF -2,75/STENMARK
11.	SLALOM - 5,21/STENMARK
	SCHLADMING 1982
6.	RIESENTORLAUF - 1,18/MAHRE ST.
	BORMIO 1985
5.	RIESENTORLAUF - 1,46/WASMEIER
	VAIL 1989
13.	SUPER-G - 1,55/HANGL
DNF	RIESENTORLAUF/NIERLICH

Regina Sackl

Porträt ➤ S. 109

	SLALOM
1.	FURANO 1977
	LES GETS 1979
	MEIRINGEN 1979
3.	KRANJSKA GORA 1976
	PFRONTEN 1979
4.	CORTINA 1976
	MARIBOR 1979
5.	OBERSTAUFEN 1977
	ST. GERVAIS 1977
	MELLAU 1979
	ST. GERVAIS 1980
	SAALBACH 1980
	RIESENTORLAUF
3.	LES GETS 1979
4.	BERCHTESGADEN 1979
	LIMONE 1979
5.	MEGEVE 1977
	WELTCUP-POKAL
1.	SLALOM 1979
	OLYMPISCHE SPIELE
	INNSBRUCK 1976
19.	RIESENTORLAUF - 2,65/KREINER
DNF	SLALOM/MITTERMAIER R.
	LAKE PLACID 1980
DNF	RIESENTORLAUF/WENZEL
DNF	SLALOM/WENZEL

Anni Kronbichler

Porträt ➤ S. 109

	SLALOM
1.	SCHRUNS 1983
	VERBIER 1984
	BAD GASTEIN 1986
2.	CHAMONIX 1981
	LENGGRIES 1982
3.	MARIBOR 1983
	WATERVILLE 1985
4.	LEUKERBAD 1987
5.	BAD GASTEIN 1984
	RIESENTORLAUF
4.	MOUNT ST. ANNE 1983
	KOMBINATION
4.	SAN SICARIO/PIANCAVALLO 1982
	WELTMEISTERSCHAFT
	SCHLADMING 1982
6.	KOMBINATION/HESS E.
18.	SLALOM - 5,70/HESS E.
DNF	RIESENTORLAUF/HESS E.
	BORMIO 1985
4.	SLALOM - 0,60/PELEN
	OLYMPISCHE SPIELE
	SARAJEVO 1984
8.	SLALOM - 1,58/MAGONI P.
14.	RIESENTORLAUF - 3,19/ARMSTRONG

Sabine Egger

Porträt ➤ S. 109

	SLALOM
1.	BERCHTESGADEN 1999
	LIENZ 1999
2.	MAMMOTH MTN. 1996
	PARK CITY 1998
3.	ARE 1998
	SERRE CHEVALIER 1999
	MARIBOR 2000
	PARK CITY 2002
4.	SESTRIERE 1994
	MAMMOTH MTN. 1998
	BERCHTESGADEN 2000
	GARMISCH 2001
5.	PARK CITY 1996
	BORMIO 1998
	MARIBOR 1999
	ST. ANTON 1999
	WELTCUP-POKAL
1.	SLALOM 1999
	WELTMEISTERSCHAFT
	SESTRIERE 1997
DNF	SLALOM /COMPAGNONI
	VAIL 1999
DNF	SLALOM/STEGGALL
	ST. ANTON 2001
4.	SLALOM - 1,18/PAERSON
	ST. MORITZ 2003
9.	SLALOM - 2,07/KOSTELIC
	OLYMPISCHE SPIELE
	NAGANO 1998
5.	SLALOM - 0,82/GERG H.

Ingrid Salvenmoser

Porträt ➤ S. 109

	SLALOM
2.	VAL ZOLDANA 1990
	KRANJSKA GORA 1991
	BERCHTESGADEN 1999
3.	COURMAYEUR 1988
	PARK CITY 1996
	MAMMOTH MTN. 1998
	WELTMEISTERSCHAFT
	VAIL 1989
5.	SLALOM - 1,69/SVET
	SAALBACH 1991
3.	SLALOM - 0,66/SCHNEIDER
	SIERRA NEVADA 1996
5.	SLALOM - 1,08/WIBERG

Ida Ladstätter

Porträt ➤ S. 109

	SLALOM
1.	LEUKERBAD 1988
2.	COURMAYEUR 1987
	MARIBOR 1990
	VEMDALEN
3.	MARIBOR 1986
	OLYMPISCHE SPIELE
	CALGARY 1988
6.	SLALOM - 2,90/SCHNEIDER

Claudia Strobl

Porträt ➤ S. 109

	SLALOM
1.	STEAMBOAT 1989
2.	STRANDA 1990
3.	VAL ZOLDANA 1986
	PIANCAVALLO 1990
	HAUS 1990
	VEMDALEN 1990

Monika Maierhofer

Porträt ➤ S. 109

	SLALOM
1.	GRINDELWALD 1992
2.	FLUEHLI 1987
	MARIBOR 1989
	SHIGAKOGEN 1989
	PARK CITY 1989
	PIANCAVALLO 1990
	HAUS 1990
	BAD KLEINKIRCHHEIM 1991
	KRANJSKA GORA 1991
3.	COURMAYEUR 1986
	ASPEN 1988
	GRINDELWALD 1989
	WELTMEISTERSCHAFT
	VAIL 1989
6.	SLALOM - 1,89/SVET

Brigitte Obermoser

Porträt ➤ S. 115

	ABFAHRT
1.	ST. MORITZ 2001
2.	LENZERHEIDE 2002
4.	LAKE LOUISE 1997
	ST. MORITZ 2000
	SAALBACH 2002
	SESTRIERE 2004
5.	LAKE LOUISE 1998
	LAKE LOUISE 2000
	SAALBACH 2002
	SUPER-G
1.	INNSBRUCK 2003
3.	BORMIO 2000
	GARMISCH 2001
	ARE 2004
4.	LAKE LOUISE 1999
	HAUS 2004
5.	SANTA CATERINA 2000
	HAUS 2001
	RIESENTORLAUF
1.	BORMIO 2000
2.	PARK CITY 2000
3.	ARE 2000
4.	SESTRIERE 2000
5.	SÖLDEN 2000
	SEMMERING 2000
	SEMMERING 2002
	KOMBINATION
4.	ARE 2002
	WELTMEISTERSCHAFT
	VAIL 1999
DNF	KOMBINATION/WIBERG
	ST. ANTON 2001
11.	RIESENTORLAUF - 3,71/NEF
22.	ABFAHRT - 2,89/DORFMEISTER
29.	SUPER-G - 2,12/CAVAGNOUD
	ST. MORITZ 2003
4.	ABFAHRT - 0,27/TURGEON
10.	SUPER-G - 0,98/DORFMEISTER
	OLYMPISCHE SPIELE
	NAGANO 1998
DNF	KOMBINATION/SEIZINGER
	SALT LAKE CITY 2002
15.	RIESENTORLAUF - 3,67/KOSTELIC
18.	ABFAHRT - 2,08/MONTILLET

Michael Tritscher

Porträt ➤ S. 113

	SLALOM
1.	HAFJELL 1991
	FURANO 1995
	VAIL 1995
2.	SCHLADMING 1990
	GEILO 1990
	MOUNT HUTT 1990
	SESTRIERE 1992
	TIGNES 1994
3.	MADONNA 1988
	KRANJSKA GORA 1990
	SESTRIERE 1994
	LECH 1994
4.	KITZBÜHEL 1990
	LECH 1994
	GARMISCH 1995
5.	KRANJSKA GORA 1990
	MADONNA 1990
	KITZBÜHEL 1995
	BRECKENRIDGE 1996
	OLYMPISCHE SPIELE
	ALBERTVILLE 1992
3.	SLALOM - 0,46/JAGGE
	WELTMEISTERSCHAFT
	VAIL 1989
7.	KOMBINATION/GIRARDELLI
DNF	SLALOM/NIERLICH
	SAALBACH 1991
DNF	SLALOM/GIRARDELLI
	MORIOKA 1993
DNF	KOMBINATION/KJUS

Richard Kröll

Porträt ➤ S. 113

	SUPER-G
1.	BORMIO 1995
2.	VAIL 1995
	RIESENTORLAUF
1.	ALTA BADIA 1990
	VEYSONNAZ 1990
3.	VEYSONNAZ 1990
	HINTERSTODER 1994
4.	ADELBODEN 1995
5.	SESTRIERE 1992
	BORMIO 1995
	WELTMEISTERSCHAFT
	MORIOKA 1993
11.	RIESENTORLAUF - 3,08/AAMODT
	SIERRA NEVADA 1996
20.	SUPER-G - 1,87/SKAARDAL

Helmut Mayer

Porträt ➤ S. 113

	RIESENTORLAUF
1.	KRANJSKA GORA 1987
3.	SAAS FEE 1988
	SCHLADMING 1988
4.	KRANJSKA GORA 1986
	SESTRIERE 1987
	VAL THORENS 1988
	ADELBODEN 1989
5.	SARAJEVO 1987
	SUPER-G
3.	LAAX 1989
	ASPEN 1989
	OLYMPISCHE SPIELE
	CALGARY 1988
2.	SUPER-G - 1,30/PICCARD F.
7.	RIESENTORLAUF - 2,72/TOMBA
	WELTMEISTERSCHAFT
	CRANS-MONTANA 1987
DNF	RIESENTORLAUF/ZURBRIGGEN
	VAIL 1989
2.	RIESENTORLAUF - 1,62/NIERLICH
25.	SUPER-G - 3,12/HANGL M.
	SAALBACH 1991
19.	SUPER-G - 4,57/EBERHARTER
20.	RIESENTORLAUF - 4,20/NIERLICH

Reinhard Tritscher

Porträt ➤ S. 117

	ABFAHRT
1.	VAL D´ISERE 1972
3.	GRINDELWALD 1973
4.	VAL D´ISERE 1973
	GARMISCH 1974
5.	WENGEN 1974
	RIESENTORLAUF
1.	KRANJSKA GORA 1969
	SQUAW VALLEY 1969
2.	ROSSLAND 1968
	GRÖDEN 1972
3.	HEAVENLY VALLEY 1968
4.	ADELBODEN 1969
	SLALOM
1.	WENGEN 1969
4.	BERCHTESGADEN 1969
	KITZBÜHEL 1970
	MEGEVE 1970
5.	HEAVENLY VALLEY 1968
	OLYMPISCHE SPIELE
	SAPPORO 1972
8.	RIESENTORLAUF - 2,77/THÖNI G.
31.	ABFAHRT - 4,57/RUSSI
DNF	SLALOM/FERNANDEZ-OCHOA F.

Nicole Hosp

Porträt ➤ S. 121

	RIESENTORLAUF
1.	SÖLDEN 2002
	LIENZ 2003
2.	MARIBOR 2003
	PARK CITY 2003
	ALTA BADIA 2003
3.	SEMMERING 2002
	HAFJELL 2003
	SLALOM
1.	MADONNA 2003
2.	LIENZ 2003
3.	SESTRIERE 2002
	MARIBOR 2003
	MADONNA 2003
	MARIBOR 2004
4.	ASPEN 2002
	WELTMEISTERSCHAFT
	ST. MORITZ 2003
2.	KOMBINATION/KOSTELIC
3.	SLALOM - 0,91/KOSTELIC
DNF	RIESENTORLAUF/PAERSON

Heini Messner

Porträt ➤ S. 119

	ABFAHRT
2.	ASPEN 1968
	WENGEN 1969
	MEGEVE 1969
	ST. ANTON 1969
	MEGEVE 1970
	ST. MORITZ 1971
	VAL D´ISERE 1971
3.	KITZBÜHEL 1967
	WENGEN 1970
	KITZBÜHEL 1972
4.	GRENOBLE 1968
5.	FRANCONIA 1967
	RIESENTORLAUF
3.	VAIL 1967
	GRENOBLE 1968
	SQUAW VALLEY 1969
4.	FRANCONIA 1967
	MOUNT ST. ANNE 1969
	GRÖDEN 1970
5.	SESTRIERE 1967
	SLALOM
1.	BERCHTESGADEN 1967
2.	WENGEN 1967
	BERCHTESGADEN 1971
3.	HEAVENLY VALLEY 1970
5.	ASPEN 1968
	MADONNA 1970
	JACKSON HOLE 1970
	WELTMEISTERSCHAFT
	PORTILLO 1966
4.	ABFAHRT - 1,39/KILLY
10.	RIESENTORLAUF - 3,25/PERILLAT
	GRÖDEN 1970
4.	RIESENTORLAUF - 2,92/SCHRANZ
17.	ABFAHRT - 3,82/RUSSI
DNF	SLALOM/AUGERT J.-N.
	OLYMPISCHE SPIELE
	INNSBRUCK 1964
10.	ABFAHRT - 2,58/ZIMMERMANN
	GRENOBLE 1968
3.	RIESENTORLAUF - 2,55/KILLY
3.	KOMBINATION/KILLY
4.	ABFAHRT - 1,18/KILLY
14.	SLALOM - 6,73/KILLY
	SAPPORO 1972
3.	ABFAHRT - 0,87/RUSSI

Werner Grissmann

Porträt ➤ S. 123

	ABFAHRT
1.	ST. MORITZ 1973
2.	VAL D´ISERE 1973
	VAL D´ISERE 1974 - 1. ZZ.
	GARMISCH 1975
	HEAVENLY VALLEY 1977 - 1. ZZ.
3.	ST. MORITZ 1974
	KITZBÜHEL 1975 - 1. ZZ.
	VILLARS 1979 - 1. ZZ.
	GRÖDEN 1979 - 1. ZZ.
	LAKE LOUISE 1980
4.	WENGEN 1975
	KITZBÜHEL 1976
	GRÖDEN 1976
	CHAMONIX 1978 - 1. ZZ.
	CRANS-MONTANA 1979
	VAL D´ISERE 1979 - 1. ZZ.
5.	GARMISCH 1974
	VAL D´ISERE 1975
	MADONNA 1975
	MORZINE 1976
	GRÖDEN 1977
	KITZBÜHEL 1978
	PRA LOUP 1980
6.	VAL D´ISERE 1977 - 1. ZZ.
	KITZBÜHEL 1979 - 1. ZZ.
7.	WENGEN 1977 - 1. ZZ.
9.	WENGEN 1980 - 1. ZZ.
11.	WENGEN 1980 - 1. ZZ.
	WELTMEISTERSCHAFT
	GARMISCH 1978
3.	ABFAHRT - 0,34 /WALCHER
	OLYMPISCHE SPIELE
	LAKE PLACID 1980
7.	ABFAHRT - 1,71/STOCK
	ZZ. = Zwischenzeit

Anton Steiner

Porträt ➤ S. 125

	ABFAHRT
1.	MORZINE 1986
	WHISTLER MTN. 1986
2.	WENGEN 1984
	ASPEN 1984
	VAL D´ISERE 1988
3.	WENGEN 1976
	KITZBÜHEL 1984
	GARMISCH 1985
4.	WENGEN 1985
	BAD KLEINKIRCHHEIM 1985
5.	KITZBÜHEL 1976
	GRÖDEN 1976
	LAAX 1977
	SLALOM
3.	JASNA 1982
4.	WENGEN 1980
5.	JASNA 1979
	CHAMONIX 1980
	RIESENTORLAUF
4.	OBERSTAUFEN 1980
	KOMBINATION
1.	KITZBÜHEL 1979
	CHAMONIX/LAKE LOUISE 1980
	KITZBÜHEL 1984
2.	KITZBÜHEL/LENGGRIES 1980
	WENGEN/PARPAN 1984
3.	KITZBÜHEL 1977
	GRÖDEN/MADONNA 1979
4.	WENGEN 1976
	KITZBÜHEL 1976
	KITZBÜHEL 1986
5.	ARE/WENGEN 1986
	WELTMEISTERSCHAFT
	GARMISCH 1978
4.	SLALOM - 1,20/STENMARK
14.	RIESENTORLAUF -5,33/STENMARK
	SCHLADMING 1982
3.	KOMBINATION/VION
DNF	SLALOM/STENMARK
	BORMIO 1985
DNF	ABFAHRT/ZURBRIGGEN
DNF	KOMBINATION/ZURBRIGGEN
	CRANS-MONTANA 1987
14.	KOMBINATION/GIRARDELLI
	OLYMPISCHE SPIELE
	INNSBRUCK 1976
22.	SLALOM - 11,61/GROS
DNF	ABFAHRT/KLAMMER
	LAKE PLACID 1980
7.	SLALOM - 1,15/STENMARK
18.	RIESENTORLAUF -5,02/STENMARK
	SARAJEVO 1984
3.	ABFAHRT - 0,36/JOHNSON
DNF	RIESENTORLAUF/JULEN
DNF	SLALOM/MAHRE P.
	CALGARY 1988
7.	ABFAHRT - 2,56/ZURBRIGGEN

Erwin Resch

Porträt ➤ S. 125

	ABFAHRT
1.	GRÖDEN 1981
	VAL D´ISERE 1983
	SCHLADMING 1983
2.	WENGEN 1982
	GRÖDEN 1982
	KITZBÜHEL 1984
	GARMISCH 1984
	KITZBÜHEL 1986
	KITZBÜHEL 1986
	KITZBÜHEL 1987
3.	WENGEN 1984
	SCHLADMING 1985
	LAAX 1987
4.	GRÖDEN 1980
	KITZBÜHEL 1982
	LAKE LOUISE 1983
5.	ASPEN 1983
	ASPEN 1984
	WELTMEISTERSCHAFT
	SCHLADMING 1982
3.	ABFAHRT - 0,63/WEIRATHER
	CRANS-MONTANA 1987
16.	ABFAHRT - 2,23/MÜLLER
	SAALBACH 1991
DNF	KOMBINATION/EBERHARTER
	OLYMPISCHE SPIELE
	SARAJEVO 1984
11.	ABFAHRT -1,47/JOHNSON

Bartl Gensbichler

Porträt ➤ S. 125

	ABFAHRT
1.	HEAVENLY VALLEY 1977
5.	CORTINA 1977

Josef Strobl Porträt ➤ S. 127

	ABFAHRT
1.	VAL D'ISERE 1994
	CRANS-MONTANA 1998
	WENGEN 2000
2.	GRÖDEN 1999
	KITZBÜHEL 2000
	BORMIO 2001
3.	VAL D'ISERE 1994
	GRÖDEN 1996
	KITZBÜHEL 1998
	KVITFJELL 1998
	WENGEN 2002
	GRÖDEN 2002
4.	VAL D'ISERE 1996
	KITZBÜHEL 1997
	KITZBÜHEL 1997
	KVITFJELL 1997
	BEAVER CREEK 1997
	LAKE LOUISE 1999
	GRÖDEN 1999
	GARMISCH 2000
	LAKE LOUISE 2000
	LAKE LOUISE 2002
5.	BORMIO 1996
	VAIL 1997
	CHAMONIX 2000
	ARE 2001
	SUPER-G
1.	KVITFJELL 1997
	ST. ANTON 2000
2.	LAAX 1997
	VAIL 1997
	KITZBÜHEL 2001
	LAKE LOUISE 2002
3.	SIERRA NEVADA 1999
	LAKE LOUISE 1999
4.	BEAVER CREEK 1997
	GARMISCH 1998
	KVITFJELL 1998
	KITZBÜHEL 2000
	LAKE LOUISE 2000
5.	SCHLADMING 1999
	RIESENTORLAUF
1.	PARK CITY 1996
	PARALLEL
1.	TIGNES 1997
	WELTMEISTERSCHAFT
	SESTRIERE 1997
5.	SUPER-G - 0,51/SKAARDAL
DNF	ABFAHRT/KERNEN
	ST. ANTON 2001
7.	SUPER-G - 1,02/RAHLVES

Die Stars von morgen Frauen Porträt ➤ S. 133

	MARLIS SCHILD		SILVIA BERGER		CHRISTINA SPONRING		CARINA RAICH
	SLALOM		SUPER-G		SLALOM		SLALOM
1.	SESTRIERE 2004	3.	VEYSONNAZ 2004	2.	COPPER MTN. 2001	3.	COPPER MTN. 2001
2.	MEGEVE 2004	4.	SESTRIERE 2004	7.	MADONNA 2003	6.	FLACHAU 2002
	MARIBOR 2004	6.	ARE 2004	9.	FLACHAU 2001		
3.	ASPEN 2002				FLACHAU 2002		INGRID RUMPFHUBER
	HAFJELL 2003		RIESENTORLAUF				ABFAHRT
	PARK CITY 2003	2.	VAL D'ISERE 1999		WELTMEISTERSCHAFT	6.	ARE 2002
	MADONNA 2003	6.	SERRE CHEVALIER 1999		ST. ANTON 2001	9.	LAKE LOUISE 2003
4.	MARIBOR 2003	7.	PARK CITY 2002	2.	KOMBINATION/ERTL	10.	LAKE LOUISE 2003
5.	PARK CITY 2002						
			MANUELA KIRCHGASSER		KATJA WIRTH		
	WELTMEISTERSCHAFT		SLALOM		ABFAHRT		
	ST. MORITZ 2003	8.	HAFJELL 2003	2.	INNSBRUCK 2003		
2.	SLALOM - 0,63/KOSTELIC	10.	MEGEVE 2004				
4.	KOMBINATION/KOSTELIC	13.	ZWIESEL 2004		SUPER-G		
				7.	CORTINA 2004		

Die Stars von Morgen Männer Porträt ➤ S. 135

	MANFRED PRANGER		KLAUS KRÖLL		JOHANN GRUGGER		MARTIN MARINAC
	SLALOM		ABFAHRT		ABFAHRT		SLALOM
2.	FLACHAU 2004	2.	VAL D'ISERE 2002	3.	ST. ANTON 2004	6.	SCHLADMING 2003
3.	HAFJELL 2003	4.	BORMIO 2001	7.	LAKE LOUISE 2003	9.	FLACHAU 2004
	PARK CITY 2003		BORMIO 2003		BEAVER CREEK 2003	10.	KITZBÜHEL 2002
	MADONNA 2003		ST. ANTON 2004		CHAMONIX 2004	13.	CHAMONIX 2004
	SESTRIERE 2004	5.	ST. MORITZ 2002	8.	BEAVER CREEK 2003		ADELBODEN 2004
4.	PARK CITY 2002		BEAVER CREEK 2003				
	BORMIO 2003				HANNES REICHELT		
5.	KITZBÜHEL 2002		KURT ENGL		SUPER-G		
	KRANJSKA GORA 2003		SLALOM	2.	GRÖDEN 2002		
	SCHLADMING 2003	5.	ST. ANTON 2004	3.	KVITFJELL 2003		
	SHIGAKOGEN 2003	12.	KITZBÜHEL 2003	8.	KITZBÜHEL 2003		
			WENGEN 2004	12.	GARMISCH 2003		
	WELTMEISTERSCHAFT	15.	PARK CITY 2003				
	ST. MORITZ 2003		KITZBÜHEL 2004				
5.	SLALOM - 0,59/KOSTELIC						

Gerhard Pfaffenbichler

Porträt ➤ S. 125

	ABFAHRT
1.	SARAJEVO 1983
3.	ASPEN 1981
4.	ST. ANTON 1981
	MORZINE 1986
	MORZINE 1986
5.	VAL D´ISERE 1983
	GRÖDEN 1988
	SUPER-G
5.	FURANO 1987
	LEUKERBAD 1988
	OLYMPISCHE SPIELE
	CALGARY 1988
5.	ABFAHRT - 2,39/ZURBRIGGEN

Karl Cordin

Porträt ➤ S. 125

	ABFAHRT
1.	JACKSON HOLE 1970
	VAL D´ISERE 1970
	ZELL AM SEE 1973
2.	WENGEN 1970
	GARMISCH 1970
	GRÖDEN 1970
	SUGARLOAF 1971
	GRÖDEN 1972
3.	WENGEN 1969
	KITZBÜHEL 1969
4.	CORTINA 1969
	ST. MORITZ 1971
	VAL D´ISERE 1971
	GARMISCH 1973
	GRINDELWALD 1973
	ST. MORITZ 1974
5.	GRÖDEN 1969
	KITZBÜHEL 1972
	VAL D´ISERE 1972
	VAL D´ISERE 1973
	WELTMEISTERSCHAFT
	GRÖDEN 1970
2.	ABFAHRT - 0,22/RUSSI
	ST. MORITZ 1974
4.	ABFAHRT - 1,27/ZWILLING
	OLYMPISCHE SPIELE
	SAPPORO 1972
7.	ABFAHRT - 1,89/RUSSI

Christoph Gruber

Porträt ➤ S. 129

	SUPER-G
1.	GARMISCH 2001
2.	BEAVER CREEK 2000
	KITZBÜHEL 2003
3.	SESTRIERE 2004
4.	VAL D´ISERE 2001
	RIESENTORLAUF
1.	BORMIO 2000
3.	VAL D´ISERE 2002
	ADELBODEN 2004
4.	ADELBODEN 2001
	ALTA BADIA 2001
	FLACHAU 2004
	ABFAHRT
5.	WENGEN 2003
	GARMISCH 2003
	GARMISCH 2004
	KOMBINATION
4.	KITZBÜHEL 2003
	OLYMPISCHE SPIELE
	SALT LAKE CITY 2002
5.	RIESENTORLAUF - 1,13/EBERHARTER
7.	SUPER-G - 0,69/AAMODT
20.	ABFAHRT - 2,12/STROBL F.
	WELTMEISTERSCHAFT
	ST. ANTON 2001
12.	RIESENTORLAUF -1,85/VON GRÜNIGEN
19.	SUPER-G - 2,00/RAHLVES
	ST. MORITZ 2003
14.	SUPER-G -1,69/EBERHARTER

Christian Greber

Porträt ➤ S. 125

	ABFAHRT
1.	BORMIO 2001
3.	BORMIO 2000
5.	BEAVER CREEK 1999
	SUPER-G
3.	WHISTLER MTN. 1995
	OLYMPISCHE SPIELE
	SALT LAKE CITY 2002
6.	ABFAHRT - 0,87/STROBL F.

Heinz Schilchegger

Porträt ➤ S. 129

	SLALOM
1.	PARK CITY 2000
2.	MADONNA 2000
	SHIGAKOGEN 2001
	SHIGAKOGEN 2001
3.	KITZBÜHEL 2003
4.	WENGEN 2004
5.	SCHLADMING 2001
	RIESENTORLAUF
2.	VAL D´ISERE 2000
	VAL D´ISERE 2000
3.	SÖLDEN 1998
	SIERRA NEVADA 1999
	BORMIO 2000
	ADELBODEN 2004
4.	ADELBODEN 1997
	KRANJSKA GORA 2000
	SHIGAKOGEN 2001
	ADELBODEN 2003
	YONG PYONG 2003
	HAFJELL 2003
	WELTMEISTERSCHAFT
	ST. ANTON 2001
4.	SLALOM - 0,94/MATT M.
6.	RIESENTORLAUF - 0,95/VON GRÜNIGEN
	ST. MORITZ 2003
DNF	SLALOM/KOSTELIC

Ulli Spiess

Porträt ➤ S. 125

	ABFAHRT
1.	LAAX 1978
	VAL D'ISERE 1980
2.	GARMISCH 1979
	GRÖDEN 1980
3.	LAAX 1978
	MORZINE 1979
	KITZBÜHEL 1979
4.	GRÖDEN 1979
5.	LAKE PLACID 1979
	GRÖDEN 1980

Werner Franz

Porträt ➤ S. 129

	ABFAHRT
2.	GRÖDEN 1993
	WENGEN 1995
	VAL D´ISERE 1996
	KITZBÜHEL 1997
	KITZBÜHEL 1997
	BORMIO 1997
	GRÖDEN 1998
3.	CHAMONIX 1997
	BORMIO 1997
	GRÖDEN 1998
	KITZBÜHEL 1999
	KITZBÜHEL 1999
4.	VEYSONNAZ 1996
	WENGEN 1997
	BEAVER CREEK 1997
5.	BORMIO 1998
	WENGEN 1999
	GARMISCH 2000
	VAL D´ISERE 2000
	GRÖDEN 2002
	KOMBINATION
2.	KITZBÜHEL 1998
3.	KITZBÜHEL 1997
4.	WENGEN 1999
	KITZBÜHEL 1999
5.	CHAMONIX 2000
	SUPER-G
1.	ST. ANTON 2000
2.	KITZBÜHEL 2000
3.	BORMIO 2000
	KITZBÜHEL 2001
4.	ST. ANTON 2000
5.	KVITFJELL 20001
	WELTMEISTERSCHAFT
	SESTRIERE 1997
DNF	ABFAHRT/KERNEN
DNF	KOMBINATION/AAMODT
	VAIL 1999
6.	ABFAHRT - 1,15/MAIER
DNF	KOMBINATION/AAMODT
	ST. ANTON 2001
6.	SUPER-G - 0,87/RAHLVES
8.	ABFAHRT - 1,16/TRINKL

Die Goergl-Hecher Family

Porträt ➤ S. 131

	ELISABETH GOERGL
	SLALOM
2.	BORMIO 2003
	LEVI 2004
	LEVI 2004
4.	MADONNA 2003
	RIESENTORLAUF
3.	ALTA BADIA 2003
	ARE 2004
5.	PARK CITY 2003
	STEPHAN GOERGL
	SUPER-G
7.	GARMISCH 2004
9.	KVITFJELL 2004
10.	VAL D´ISERE 2001
	RIESENTORLAUF
7.	KRANJSKA GORA 2004
	TRAUDL HECHER
	KLASSIKER VOR WELTCUP
1.	ABFAHRT KITZBÜHEL 1960
1.	ABFAHRT A.K. SESTRIERE 1960
1.	ABFAHRT VAL D´ISERE 1960
1.	ABFAHRT KITZBÜHEL 1961
1.	ABFAHRT A.K. MÜRREN 1961
1.	ABFAHRT A.K. SESTRIERE 1962
1.	ABFAHRT GRINDELWALD 1962
1.	ABFAHRT SCHRUNS 1963
1.	RIESENTORLAUF BAD GASTEIN 1962
1.	SLALOM KITZBÜHEL 1961
1.	SLALOM A.K. CHAMONIX 1963
1.	KOMBINATION KITZBÜHEL 1960
1.	KOMBINATION KITZBÜHEL 1961
1.	KOMBINATION A.K. SESTRIERE 1962
1.	KOMBINATION A.K. CHAMONIX 1963
	WELTCUP
3.	RIESENTORLAUF JACKSON HOLE 1967
3.	SLALOM MONTE BONDONE 1967
4.	SLALOM ST. GERVAIS 1967
5.	ABFAHRT SCHRUNS 1967
	OLYMPISCHE SPIELE
	SQUAW VALLEY 1960
3.	ABFAHRT - 1,30/BIEBL
	INNSBRUCK 1964
3.	ABFAHRT - 1,27/HAAS C.

Präsidenten und Trainer des ÖSV 1966–2004

	ÖSV-PRÄSIDENTEN 1968–2004	WELTCUP-SIEGE	GOLDMEDAILLEN OS + WM
1968–1972	Dr. KARL HEINZ KLEE	49	3
1972–1976	Dr. KURT SCHLICK	59	4
1976–1990	ARNOLD KOLLER	134	13
seit 1990	Prof. PETER SCHRÖCKSNADEL	322	28
	ALPIN-DIREKTOREN 1966–2004		
1966–1972	FRANZ HOPPICHLER	63	4
1972–1976	TONI SAILER	58	4
1976–1980	UDO ALBL	57	6
1981–1986	SEPP SULZBERGER	55	1
1986–1996	WERNER WÖRNDLE	126	15
ab 1996	HANS PUMM	223	16
	HERREN-CHEFTRAINER 1968–2004		
1968–1972	HERMANN GAMON	21	1
1972–1973	TONI SAILER	5	–
1973–1985	KARL KAHR	77	5
1985–1988	DIETER BARTSCH	12	1
1988–1992	HANS PUMM	22	6
1992–1999	WERNER MARGREITER	91	5
ab 1999	ANTON GIGER	95	6
	FRAUEN-CHEFTRAINER 1968–2004		
1968–1970	KARL KAHR	11	1
1970–1972	PAUL KERBER	17	1
1972–1974	HEINI MESSNER	18	1
1975–1976	ALEX RAINER	16	–
1976–1978	KLAUS DERGANZ	18	3
1978–1980	ALOIS BUMBERGER	14	1
1980–1984	KURT HOCH	10	–
1984–1988	ANDREAS RAUCH	16	2
1988–1992	RAIMUND BERGER	35	5
1992–1994	HERWIG DEMSCHAR	14	1
1994–1998	RAIMUND BERGER	16	1
1998–2002	KARL FREHSNER	49	4
ab 2002	HERBERT MANDL	17	1

Medaillen-Gewinner der 30- und 40er-Jahre

Männer und Frauen

		OLYMPISCHE SPIELE		WELTMEISTERSCHAFT		SIEGE BEI KLASSIKER
FRANZ GABL	2.	ABFAHRT ST. MORITZ 1948				
					1.	ABFAHRT KITZBÜHEL 1949
					1.	SLALOM KITZBÜHEL 1949
HANS HAUSER			2.	KOMBINATION CORTINA 1932		
			3.	SLALOM CORTINA 1932		
			3.	ABFAHRT INNSBRUCK 1933		
ERNST KNEISSL			2.	SLALOM INNSBRUCK 1936		
			3.	KOMBINATION INNSBRUCK 1936		
GUZZI LANTSCHNER	2.	KOMBINATION GARMISCH 1936	1.	ABFAHRT CORTINA 1932		
			2.	SLALOM INNSBRUCK 1933		
HEDWIG LANTSCHNER			3.	ABFAHRT CORTINA 1932	1.	ABFAHRT A.K. ST. ANTON 1932
			3.	KOMBINATION CORTINA 1932	1.	SLALOM A.K. ST. ANTON 1932
					1.	KOMBINATION A.K. ST. ANTON 1932
RUDI MATT			1.	ABFAHRT INNSBRUCK 1936		
GERDA PAUMGARTEN			1.	SLALOM INNSBRUCK 1936	1.	SLALOM A.K. ST. ANTON 1936
			2.	KOMBINATION INNSBRUCK 1933	1.	KOMBINATION A.K. ST.ANTON 1936
			3.	ABFAHRT INNSBRUCK 1933		
			3.	KOMBINATION INNSBRUCK 1936		
IVONNE SCHMIEDEGG			3.	ABFAHRT MÜRREN 1931		
EGON SCHÖPF			3.	ABFAHRT ASPEN 1950		
TONI SEELOS			1.	SLALOM INNSBRUCK 1931		
			1.	SLALOM MÜRREN 1935		
			2.	SLALOM MÜRREN 1931		
			1.	KOMBINATION INNSBRUCK 1933		
			1.	KOMBINATION MÜRREN 1935		
WILLY WALCH			2.	SLALOM INNSBRUCK 1937	1	ABFAHRT A.K. MÜRREN 1967
INGE WERSIN-LANTSCHNER	1.	ABFAHRT INNSBRUCK 1933				
	1.	SLALOM INNSBRUCK 1933				
	1.	KOMBINATION INNSBRUCK 1933				
	3.	SLALOM MÜRREN 1931				
	2.	ABFAHRT CORTINA 1932				
	2.	KOMBINATION CORTINA 1932				
FRANZ ZINGERLE			1.	ABFAHRT MÜRREN 1935		

Weitere Weltcupstars und Medaillengewinner

Frauen

	INGRID EBERLE
	RIESENTORLAUF
2.	SIERRA NEVADA 1977
	KOMBINATION
3.	BERCHTESGADEN/AROSA 1980
	OLYMPISCHE SPIELE
	LAKE PLACID 1980
3.	KOMBINATION/WENZEL
6.	ABFAHRT - 2,11/MOSER-PRÖLL
	WELTMEISTERSCHAFT
	SCHLADMING 1982
13.	SLALOM - 4,23/HESS E.

	SELINA HEREGGER
	ABFAHRT
2.	ARE 2002
	WELTMEISTERSCHAFT
	ST. ANTON 2001
3.	ABFAHRT - 0,17/DORFMEISTER
	OLYMPISCHE SPIELE
	SALT LAKE CITY 2002
6.	ABFAHRT - 1,00/MONTILLET

	CHRISTIANE MITTERWALLNER
	SUPER-G
1.	MAMMOTH MTN. 1998

	CORNELIA PRÖLL
	ABFAHRT
1.	PFRONTEN 1981
2.	PFRONTEN 1980
3.	HAUS 1981
	MEGEVE 1981

	STEFANIE SCHUSTER
	ABFAHRT
3.	BAD KLEINKIRCHHEIM 1997
	ARE 2000
	SUPER-G
3.	ST. MORITZ 2001
	WELTMEISTERSCHAFT
	MORIOKA 1996
6.	KOMBINATION/VOGT
	VAIL 1999
3.	ABFAHRT - 0,17/GÖTSCHL
	ST. ANTON 2001
6.	KOMBINATION/ERTL
	OLYMPISCHE SPIELE
	NAGANO 1998
4.	KOMBINATION/SEIZINGER

	INGRID STÖCKL
	KOMBINATION
1.	MORZINE 1990
3.	HAUS 1990
	WELTMEISTERSCHAFT
	SAALBACH 1991
2.	KOMBINATION/BOURNISSEN

	VERONIKA WALLINGER
	ABFAHRT
2.	ALTENMART 1988
	CORTINA 1994
3.	BAD GASTEIN 1988
	ROSSLAND 1988
	LAS LENAS 1989
	MERIBEL 1991
	GARMISCH 1991
	SUPER-G
2.	VAIL 1994
	OLYMPISCHE SPIELE
	ALBERTVILLE 1992
3.	ABFAHRT - 0,09/LEE-GARTNER

Männer

	WERNER BLEINER
	RIESENTORLAUF
1.	OSLO 1968
	VOSS 1970
2.	GRÖDEN 1970
	VANCOUVER 1970
	HEAVENLY VALLEY 1970
3.	JACKSON HOLE 1967
	MOUNT ST. ANNE 1971
	SLALOM
3.	JACKSON HOLE 1967
	WELTMEISTERSCHAFT
	GRÖDEN 1970
2.	RIESENTORLAUF- 0,39/SCHRANZ

	HUBERT BERCHTOLD
	RIESENTORLAUF
1.	SAALBACH 1973

	BERHARD GSTREIN
	SLALOM
1.	LIENZ 1988
2.	ST. ANTON 1988
	MOUNT ST. ANNE 1989
	KRANJSKA GORA 1990
3.	BAD KLEINKIRCHHEIM 1988
	THREDBO 1989
	WELTMEISTERSCHAFT
	SESTRIERE 1987
4.	KOMBINATION/AAMODT
	OLYMPISCHE SPIELE
	CALGARY 1988
2.	KOMBINATION/STROLZ
4.	SLALOM - 0,61/TOMBA

	FRANZ GRUBER
	SLALOM
1.	KRANJSKA GORA 1983
2.	BAD WIESSEE 1982
	KITZBÜHEL 1984
	ARE 1984
3.	ARE 1981
	KRANJSKA GORA 1981
	PARPAN 1984
	BOROVETS 1984
	KOMBINATION
3.	MADONNA 1982
4.	MADONNA/GRÖDEN 1983
	OLYMPISCHE SPIELE
	SARAJEVO 1984
4.	RIESENTORLAUF - 0,90/JULEN

	HERBERT HUBER
	RIESENTORLAUF
1.	HEAVENLY VALLEY 1968
	ROSSLAND 1968
	SLALOM
1.	JACKSON HOLE 1967
2.	GRENOBLE 1968
	ASPEN 1968
	HEAVENLY VALLEY 1968
	MEGEVE 1969
	WATERVILLE 1969
	LIENZ 1969
3.	FRANCONIA 1967
	KRANJSKA GORA 1969
	OLYMPISCHE SPIELE
	GRENOBLE 1968
2.	SLALOM - 0,09/KILLY

	CHRISTIAN ORLAINSKY
	RIESENTORLAUF
1.	EBNAT-KAPPEL 1991
2.	ADELBODEN 1981
	SLALOM
2.	KITZBÜHEL 1983
3.	CHAMONIX 1983
	CORTINA 1983
	KITZBÜHEL 1983
	MARKSTEIN 1983
	KOMBINATION
2.	MADONNA 1982

	ALFRED MATT
	SLALOM
1.	BERCHTESGADEN 1969
	MOUNT ST. ANNE 1969
2.	KITZBÜHEL 1968
3.	WENGEN 1968
	GRENOBLE 1968
	ASPEN 1968
	ARE 1969
	RIESENTORLAUF
2.	KRANJSKA GORA 1969
	ABFAHRT
3.	MEGEVE 1969
	OLYMPISCHE SPIELE
	GRENOBLE 1968
3.	SLALOM - 0,36/KILLY

	ERNST RIEDELSPERGER
	WELTMEISTERSCHAFT
	BORMIO 1985
2.	KOMBINATION/ZURBRIGGEN

	ROBERT ZOLLER
	SLALOM
1.	VAIL 1984
2.	MADONNA 1983
3.	HEAVENLY VALLEY 1985
	WELTMEISTERSCHAFT
	BORMIO 1985
3.	SLALOM - 0,53/NILSSON

Erklärungen zu den Statistiken

Grundsätzlich ist die personenbezogene Statistik nach zwei wesentlichen Kriterien angelegt:

1. Den Weltcup betreffend gibt es die Top-5-Resultate in allen Disziplinen und von allen ÖsterreicherInnen.
2. Alle Starts bei Olympischen Spielen und Weltmeisterschaften werden mit genauen Ergebnissen angeführt, wobei + und – jeweils Vorsprung oder Rückstand angeben. Darüber hinaus wird der jeweilige Sieger oder Zweitplatzierte ausgewiesen.
3. Bei jenen LäuferInnen, die vor dem Weltcup, also vor der Saison 1966/67 bereits erfolgreich waren, sind nur jene Siege angeführt, die in der heutigen Zeit Weltcup-Erfolgen entsprechen würden.

Ausnahmen gibt es nur bei Hermann Maier (da sind seine sämtlichen Resultate angegeben) sowie bei Franz Klammer und Renate Götschl (wo alle Abfahrten aufgelistet sind).

Abkürzungen, die in den Tabellen vorkommen

OS = Olympische Spiele
WM = Weltmeisterschaft
DH = Downhill (Abfahrt)
SG = Super-G
GS = Giant-Slalom (Riesentorlauf)
SL = Slalom
KO = Kombination
PA = Parallel
M: = Männer
F: = Frauen

R = Zahl der pro LäuferIn bestrittenen Rennen
G = Gesamt (bezogen auf Einsätze oder Siege je nach Tabelle)
A = Ausfall (Sturz, Disqualifikation oder Nichtqualifikation für zweite Durchgänge)
DNF: = Did not finish (Sturz oder Nichtqualifiziert für zweiten Durchgang)

DSQ= Disqualifikation
A. K.= Arlberg-Kandahar
G. P.= Grand Prix

Abschließend möchte ich noch bemerken, dass in diesen zum Teil bisher noch nie veröffentlichten Tabellen jahrzehntelange Arbeit auf der Suche nach Resultaten steckt. Vor allem aus den 60er- und 70er-Jahren gab es selbst beim Welt-Skiverband nur wenige Unterlagen, so dass man mit viel Geduld und noch mehr Mühe von überall auf der Welt Ergebnisse einholen musste. Die Tabellen sind mehrfach überprüft und kontrolliert und sollten sowohl dem interessierten Leser als auch dem Sportler selbst einen Überblick über Österreichs Weg zu Gold und anderen Triumphen geben.

Robert Seeger